101 सदाबहार कहानियां

जीवन परिवर्तित कर देने वाली फिलॉसोफीज के साथ

दीप त्रिवेदी

बेस्टसेलर्स ''मैं मन हूँ'' और ''मैं कृष्ण हूँ'' के लेखक द्वारा लिखित

अंग्रेजी, मराठी और गुजराती में भी उपलब्ध

अनुक्रमणिका

दीप त्रिवेदी

दीप त्रिवेदी एक प्रसिद्ध लेखक, वक्ता और स्पीरिच्युअल सायको-डाइनैमिक्स के पायनियर हैं जो एक व्यापक दृष्टिकोण से ना सिर्फ लिखते हैं, बल्कि विभिन्न विषयों पर वर्कशॉप्स भी कंडक्ट करते हैं। इनकी सबसे बड़ी विशेषता यह है कि इन्हें पढ़ने व सुनने-मात्र से मनुष्य में आमूल सकारात्मक परिवर्तन आ जाता है। वे अपने कार्यों द्वारा आजतक लाखों लोगों को सुख और सफलता के मार्ग पर लगा चुके हैं।

दीप त्रिवेदी ने अपने इन कार्यों द्वारा प्रकृति, उसके नियम, उसका आचरण, उसकी सायकोलॉजी और उसके मनुष्यजीवन पर पड़नेवाले प्रभाव को बड़ी ही गहराई से समझाया है। जीवन का ऐसा कोई पहलू नहीं है जिसे उन्होंने न छूआ हो। वे कहते हैं कि सायकोलॉजी के बाबत कम ज्ञान और कम समझ होना ही मनुष्यजीवन के तमाम दुःखों और असफलताओं का मूल कारण है।

वे बेस्टसेलर्स 'मैं मन हूँ' और 'मैं कृष्ण हूँ' समेत कई अन्य किताबें लिख चुके हैं। उनके द्वारा लिखी गई बेस्टसेलिंग किताब, 'मैं मन हूँ' कई राष्ट्रीय एवं अंतर्राष्ट्रीय भाषाओं में प्रकाशित हो चुकी हैं। समाज में उनके असीमित योगदान के लिए दीप त्रिवेदी को साल 2018 के Times Power Men Award से सम्मानित किया गया है।

मनुष्यजीवन की गहरे-से-गहरी सायकोलॉजी पर उनकी पकड़ का अंदाजा इसी बात से लगाया जा सकता है कि मनुष्यजीवन और 'भगवद्गीता' पर सर्वाधिक वर्कशॉप्स कंडक्ट करने का रेकॉर्ड उन्हीं के नाम पर है जिसमें उन्होंने 58 दिनों में गीता पर 168 घंटे, 28 मिनट और 50 सेकंड तक एक लंबी चर्चा करी है। इसके अलावा अष्टावक्र गीता और ताओ-ते-चिंग पर भी सर्वाधिक वर्कशॉप्स कंडक्ट करने का रेकॉर्ड उन्हीं के नाम पर दर्ज है। ये सारे रेकॉर्ड्स राष्ट्रीय एवं अंतर्राष्ट्रीय रेकॉर्ड बुक्स में दर्ज हैं। साथ ही मनुष्य के जीवन, सायकोलॉजी, आत्मा, प्रकृति के नियम, भाग्य तथा अन्य विषयों पर सर्वाधिक (लगभग 12038) कोटेशन लिखने का रेकॉर्ड भी उन्हीं के नाम दर्ज है। भगवद्गीता पर उन्हें उनके सायकोलॉजिकल कार्यों के लिए ऑनरेरी डॉक्टरेट की उपाधि भी प्रदान की गई है। उनके द्वारा लोगों के रोजमर्रा के जीवन की समस्याओं पर करी गई इंटरैक्टिव वर्कशॉप्स ने सभी के जीवन में क्रांतिकारी ट्रांसफॉर्मेशन लाया है। ये तमाम वर्कशॉप्स भारत में लाइव ऑडियन्स के सामने आयोजित किये गए हैं।

दीप त्रिवेदी की खास बात यह है कि वे जीवन के गहरे-से-गहरे पहलुओं को छूते हैं और उन्हें सरलतम भाषा में लोगों के सामने प्रस्तुत करते हैं जिससे कन्फ्यूजन की कहीं कोई गुंजाइश ही नहीं बचती है। वे अपनी किताबें और वर्कशॉप्स में जिस अनोखी स्पीरिच्युअल-सायकोलॉजिकल भाषा और एक्सप्रेशन का इस्तेमाल करते हैं उससे उन्हें पढ़ने तथा सुनने वालों में उसका तात्कालिक प्रभाव भी होने लगता है और यही बात उन्हें इस क्षेत्र का पायनियर बनाती है।

दीप त्रिवेदी के बारे में और अधिक जानने के लिए विजिट करें: www.deeptrivedi.com

दीप त्रिवेदी मशहूर वक्ता

दीप त्रिवेदी सायको-स्पीरिच्युअल कॉन्टेंट, आवाज, भाषा और एक्सप्रेशन का ऐसा मिश्रण प्रस्तुत करते हैं जिससे उन्हें देखने और सुनने वालों में तत्काल परिवर्तन आता है। लाखों लोग सिर्फ उन्हें सुनने-मात्र से परिवर्तित हो चुके हैं।

दीप त्रिवेदी जीवन से जुड़े हर विषय पर प्रकाश डालते हैं। उनके द्वारा लोगों के रोजमर्रा के जीवन की समस्याओं पर करी गई इंटरैक्टिव वर्कशॉप्स ने सभी के जीवन में क्रांतिकारी ट्रांसफॉर्मेशन लाया है। जीवन का ऐसा कोई पहलू नहीं है जिसे उन्होंने न छूआ हो। वे विभिन्न विषयों पर बोल चुके हैं जैसे भगवद्‌गीता, ताओ-ते-चिंग, अष्टावक्र गीता, कुदरत के रहस्य, मन के रहस्य, आत्मा के रहस्य, भाग्य के रहस्य, इत्यादि, और:

- **प्रकृति के नियम**
- **टाइम एण्ड स्पेस**
- **धर्म**
- **डीएनए-जीन्स**
- **जीवन की राह**
- **डे-स्लीप**
- **मन और बुद्धि**
- **व्यक्तित्व**
- **हीनता**
- **डर**
- **गिल्ट**
- **इन्वोल्वमेंट**
- **पक्षपात**
- **अपेक्षा**
- **स्वीकार्यशक्ति**
- **नेचरल इंटेलिजेंस**
- **पावर ऑफ ट्रान्सफर्मेशन**
- **विवाह**
- **स्वतंत्रता**
- **भविष्य**
- **हिपोक्रेसी**
- **क्रिएटिविटी**
- **कोन्सन्ट्रेशन**
- **सुख और सफलता**
- **समृद्धि**
- **अच्छा-बुरा**
- **भगवान**
- **अहंकार**
- **क्रोध**
- **सेल्फ-कॉन्फिडेंस**
- **प्रेम**
- **कन्फ्यूजन**

द्वितीय संस्करण : 2022
मूल्य : ₹299/-

भारत में मुद्रित

संकल्पना, चित्रण व साज-सज्जा :

www.aatmaninnovations.com

प्रकाशक : आत्मन इनोवेशन्स् प्रा. लि.
प्रकाशन का स्थान : मुंबई

ISBN 978-93-84850-67-8

लेखक की कलम से...

निश्चित ही कहानियां हों या जोक्स; दोनों ही हमेशा से अपनी बात कहने और समझाने का सर्वश्रेष्ठ माध्यम रहा है। गहरी-से-गहरी बात भी कहानियों और चुटकुलों के सहारे आसानी से समझाई जा सकती है। इन्हें याद रखना भी बड़ा आसान होता है। और बात मन की गहराइयों तक पहुंचाने में तो वैसे ही इन दोनों का कोई मुकाबला नहीं।

वहीं यह भी सच है कि मनुष्य अपने जीवन की हजारों उलझनों में फंसा हुआ है। शारीरिक हो या मानसिक, सांसारिक हो या व्यावसायिक ऐसा कोई क्षेत्र नहीं, जहां वो स्ट्रगल न कर रहा हो। जाहिरी तौरपर संघर्ष किसी को पसंद नहीं आते। मनुष्य इनसे छुटकारा भी चाहता है। और मनुष्य का जीवन के संघर्षों से छुटकारा हो सके, उस हेतु महान लोगों द्वारा अनेकों सायकोलॉजिकल मार्गदर्शन दिए भी गए हैं। लेकिन उनकी गहराइयों में जाकर उनका फायदा उठाना हरेक के लिए आसान नहीं होता। इस संदर्भ में मेरा यह अनुभव है कि वे ही बातें जब कहानियों और चुटकुलों का सहारा लेकर समझाई जाती हैं, तो वे ज्यादा असरकारक और फायदेमंद साबित होती हैं।

बस इसी बात को ध्यान में रखते हुए मैंने इस संकलन में ना सिर्फ कई प्रचलित श्रेष्ठ कहानियों और चुटकुलों को अतिरिक्त रोचकता प्रदान करते हुए उनके सायकोलॉजिकल पहलू को उभारने की कोशिश की है, बल्कि इसकी कई कहानियां व चुटकुले मैंने स्वयं भी लिखे हैं। साथ ही इन कहानियों के गहरे फिलॉसोफिकल पहलुओं को सार के रूप में समझाया भी है। कुल-मिलाकर मैंने अपनी ओर से एक सौ एक सर्वश्रेष्ठ कहानियों और चुटकुलों का यह संग्रह आपके लिए एकत्रित किया है। आपको ना सिर्फ इसे पढ़ने में मजा आएगा बल्कि इससे आपके जीवन में आवश्यक परिवर्तन भी आएगा। बस इसी उम्मीद के साथ मैं यह किताब आपको समर्पित कर रहा हूँ।

दीप त्रिवेदी

/deeptrivediblog | /deeptrivediblog | /deeptrivedivideos

1 वाह रे मुल्ला – तेरा जवाब नहीं

मुल्ला नसीरुद्दीन को कौन नहीं जानता? उनके अपने मजाकिया स्वभाव से समझाने की आदत दुनिया में बेमिसाल है। मुल्ला न तो नमाज अदा करते थे न मस्जिद जाते थे, यह भी आप जानते ही होंगे। बस इसी कारण मुल्ला को सब नास्तिक व काफिर कहते थे।

एक दिन उनके मोहल्लेवालों ने सोचा कि मुल्ला को मस्जिद जाने व नमाज पढ़ने हेतु समझाया जाए। मोहल्ले में नास्तिक का होना अच्छा नहीं। सो सबने मिलकर मुल्ला को समझाया। मुल्ला ने सबकी बात बड़े ध्यान से सुनी। ...फिर कहा- देखो भाई मैं मस्जिद तो नहीं जा सकता हूँ, पर हां तुमलोग इतना फोर्स कर रहे हो तो मैं अल्लाह को दिन में एकबार याद जरूर कर लूंगा। लेकिन करूंगा अपने वक्त पर तथा अपने तरीके से।

सबने सोचा, ठीक है। न करने से तो अच्छा ही है। उधर मुल्ला ने तो रात के बारह बजे घर की छत पर जाकर चिल्लाना शुरू कर दिया- सुन अल्लाह! मुझे सौ दीनार भिजवा दे; उसके बगैर तेरा छुटकारा नहीं। जबतक तू सौ दीनार नहीं भिजवाता, मैं ऐसे ही रोज रात को नमाज पढ़ता रहूंगा। और ध्यान रखना कि पूरे सौ लूंगा, एक भी कम नहीं लूंगा। ...बस इतना चिल्लाकर वह सो गया। फिर तो यह सिलसिला रोज का हो गया। रोज रात को वह छत पर जाए और तेज आवाज से बात दोहराए। बात वही कि सौ दीनार भिजवा, जबतक तू नहीं भिजवाता तबतक रोज ऐसे ही नमाज पढ़ता रहूंगा।

यह अजब नमाज हुई! और वह भी ऐसी अजब कि मोहल्लेवालों की शामत ही आ गई। उनकी रातों की नींद हराम हो गई। रोज रात मुल्ला चिल्ला-चिल्लाकर पूरे मोहल्ले को उठा देता था। और ऊपर से इबादत भी बेतुकी व ऊटपटांग। सबने सोचा इससे तो वह नास्तिक ही अच्छा था। सब मुल्ला को समझाकर पछता रहे थे। अपनी भूल सुधारने हेतु उन्होंने मुल्ला को इबादत छोड़ने हेतु भी कहा, परंतु मुल्ला अडिग था। उसने स्पष्ट कह दिया कि एकबार शुरू कर दी तो कर दी। अब तो इसे अल्लाह ही सौ दीनार देकर छुड़वा सकता है।

अब अल्लाह क्यों सौ दीनार देने लगा? तकलीफ में तो बंदे थे, सो वे ही आगे आए। सबने मिलकर इस मुसीबत से छुटकारा पाने हेतु एक मीटिंग बुलाई। सुझाव काफी आए पर उनमें से एक ही प्रैक्टिकल जान पड़ा; और वह यह कि सब मिलकर निन्यानवे दीनार एकत्रित करते हैं, और जब मुल्ला रात को चिल्लाना शुरू करे तो वे दीनार पोटली में बांधकर उसकी छत पर फेंक देते हैं। चूंकि मुल्ला सौ दीनार मांग रहा है, बार-बार कह भी रहा है कि एक कम नहीं लूंगा; अतः निन्यानवे आए देखकर वह ठुकरा देगा। ...पोटली वापस फेंक देगा। बस हमें हमारे दीनार भी मिल जाएंगे और मुल्ला से छुटकारा भी। वह समझ जाएगा कि अल्लाह पूरे सौ दीनार देने को अभी राजी नहीं।

अब प्लान बन चुका था और इंतजार रात का था। बस रात को मुल्ला ने जैसे ही चिल्लाना प्रारंभ किया कि अल्लाह पूरे सौ दीनार लूंगा, एक कम नहीं लूंगा, कि योजनानुसार निन्यानवे दीनार से भरी थैली मुल्ला की छत पर फेंक दी गई। मुल्ला तो खुश-खुश हो गया। उसने झट से थैली खोल दीनार गिनने शुरू किए। लेकिन यह क्या, यह तो निन्यानवे है। उसने दो-तीन बार और गिने, पर थे निन्यानवे ही। खैर, कोई बात नहीं... उसने दीनार फिर थैली में भरे और थैली हवा में उठाता हुआ बोला- वाह रे अल्लाह, तू भी प्रोफेशनल हो गया है। एक दीनार थैली का काट ही लिया। इतना कहते-कहते उसने थैली जाकर आलमारी में रख दी और सो गया।

उधर मोहल्लेवालों को तो समझ में ही नहीं आया। यह तो दीनार ही चले गए। बेचारे सब रातभर जागे। सुबह-सुबह सीधे सबने मिलकर मुल्ला के घर दस्तक दी। जब सौ मांगे थे तो निन्यानवे क्यों रखे उसका सबब भी जानना चाहा।

मुल्ला ने हँसते हुए कहा- इतनी-सी बात से इतना टेन्शन में क्यों आ जाते हो? तुमलोगों के लिए यह बात नई कहां है? अच्छा बताओ, तुमलोग अल्लाह को जो भी चढ़ाते हो वह कभी अल्लाह तक पहुंचता है? उसे मौलवी ही यह कहकर रख लेते हैं न कि तुमलोगों ने अच्छी भावना से नहीं चढ़ाया, इसलिए अल्लाह ने वह चढ़ावा नहीं स्वीकारा, अतः मजबूरी में इसे हमें रखना पड़ रहा है। जब वहां चुप हो जाते हो तो यहां भी चुप हो जाओ। मैंने भी अल्लाह के प्रोफेशनल हो जाने की आड़ लेकर आपके दीनार रख लिए।

सार: ...अब मोहल्लेवाले समझें-न-समझें, आप समझ लो कि आप जो मंदिर, मस्जिद या चर्च में चढ़ाते हैं वह भगवान तक न पहुंचा है न पहुंचनेवाला है। और फिर वह भगवान है ही इसलिए कि उसे आपसे ''सिवाय शुद्ध भावना के'' और कुछ स्वीकार्य ही नहीं है। सो क्यों अपनी मेहनत की कमाई व्यर्थ लुटा रहे हो? उससे तो दो-चार जरूरतमंदों को कुछ दे दो, वादा करता हूँ वह अल्लाह तक पहुंच जाएगा।

2 समर्पण का जादू

तानसेन मुगलकालीन भारत के सबसे श्रेष्ठ संगीतकार थे। वे अकबर के दरबार के नवरत्नों में ना सिर्फ शामिल थे, बल्कि अकबर उनके संगीत के दीवाने भी थे। एक दिन संध्या समय ऐसे ही अकबर व तानसेन बैठे हुए थे कि अकबर ने तानसेन की तारीफ करते हुए कहा- तानसेन! मैं नहीं मानता कि तुम-सा संगीतकार कोई कभी पैदा हुआ होगा या भविष्य में कोई पैदा होगा।

यह सुन तानसेन जोर से हँस दिए और हँसते हुए ही बोले- आप भूत और भविष्य की बात क्या करते हैं महाराज! अभी मेरे पूज्य गुरु हरिदास मौजूद हैं, और इनके संगीत के सामने मेरा संगीत कुछ भी नहीं।

अकबर यह सुनते ही बुरी तरह चौंक गए। उन्होंने दृढ़तापूर्वक कहा- यह तो हो ही नहीं सकता। शायद तुम्हारे गुरु हैं, इसलिए तुम्हें ऐसा लग रहा है।

तानसेन ने कहा- नहीं महाराज! मैं जो कह रहा हूँ वह बात सौ फीसदी सही है। इसमें गुरु-प्रभाव तनिक भी नहीं। मेरे गुरु हरिदास वास्तव में मुझसे कई गुना प्रतिभावान हैं।

लेकिन अकबर को अब भी विश्वास नहीं हो रहा था। सो उन्होंने तत्क्षण तानसेन से कहा- ठीक है तो उन्हें दरबार में बुला लाओ, मैं उनका संगीत सुनना चाहता हूँ।

तानसेन ने हँसते हुए कहा- वे दरबार में कभी नहीं आएंगे, उनका संगीत सुनना हो तो हमें ही उनके वहां जाना पड़ेगा।

अब अकबर तो कला-प्रेमी थे। वे तुरंत तानसेन के साथ हरिदास के घर जाने को निकल पड़े। जैसे ही घर के निकट पहुंचे, तानसेन ने कहा- हम यहां बागड़ में छिप जाते हैं। ...देखते हैं वे कब राग छेड़ते हैं?

अकबर बोले- अरे, हम यहां इन्तजार क्यों करें? तुम जाकर उनसे कह दो कि महाराज स्वयं पधारे हैं और आपका संगीत सुनना चाहते हैं।

तानसेन ने कहा- यह नहीं हो सकता महाराज! उन्हें आपके आने-जाने से कोई फर्क नहीं पड़नेवाला। वे तो अपनी मरजी से अपने समय पर ही राग छेड़ेंगे।

अब तो और कुछ किया नहीं जा सकता था। अकबर को हरिदास का संगीत सुनना ही था। सो चुपचाप तानसेन के साथ बागड़ के पीछे छिप गए और हरिदास के राग छेड़ने का इन्तजार करते रहे। उधर मध्यरात्रि को हरिदास ने अलाप छेड़ा और छेड़ा तो ऐसा छेड़ा कि अकबर स्तब्ध रह गए। उनकी आंखों से आंसू बहने लगे। बात तानसेन की सौ फीसदी सही थी। तानसेन का उसके गुरु से कोई मुकाबला हो ही नहीं सकता था। खैर, हरिदास का पूरा गान सुन अकबर व तानसेन राजमहल के लिए निकल पड़े। रास्ते में अकबर ने तानसेन से पूछा- तुम ऐसा क्यों नहीं गा सकते? प्रयास करो, दुनिया में क्या असंभव है?

तानसेन ने कहा- यह कभी नहीं हो सकता।

अकबर ने चौंकते हुए पूछा- क्यों...?

तानसेन ने कहा- बात प्रतिभा या प्रयास की है ही नहीं। क्योंकि मैं दरबार में आपकी जी-हुजूरी में गाता हूँ, मुझमें गुरुवाली बात आ ही नहीं सकती। मनुष्य जो कार्य अपनी मस्ती में और सिर्फ अपने लिए करता है, उसकी बात ही अलग होती है।

सार: यह अक्सर देखा गया है कि व्यक्ति प्रतिभावान भी हो, प्रयास भी कर रहा हो पर बात नहीं बनती। ...क्यों? क्योंकि मनुष्य अपनी प्रतिभा का उपयोग अक्सर दूसरों पर रुआब झाड़ने हेतु करता है या दूसरों की जी-हुजूरी में अपनी प्रतिभा का गला घोंट देता है। मनुष्य प्रयास भी सम्मान व समृद्धि पाने हेतु ही करता है, लेकिन वह भूल जाता है कि इन सब चक्करों में उसकी वास्तविक प्रतिभा ढंक जाती है। यह ध्यान रख लेना कि जिन्होंने भी ऐतिहासिक सफलता पाई हैं, उन्होंने अपनी प्रतिभा अपनी मस्ती हेतु अपने पे ही निछावर करके पाई हैं। और इस कारण उनकी प्रतिभा कुछ ऐसी निखरी है कि पूरे विश्व ने उनकी प्रतिभा

को सलाम किया है। सो, आप में प्रतिभा है तो डूब जाओ, उसीका आनंद लो, उसमें झूमो... सम्मान व समृद्धि का खयाल छोड़ो, वह तो आपके द्वार अपनी प्रतिभा की मस्ती में डूबने मात्र-से पीछे-पीछे चले ही आएंगे।

3 सच क्या?

यह काफी पुरानी कहानी है। प्राचीन युग में भारत में जनक नाम के एक मशहूर राजा हुए थे, यह उन्हीं की कहानी है। उनका सीधा परिचय दिया जाए तो वे भारत के लोकप्रिय ग्रंथ रामायण की नायिका सीता के पिता थे। वे शुरू से धर्म के बहुत बड़े खोजी थे, सो दिन-दिनभर दरबार में धर्म चर्चा आयोजित किया करते थे। एक रात उन्होंने बड़ा ही विचित्र सपना देखा। उन्होंने देखा कि एक शक्तिशाली राजा ने उनके राज्य पे हमला कर दिया और पूरा राज्य तहस-नहस कर दिया। यहां तक कि उन्हें जान बचाने हेतु दूर जंगलों में भाग जाना पड़ा। अब अकेली जान, घना जंगल, युद्ध और भागदौड़ की थकान, हार की मायूसी और उस पर भूख। ...अब इस घने जंगल में मिले क्या? कई दिन इस तरह बिताने के बाद एक दिन उनके हाल पे तरस खाकर एक राहगीर ने उन्हें एक रोटी दी। अभी वे एक पेड़ के नीचे बैठकर रोटी खाने को ही थे कि एक विशाल कौआ झपट्टा मार रोटी ले उड़ा। यह देख जनक चीख पड़े, और चीखते ही उनकी नींद उड़ गई। नींद उड़ते ही उन्होंने अपने को अपने ही राजमहल के बिस्तर पर पसीने से लथपथ पाया। यह देख जनक विचारशून्य हो गए। चूंकि वे धार्मिक चिंतन के व्यक्ति थे, सो उनके सोच की सूई यहां अटक गई कि सपना देख रहा था तब मैं पड़ा तो अपने बिस्तर पर ही था, लेकिन मन पूरी तरह जंगलों में भटक गया था। दौड़ा-भागी हुई ही थी, कौआ रोटी ले ही उड़ा था, मैं चीखा भी था और पसीने से लथपथ भी हुआ ही था। ...सवाल यह कि उस समय पुरता सत्य क्या था? मैं बिस्तर पर लेटा था वह सत्य था, या मैं युद्ध हार के जंगलों में भटक रहा था; वह सत्य था?

अब सवाल तो जायज था, परंतु इसका उत्तर क्या? बस जनक उस क्षण से ही इसका उत्तर ढूंढ़ने में डूब गए। इसके अलावा उन्हें और किसी बात का होश ही नहीं रह गया था। वे दिन-रात दरबार में धार्मिक धुरंधरों को बुलाकर सवाल

पूछा करते थे कि "यह सच या वह सच"। उनकी यह हालत देख परिवारवाले, मंत्री व अन्य सभी हितैषी बड़े चिंतित हो उठे थे। उनका काफी इलाज भी करवाया पर कोई फर्क नहीं आया। उधर धार्मिक धुरंधर भी उनकी जिज्ञासा का कोई समाधान नहीं कर पा रहे थे। यह खबर उड़ती-उड़ती उस समय के परमज्ञानी अष्टावक्र के कानों तक पहुंची। वे तुरंत जनक के दरबार में पहुंच गए। स्वाभाविक तौरपर जनक ने अष्टावक्र से भी वही सवाल दोहराया। अष्टावक्र ने तुरंत हँसते हुए कहा- महाराज! न यह सच-न वह सच।

जनक तो चौंक गए। ...क्योंकि अब तक जितने भी लोगों ने बताया था, उन्होंने जनक की एक या दूसरी अवस्था को सच बताया था। खैर, इस हालत में जनक चौंके, यह भी उनकी वर्तमान दशा के लिए बड़ी उपलब्धि थी। उधर अष्टावक्र ने अपनी बात विस्तार से समझाते हुए जनक से कहा- देखो, जब सपना देख रहे थे तब भी तुम पड़े तो अपने राजमहल में ही थे, अर्थात् उस समय तुम्हारा जंगलों में भटकना गलत हो ही गया। ठीक वैसे ही तुम सोचो कि वास्तव में तुम राजमहल में थे तो भी उस समय तुम्हारा चित्त तो जंगलों में ही भटक रहा था; अत: उस समय तुम्हारा राजमहल में होना भी गलत ही हो गया।

जनक को बात तो समझ में आ गई, लेकिन फिर उनकी जिज्ञासा ने एक नई उड़ान पकड़ी।

उन्होंने अष्टावक्र से हाथोंहाथ पूछा- तो फिर सच क्या है?

अष्टावक्र बोले- सत्य तुम्हारा द्रष्टा है जो यह दोनों घटना देख रहा था। उसे इन दोनों में से किसी से कोई मतलब नहीं था।

जनक की तो यह सुनते ही आंख खुल गई। उन्हें तो जैसे जीवन की दिशा ही मिल गई। अब तो उन्होंने जीवन का एक ही मकसद बना लिया कि चाहे जो हो जाए, मृत्यु पूर्व द्रष्टा का एहसास करना ही है। खैर, बाद में अष्टावक्र ने एक गुरु की तरह जनक को उनके द्रष्टा में स्थित भी किया। यह बातचीत 'अष्टावक्र-गीता' के नाम से बहुत मशहूर भी है।

सार: बस हमें भी मानसिक ऊंचाइयां छूने हेतु जनक की तरह जिज्ञासु होना ही पड़ेगा। पूरा न सही, परंतु धीरे-धीरेकर अपने द्रष्टा होने का एहसास जगाना ही पड़ेगा। यह समझना ही पड़ेगा कि दुख-सुख, ऊंच-नीच, साजोसामान,

रिश्तेदार, दोस्त और दुश्मन ही नहीं, हमारे अपने भावों के उतार-चढ़ाव भी हमारे लिए 'अन्य' ही हैं। हम तो उन सबको सिर्फ देखनेवाले हैं। हम उनमें से कुछ नहीं। इसलिए वास्तविकता तो यह है कि अंदर बाहर की ऐसी कोई घटना नहीं, जो हमें प्रभावित कर सके।

4 फकीर से कौन जीत सकता?

मध्य भारत के किसी गांव में एक महान फकीर रहा करता था। वह ज्ञानी होने के साथ-साथ करुणाशील भी था। वह किसी से अनावश्यक भेंट भी नहीं स्वीकारता था। बड़ा ही सादगीपूर्ण जीवन था उसका। एक कक्ष के झोंपड़े में वह रहता था। पूंजी के नाम पर उसके पास चन्द बर्तन और दो कंबल के अलावा कुछ न था। अब उन कंबलों को चाहे वस्त्र कह दो या उसका ओढ़ना-बिछौना, परंतु ओढ़ने-बिछाने के नाम पर जो कुछ भी उसके पास था, बस वही था। स्वाभाविक तौरपर जब इतना महान फकीर था, तो पूरा गांव उसकी बड़ी इज्जत भी करता था।

और उनकी जो बात मैं बताने जा रहा हूँ, वह सर्दी के मौसम की है। बड़े कड़ाके की ठंड पड़ रही थी उन दिनों। ठंड की ऐसी ही एक रात्रि को हमेशा की तरह फकीर अपने एक कंबल ओढ़े व एक बिछाये सो रहा था। अब फकीर तो वही है जो स्वयं के भरोसे जीते हैं। सो झोंपड़े के दरवाजे पर सांकल वगैरह लगाने का भी सवाल नहीं उठता था। उधर उसी समय एक भूखा चोर गांव में तफरीह पर निकल पड़ा। उसे अन्य कहीं घुसने में तो सफलता नहीं मिली, परंतु चूंकि फकीर का द्वार खुला था, सो वह चोरी करने वहीं घुस गया। अंधेरे में दस-एक मिनट तक उसने पूरा झोंपड़ा टटोला पर उसे एक छोटा भगोना व टूटे गिलास के अलावा कुछ न मिला। अब इस मौसम में ये दो टूटे-फूटे बर्तन प्राप्त करने हेतु तो उसने यह कष्ट उठाए नहीं थे। सो स्वाभाविक तौरपर वह निराश हो गया।

इधर फकीर की नींद क्या? वह तो पहली आहट से ही जाग गया था। परंतु फकीर भी, फकीर था। वह आंखें बंद किए ही इस तमाशे का मजा ले रहा था। उधर चोर को अंत में जब कुछ न सूझा तो उसने फकीर का ओढ़ा हुआ कंबल

ही झपट लिया। कम-से-कम कुछ आत्मसंतोष तो मिलना चाहिए। इतनी रात को इतनी तकलीफें उठाने के बाद भी हाथ कुछ न लगे तो यह तो नाकामी हुई। और नाकामी तो नाकामी है, चोर तक को पसंद नहीं आ सकती है। सो बस, कंबल मारने के आत्मसंतोष के साथ वह दरवाजे से बाहर निकलने को हुआ।

लेकिन वह निकल नहीं पाया, क्योंकि फकीर यह सारा तमाशा देख ही रहा था, और अब उसके बीच में कूदने का वक्त भी आ ही गया था। बस उसने दरवाजे के बाहर जाते चोर को कड़क आवाज में रुकने को कहा। फकीर की रुआबदार आवाज सुन चोर के तो पांव ही जकड़ गए। इस दरम्यान फकीर उठ खड़ा हुआ और उसे भीतर आने को कहा। चोर के तो भरी ठंड में पसीने छूट गए। ...बेचारा चुपचाप वापस अंदर आ गया।

इधर चोर के चेहरे पर ऐसी घबराहट देख फकीर ने बड़ी विनम्रतापूर्वक उससे माफी मांगते हुए कहा- माफ करना भाई! तुम इतनी ठंड में इतनी दूर से आए पर मैं तुम्हारी कोई सहायता न कर सका। घर में कुछ है ही नहीं जो तुम्हें संतुष्ट कर पाऊं। लेकिन अगली बार आना हो तो इत्तला करके आना। आसपास से मांगकर कुछ एकत्रित कर लूंगा, ताकि तुमको इस कदर निराशा लेकर न जाना पड़े।

उधर चोर जो पहले ही फकीर की कड़क आवाज सुन घबराया हुआ था, अब ऐसा हसीन प्रस्ताव सुनते ही बर्तन के साथ-साथ उसके हाथ से कंबल भी छूट गया। बौखला तो ऐसा गया कि बिना कुछ लिए ही भागने को हुआ। यह देख फकीर ने फिर गरजते हुए उससे कहा- जो लेकर जा रहे थे...वह सब तो लेकर ही जाना होगा। और हां, जाते वक्त यह दरवाजा जरा सरका देना, ताकि मैं ठंड से बच सकूं। बेचारा चोर! वह तो रुआबदार आवाज के सम्मोहन में फकीर का हर हुक्म मानने को बाध्य हो गया था। उसने वह फेंका कंबल व बर्तन फिर उठाए, और जैसा कि फकीर ने कहा था, दरवाजा अड़ा कर चलते बना।

यहां तक तो सब ठीक, पर सुबह होते-होते तो वह पकड़ा भी गया। वह तो पकड़ा ही जाना था, क्योंकि फकीर के कंबल से पूरा गांव परिचित था। स्वाभाविक तौरपर सबको उस चोर पर बड़ा क्रोध भी आ रहा था। दुष्ट को चोरी करने के लिए क्या यह सज्जन फकीर का ही झोंपड़ा मिला? बस पकड़कर उसे

पंचायत में पेश कर दिया गया। पूरी पंचायत भी चोर से सख्त नाराज हो उठी। सबका मन तो कर रहा था कि फकीर के यहां चोरी करनेवाले को तो फांसी की सजा ही दे देनी चाहिए। खैर, उधर पंचायत में चोर की सजा को लेकर बकझक चल ही रही थी कि उड़ते-उड़ते यह खबर फकीर के पास भी जा पहुंची कि चोर पकड़ा गया है और पंचायत उसे सजा जल्द ही सुनानेवाली है। खबर सुनते ही फकीर दौड़ा-दौड़ा पंचायत जा पहुंचा। उसने वहां जाकर साफ कहा कि यह कंबल व बर्तन उसने चुराए नहीं, बल्कि मैंने ही उसे ये सब ले जाने को कहा था। यह तो बड़ा ही सज्जन व्यक्ति है, इसने तो जाते-जाते मुझे ठंड न लगे इस खयाल से घर का दरवाजा तक अड़ा दिया था।

खैर! फकीर के बयान के बाद पंचायत के पास चोर को सजा देने का कोई उपाय नहीं बचा था। सो चोर को छोड़ दिया गया। अब चोर सजा से तो बच गया परंतु फकीर द्वारा करी गई करुणा में उलझ गया। पंचायत से निकलते ही उसका रो-रोकर बुरा हाल हो गया। वह रोते हुए ही सीधा फकीर के चरणों में गिर पड़ा। यही नहीं, उसने फकीर से अपना सेवक बनाने की रट ही पकड़ ली। कुछ आनाकानी कर फकीर ने उसे सेवा का मौका देना तय किया और उसे अपने साथ घर ले आया। कहने की जरूरत नहीं कि उस चोर के साथ-साथ फकीर के कंबल व बर्तन भी घर वापस लौट आए थे। यह तो ठीक, पर घर लौटते ही फकीर उस चोर पर खूब हँसा। और हँसते हुए ही बोला- देखी मेरी चाल। मेरे कंबल व बर्तन तो वापस लौट ही आए, साथ में सेवा करने हेतु एक सेवक भी ले आए। याद रख कि फकीर का कोई सौदा कभी घाटे का नहीं होता।

सार:...इसे कहते हैं आत्मविश्वास। आत्मविश्वास मनुष्य की अपनी मानसिक क्षमता है और यह मानसिक क्षमता कभी दूसरे के भरोसे नहीं आ सकती है। ...वह दूसरा कोई क्षमतावान व्यक्ति हो या कोई महान सिद्धांत, वह दूसरा फिर चाहे बड़े-से-बड़ा धन हो या सत्ता का कोई शिखर। ध्यान रख ही लो कि धन, व्यक्ति, वस्तु, विचार, धर्म या सत्ता में ऐसा कुछ भी नहीं जो मनुष्य को आत्मविश्वास से भर सके। मनुष्य का आत्मविश्वास सिर्फ उसकी अपनी प्रतिभा के प्रति ही हो सकता है, जैसा कि उपरोक्त उदाहरण में 'फकीर' को अपनी 'फकीराई' पर था।

5 विन्सेंट की वह यादगार तस्वीर

विन्सेंट नामक महान चित्रकार का नाम तो आपने सुना ही होगा। चित्रकारी उनका पैशन था। वे बस चित्र बनाते रहते; उसे बेचना, या नाम व दाम कमाना उनका उद्देश्य कभी नहीं रहा। उनके लिए तो चित्रकारी में मिलनेवाला आनंद ही उनके कार्यों का एकमात्र इच्छित परिणाम था। अब ऐसे व्यक्ति की चित्रकारी का क्या कभी कोई जोड़ हो सकता है?

बस वे चित्र बनाते और रखे रहते। बहुत हुआ तो दोस्तों के घर जाकर अपनी पेंटिंग्स टांग आते। दोस्त भी दोस्त थे। पेंटिंग्स की कोई पहचान तो थी नहीं उन्हें, विन्सेंट के जाते ही अपनी दीवारों से उसे निकालकर यहां-वहां रख देते। व्यर्थ ड्राइंगरूम की शोभा क्यों बिगाड़ना? उधर विन्सेंट का ध्यान इन बातों में कहां विभाजित होनेवाला था। वे तो बस चित्रकारी के दीवाने थे। उनका पूरा ध्यान बस पेंटिंग्स बनाने में ही लगा रहता था। वे फिर कोई पेंटिंग बनाते, और फिर किसी दोस्त को दे आते। उनका दोस्त फिर उसे दीवार पर टांग देता, और जाते ही फिर उतार फेंकता। लेकिन विन्सेंट का ध्यान ही नहीं जाता था कि इसी दीवार पर उनकी ही पेंटिंग कई बार लग चुकी है।

खैर, एक दिन वे यूं ही किसी पहाड़ी पर बैठे हुए थे। बैठे-बैठे संध्या हो गई और सूर्यास्त होने लगा। उन ऊंची पहाड़ियों के मध्य डूबते सूर्य का दृश्य ऐसा तो उभरा कि उन्हें बेहद भा गया। और भाया तो ऐसा भाया कि उन्होंने उसकी पेंटिंग बनाने की ठान ली। फिर क्या था, महीनों उसी पहाड़ी पर डेरा डाले सूर्यास्त की पेंटिंग बनाते रहे। अब ऐसी दीवानगी के परिणाम तो आने ही थे। बस उनकी वह पेंटिंग अमर हो गई। विन्सेंट रातोंरात विश्वविख्यात चित्रकार हो गए। फिर तो उनकी नई चित्रकारियां छोड़ो, पुरानी की भी मांग बाजार में निकल आई। ऊंचे-ऊंचे दामों पे वे भी बिकना शुरू हो गई। निश्चित ही इससे विन्सेंट के साथ-साथ दोस्तों की भी उड़ के लग गई। विन्सेंट की जो पेंटिंग्स उन्होंने यहां-वहां फेंकी थी, सब खोज-खोज के बेच डाली। उनके सारे दोस्त भी विन्सेंट के साथ रातोंरात अमीर हो गए।

सार: कुल-मिलाकर कहने का तात्पर्य यह कि सफलता कार्य करने से मिलती है, और सफलता का अनुपात सीधा-सीधा कार्य की गुणवत्ता पर निर्भर

होता है। तथा कार्य की गुणवत्ता कार्य पर ध्यान देने से आती है। इसके अलावा सफलता का और कोई सार-सूत्र नहीं। यदि ध्यान फल की जगह सिर्फ कर्म पर हो तो सफलता सिर्फ समय की बात रह जाती है, उसे आज नहीं तो कल दस्तक देनी ही पड़ती है। इसलिए यह हमेशा ध्यान रख लेना कि कृष्ण द्वारा भगवद्गीता में कहा गया यह सूत्र कि ''कर्म करो पर फल की चिंता मत करो'', सफलता का सबसे बड़ा सार सूत्र है।

6 मनुष्यों के दु:ख का साथी कौन?

एकबार एक व्यक्ति ने बड़ी घोर तपश्चर्या की। भगवान इस कदर प्रसन्न हो गए कि हाथोंहाथ वरदान देने हेतु उसके सामने प्रकट हो गए। लेकिन वह व्यक्ति प्रभु के दर्शन से ही इतना अभिभूत हो गया कि उसे वरदान मांगने की इच्छा ही नहीं हुई। फिर भी जब भगवान ने उसे फोर्स किया तो उसने एक ही वरदान मांगा कि ''आप हमेशा हरहाल में मेरे साथ रहें''। प्रभु ने वरदान दे दिया। ...और यह तो वाकई चमत्कार हो गया। वह चलना शुरू हुआ तो जमीन पर पांव के दो की जगह चार निशान बनने शुरू हो गए। यानी वाकई प्रभु उसके साथ हो लिए थे। वह तो मारे खुशी के झूम उठा। उसकी चाल ही बदल गई। विश्वास के सातवें आसमान पर जा बैठा वह। भगवान चौबीसों घंटे साथ है, और क्या चाहिए? लेकिन कहीं-न-कहीं शंकित भी था कि कहीं भगवान साथ छोड़ न दे। सो, इस बात को लेकर वह चौकन्ना भी पूरा रहता था। बीच-बीच में वह जंगल में, मिट्टी या कीचड़ में चलकर देख भी लिया करता था कि वाकई प्रभु उसके साथ अब भी हैं कि नहीं। और जैसे ही कदमों के चार निशान पाता तो वह ना सिर्फ आश्वस्त हो जाता, बल्कि लगे हाथों उन्हें धन्यवाद भी दे देता।

...वैसे उसका हँसता-खेलता परिवार था। आर्थिक रूप से भी वह खाते-पीते काफी सुखी था। कहने का तात्पर्य आदमी ना सिर्फ प्रभु का सच्चा भक्त-मात्र था, बल्कि जीवन भी उसका भरापूरा और खुशहाल था। और सोने पे सुहागा यह कि अब उसका और भगवान का चौबीसों घंटे का साथ भी था। ...लेकिन कहते हैं न कि समय की चाल सदैव एक-सी नहीं रहती है। बस उसी

तर्ज पर उसके जीवन में भी एक टर्निंग पॉइंट आया। अचानक एक हादसे में उसके दोनों बच्चों की मृत्यु हो गई। पत्नी यह हादसा नहीं सह पाई और पागल हो गई। निश्चित ही इन सबका उसपर भी बड़ा गहरा असर पड़ा। मारे सदमे के धंधे पर ध्यान न दे पाने की वजह से वहां भी नुकसान होना प्रारंभ हो गया। कुल-मिलाकर चारों ओर से उसपर संकट गहरा गया। बड़ी ही मनहूसियत में उसके दिन गुजरने लगे। वह तो यहां तक सोचने लगा कि अब जीवन में रखा ही क्या है? क्यों न बचा हुआ जीवन प्रभु-भक्ति में ही गुजारा जाए! बस विचार करते ही वह तो सब छोड़कर संन्यास लेने जंगल की ओर चल पड़ा। अचानक उसकी निगाह अपने पांव के निशान पर पड़ी, पंजे के दो ही निशान थे। वह तो बुरी तरह चौंक गया और लगा सीधे भगवान को कोसने- संकट की इस घड़ी में तुमने भी मेरा साथ छोड़ दिया। अरे, तुम तो आम संसारी से भी गए-गुजरे निकले। तुम पूजा के लायक ही नहीं। नहीं लेना संन्यास, इससे तो मैं अपनी दुनिया में ही भला हूँ।

यह सुनते ही उसके भीतर विराजमान प्रभु ने प्रकट होते हुए कहा- वत्स, तुम अकारण पंजे के दो निशान देखकर भ्रमित हो रहे हो। तुम्हारे दोनों पुत्र मर गए, पत्नी पागल हो गई, तुम क्या सोचते हो कि यह भयानक हादसा सहने की तुम्हारी क्षमता थी? ...बिल्कुल नहीं। तुम्हारे संकट के ये तमाम थपेड़े कबसे मैं अकेले ही सह रहा हूँ। और यह जो दो पंजे के निशान देख रहे हो, वे मेरे ही हैं। तुम कुछ ऊटपटांग न कर बैठो या हताशा के गहरे भंवर में न चले जाओ, इसलिए तुम्हें तो मैंने बच्चों की मृत्यु के दिन से ही थाम रखा है।

सार: यही जीवन का सत्य है। जब मनुष्य पर कोई बड़ा संकट आता है, तब वह संकट सीधा मनुष्य की आत्मा थाम लेती है। वह जानती है कि मनुष्य का अहंकार यह सदमा झेल ही नहीं पाएगा। आपको इस बात के कई अनुभव होंगे, आपने अनेकों बार नोटिस किया होगा कि आपके या अन्य किसी के साथ ऐसे हादसे हो जाते हैं जो कल्पना करो तो सहना मुश्किल, परंतु वास्तव में घटने पर सहने की क्षमता आ ही जाती है। वह क्षमता आती ही इसलिए है कि वह सदमा आपका आत्मा यानी आपका भगवान झेलता है, जो हरहाल में स्थिर रहता है। उसकी यह स्थिरता, आपको पहुंची चोट को सॉफ्ट कर देती है और यह सॉफ्ट चोट आप सह जाते हैं। ...बताओ, भगवान इससे ज्यादा आपके लिए क्या कर सकता है?

7 सिकंदर और संन्यासी

यह उन दिनों की बात है जब सिकंदर भारत का पश्चिमोत्तर प्रदेश जीतने के बाद वहां का बेशुमार खजाना लेकर वापस यूनान लौटने की तैयारी में था। तभी उसे विचार आया कि भारत से इतना कुछ ले जा रहा हूँ तो क्यों न यहां से एक संन्यासी भी अपने साथ ले जाऊं। आखिर भारत के संन्यासी भी कोई कम मशहूर तो हैं नहीं। बस तय किया तो हाथोंहाथ उसने सिपाहियों को कोई एक संन्यासी पकड़ लाने का हुक्म भी दे दिया। और जब सिपाहियों को हुक्म दे दिया तो देर क्या? जल्द ही एक संन्यासी पकड़कर उन्होंने सिकंदर के सामने हाजिर भी कर दिया। उस संन्यासी का नाम दाण्ड्यायण था। उसने तो आते ही सिकंदर से उसे इस तरह बेवजह पकड़कर ले आने का कारण पूछा।

सिकंदर ने कहा- घबराओ नहीं! मैं तुम्हें ससम्मान अपने साथ यूनान ले जाऊंगा ताकि यूनान के लोग भी भारत के संन्यासी को देख सकें।

दाण्ड्यायण ने कहा- वह तो ठीक, पर मैं यूनान जाना चाहता ही नहीं।

सिकंदर बोला- तुम्हें शायद पता नहीं कि मैं संन्यासियों और फकीरों की बड़ी इज्जत करता हूँ। तुम्हें वहां न सिर्फ सम्मान मिलेगा, बल्कि मैं वहां तुम्हारा एक शानदार आश्रम भी खुलवा दूंगा।

दाण्ड्यायण बोला- हे यवनराज! मुझे लोभ देने की कोशिश मत करो, संन्यासियों को लोभ से नहीं जीता जा सकता। मैं किसी कीमत पर यूनान नहीं जाऊंगा।

संन्यासी की ऐसी अकड़ देख सिकंदर हँसता हुआ बोला- सुनो! मैंने पूरी धरती जीत ली, मुझे रोकनेवाला कोई नहीं। सो, जब मैंने तय किया है तो तुमको चलना तो पड़ेगा ही। और जब चलना ही है तो बेहतर है कि राजी-खुशी चलो।

दाण्ड्यायण बोला- देश जीतना या खजाना लूटना अलग बात है, और एक संन्यासी को उसकी मरजी के खिलाफ ले जा पाना अलग बात है। तुम मुझे जबरदस्ती अपने साथ नहीं ले जा सकते।

संन्यासी के मुख से ऐसा सुनते ही विजय के मद में चूर सिकंदर जोर से हँस दिया और हँसते हुए ही बोला- क्या बात करते हो? कौन रोकेगा मुझे?

...अभी तुम्हारी अकड़ निकाल देता हूँ। इतना कहते-कहते सिकंदर ने संन्यासी को बांधकर एक रथ में बिठाने का हुक्म दे दिया। हुक्म तुरंत अमल में लाया गया और देखते-ही-देखते संन्यासी को रथ के अंदर बांध दिया गया। संन्यासी को बांधे जाते ही सिकंदर उनके पास पहुंच गया। और पहुंचते ही थोड़ी अकड़ से पूछा- क्या अब भी तुम सोचते हो कि मैं तुम्हें नहीं ले जा सकता?

दाण्ड्यायण बोला- हां...

सिकंदर ने आश्चर्यचकित होते हुए पूछा- वह कैसे?

दाण्ड्यायण बोला- तुमने मेरे शरीर को बांधा है। शरीर पर अवश्य तुम्हारा जोर है, परंतु तुम्हें मेरा शरीर चाहिए या मेरी संन्यस्त चेतना? यदि मेरी चेतना चाहिए तो वह तो मेरे नियंत्रण में है, वह यूनान जाकर खामोश हो जाएगी। फिर तुम्हारे पास रह जाएगा मेरा शरीर, तो उसका तुम करोगे क्या?

सिकंदर तो संन्यासी की बात सुनते ही अवाक् रह गया? उसने तुरंत माफी मांगते हुए संन्यासी को आजाद कर दिया। वह समझ गया कि वाकई राजाओं को हराना या खजाना लूटना अलग बात है, परंतु एक पक्के संन्यासी को ले जाना या उसका दिल जीतना दूसरी ही बात है।

सार: संन्यासी की ही नहीं, प्रकृति की रचना में हर मनुष्य की चेतना पूर्ण स्वतंत्र है। उसकी मरजी के बगैर उसके मन से कोई कभी कुछ नहीं करवा सकता है। लेकिन यह उसके लोभ और भय ही हैं जो उसे दूसरों का मानसिक गुलाम बनाए हुए हैं। जो कोई मनुष्य जहां कहीं हो व जैसा भी हो, सिर्फ मन से भय और लोभ हटा ले तो वह 'संन्यासी' ही है। ...क्योंकि फिर उसे क्षणभर को कोई गुलाम नहीं बना सकता। यह स्पष्ट समझ लेना कि संन्यासी का अर्थ ही संपूर्णता से अपनी स्वतंत्रता की उद्घोषणा है।

मन का पिटारा - आफत ढेर सारा

दो दोस्त थे। बड़ी अच्छी मित्रता थी उनमें। हालांकि उनमें से एक तो साधारण घर का युवक था जबकि दूसरा पैसेवाले घर का था। हालांकि धन का यह फासला दोनों की मित्रता में जरा-सा भी बाधक नहीं था। एक दिन

ऐसा हुआ कि गरीब दोस्त को स्कूटर की आवश्यकता पड़ी। उसके घर पे कुछ मेहमान आनेवाले थे, सो उसे सामान वगैरह लाने की जल्दी थी। उधर उसके अमीर दोस्त के पास स्कूटर था ही, बस उसने उससे एक दिन के लिए स्कूटर मांगना तय किया। और तय करते ही वह उसके पास स्कूटर मांगने चल भी पड़ा। अभी वह कुछ ही कदम चला था कि उसके मन ने एक विचार पकड़ा, कहीं ऐसा तो नहीं कि वह ना कह दे? फिर तुरंत दूसरा विचार आया कि ऐसा थोड़े ही है, इतने सालों की दोस्ती में मैंने कभी उससे कुछ मांगा नहीं है, भला दोस्ती में वह एक स्कूटर के लिए इंकार थोड़े ही करेगा। वह फिर सोच में पड़ गया, वह जरूर मना करेगा। वह दिखता है इतना सीधा थोड़े ही है। वह जरूर बहाना बनाएगा कि उसमें पेट्रोल नहीं है। कोई बात नहीं, मैं भी कह दूंगा कि ला चाबी, पेट्रोल मैं भरवा लूंगा।

बस इसी सोच के साथ वह फिर विश्वास से भर गया। लेकिन अभी दो कदम ही चला था कि उसके मन ने एक नया उपद्रव पकड़ लिया। ...वह स्कूटर नहीं देने के हजार बहाने खोजेगा, उसकी दोस्ती-यारी सब ऊपरी ही है। उसे तो यह भी कहते देर नहीं लगेगी कि स्कूटर का टायर ही खराब है। या कहेगा आज मेरे घर पे भी कुछ मेहमान आए हैं; सो आज तो स्कूटर देना संभव नहीं। बस इतना सोचना था कि उसे क्रोध आ गया। ...और इत्तिफाकन उसी दरम्यान वह दोस्त के दरवाजे पर भी पहुंच गया। पहुंचते ही उसी क्रोधित अवस्था में उसने घंटी बजाई और योगानुयोग दरवाजा भी उसके दोस्त ने ही खोला। परंतु चूंकि उसके क्रोध का आवेश उस वक्त अपने उफान पर गतिशील था, स्वाभाविक रूप से दोस्त को सामने देखते ही निकल पड़ा। वह सीधे चिल्लाते हुए बोला- भाड़ में जाओ तुम और तुम्हारा स्कूटर। बहुत देख लिए पैसेवाले, तुमलोग कभी किसी के मित्र हो ही नहीं सकते। जाओ, आज से तुम्हारी-मेरी दोस्ती खत्म। बेचारा दोस्त तो हक्का-बक्का रह गया। उसे बात ही समझ नहीं आई। कौन-सा स्कूटर और कहां के अमीर? ...पर उधर उसे यूं ही अधर में छोड़ उसका गरीब दोस्त अपनी भड़ास निकालकर चलता बना।

सार: बस, यही मनुष्य का मन है। वह अपनेआप चलता है और ऐसा चलता है कि जो चीज अस्तित्व में नहीं है, उसे भी ले आता है। जिस बात से

व्यक्ति का लेना-देना नहीं, अक्सर मनुष्य का मन उस हेतु भी उसे जवाबदार ठहरा देता है। और रिश्ते...! रिश्ते तो टिकने ही नहीं देता। अत: अगर जीवन में रिश्तों का सुख लेना चाहते हो तथा मनुष्य को अच्छे से समझना चाहते हो, तो दोष उनमें खोजने से पहले अपने मन और उसके उल्टे-सीधे आवेशों को अच्छे से परखना सीख लो।

9 एक महान मां की कहानी

आपने थॉमस एडीसन का नाम तो सुना ही होगा। वे कितने महान वैज्ञानिक थे, यह बताने की किसी को आवश्यकता नहीं। लेकिन शायद आप यह न जानते हों कि उनके महान बनने की ना सिर्फ नींव उनकी मां ने रखी थी, बल्कि महान बनने की इमारत भी उनकी मां ने ही चुनी थी। आज मैं आप लोगों की मुलाकात एडीसन की ऐसी महान मां "नैन्सी" से करवाता हूँ।

एडीसन, नैन्सी की सातवीं संतान थे। वे बचपन से ही बड़े जिज्ञासु थे। जब सात वर्ष की उम्र में उन्हें स्कूल में भरती करवाया गया तो उनकी जिज्ञासा उनके आड़े आ गई। वे बात-बात पर टीचरों से सवाल पूछा करते थे। इससे तंग आकर टीचरों ने एडीसन की मां नैन्सी को बुलवाकर कहा कि आपका बच्चा काफी डल है और ऊपर से फिजूल के सवाल भी बहुत पूछता है। मां नैन्सी को अपने बच्चे को डल कहा जाना बिल्कुल रास नहीं आया। वे इतना नाराज हो गई कि उन्होंने एडीसन को उस स्कूल से ही उठवा लिया।

फिर अगले दो वर्षों में एडीसन को दो और स्कूलों में भरती करवाया गया। परंतु ना तो एडीसन की सवाल पूछने की आदत ही बदली, और ना ही उनके प्रति टीचरों का रवैया ही बदला। यानी इस दरम्यान ले-देकर सिर्फ स्कूलें बदलती रही। इससे एडीसन की मां नैन्सी को बड़ा झटका लगा। वे अत्यंत दुखी हुई। कोई उनके बच्चे को डल समझे या उसका अपमान करे, यह उनसे बर्दाश्त नहीं हो रहा था। ...आखिर उन्होंने एडीसन को स्कूल से उठवाते हुए टीचरों से साफ कहा कि डल मेरा लड़का नहीं; कमजोर आपकी नजर है। जो उसकी प्रतिभा आपको दिखाई नहीं दे रही।

अब नैन्सी स्वयं एक टीचर रह चुकी थीं। वे जानती थीं कि एकबार बच्चों का आत्मविश्वास डगमगा जाए तो फिर उसके लिए सम्भलना मुश्किल हो जाता है। सो, उन्होंने आगे से अपने बच्चे को किसी स्कूल में न भेजने का निर्णय लिया। यही नहीं, उन्होंने अपने दुलारे को घर पर स्वयं ही पढ़ाना भी तय किया।

एडीसन अपनी मां के इस प्यार और विश्वास से इतना तो खुश हुए कि उन्होंने बड़े होने के बाद उनके प्रति कृतज्ञता प्रकट करते हुए एकबार कहा भी कि मैं मां के स्कूल न भेजे जाने के निर्णय से अत्यंत भावुक हो उठा था और मैंने उसी रोज तय कर लिया था कि चाहे जो हो जाए, मैं मां के विश्वास को कभी नहीं टूटने दूंगा। टीचर ने मुझे डल-स्टूडेन्ट कहा और मां ने स्कूल से उठवा लिया; ऐसी ममतामयी और विदुषी मां से और क्या चाहिए मुझे?

खैर, घर पर नन्हें एडीसन मां से सभी विषय दिल लगाकर पढ़ने लगे। विज्ञान व उसके प्रयोगों में वे विशेष रुचि दिखाने लगे। उधर मां से भी उन्हें हर विषय बाबत आवश्यक उत्साह मिलता ही रहा। और आखिर एक दिन मां की इस प्यार भरी पकड़ाई उंगली के सहारे वे विश्व के सबसे ज्यादा, यानी 1093 पेटेंट्स रजिस्टर करवानेवाले वैज्ञानिक बने। इनमें उस बल्ब का आविष्कार भी शामिल है, जिसने जगत को रोशन कर रखा है।

सार: बस हर मां को नैन्सी से सीखना है। बच्चे को दुनिया में लाती भी मां है और बच्चा सबसे ज्यादा निकट भी सिर्फ मां के ही होता है। और बच्चा अपने बचपन में चाहता भी मां का प्रेम और विश्वास ही है। परंतु आजकल की अधिकांश माताएं अपने बच्चों को दो-तीन वर्ष का होते-होते ही नर्सरी में ऐसे डाल देती हैं मानो उससे जान छुड़ाना चाहती हों। फिर वे एडीसन कैसे बनेंगे? क्योंकि बच्चे को महान बनने के लिए डिग्री नहीं, मां का प्यार और विश्वास चाहिए होता है। ...एडीसन के पास कौन-सी डिग्री थी? सो, संसार की सारी मांएं ध्यान रख लें कि मां के प्यार और विश्वास के सहारे ही एडीसन ने एक-से-एक चमत्कार किए थे। ...और आपको भी ऐसी ही मां बनना है।

10 आनंदी के पास हर इलाज

एकबार एक व्यक्ति देर रात बड़ी ही व्यथित अवस्था में अपने बेडरूम में चक्कर लगा रहा था। पत्नी भी हैरान थी कि इनको यह क्या हो गया है? वे गहरे टेन्शन में हैं, यह तो उनकी बॉडी लॅग्वेंज से ही साफ झलक रहा था। निश्चित ही अपने पति का यह हाल देख पत्नी भी परेशान हो उठी थी। ...आखिर उससे नहीं रहा गया और उसने पति से इस बेचैनी का कारण जानना चाहा।

पति ने बड़ा दुखी होते हुए कहा- दरअसल अपने पड़ोसी मिस्टर बनर्जी से मैंने दो महीने के लिए दो लाख रुपये ब्याज पर लिए थे। कल सुबह रुपये वापस लौटाने की तारीख है। लेकिन मैं रुपयों का इन्तजाम नहीं कर पाया हूँ। बनर्जी का स्वभाव मैं जानता हूँ, वह तकाजे का बड़ा पक्का है, कल सुबह ही मांगने आ खड़ा होगा। समझ में नहीं आ रहा, मैं क्या करूं?

यह सुन एक क्षण को तो पत्नी भी चिंतित हो उठी, परंतु वह आनंदी स्वभाव की थी। चिंता उसे लंबे समय तक पकड़ नहीं सकती थी। सो उसने पूरी गंभीरतापूर्वक पति से पूछा- हो तो यह गलत ही गया। परंतु क्या वाकई तुम पैसों का इन्तजाम नहीं कर सकते?

पति बोला- नहीं कर सकता, तभी तो... वरना तुम जानती ही हो कि मुझे खुद यह सब नापसंद है।

पत्नी बोली- वह तो मैं जानती हूँ, पर थोड़ा और सोच लो, शायद कोई उपाय निकल आए।

पति बोला- मैंने पूरी कोशिश कर ली। कुछ नहीं हो सकता।

यह सुनते ही पत्नी तुरंत बोली- जब नहीं कर सकते तो नहीं ही कर सकते। रुको, मैं आती हूँ।

...इतना कहते-कहते वह तो घर से बाहर चली गई और सीधा जा पहुंची बनर्जी के द्वार पर। यूं तो रात काफी हो चुकी थी, परंतु उसे उससे कोई फर्क नहीं पड़ रहा था। उसने तो समय का इन्तजार किए बगैर बनर्जी के घर की घंटी बजा दी। दरवाजा बनर्जी ने ही खोला। उसने सीधा उन्हें नमस्कार करते हुए पूछा- क्या मेरे पति ने आपसे दो लाख रुपए उधार लिए थे?

बनर्जी ने कहा- हां...

पत्नी ने बड़ी गंभीरतापूर्वक पूछा- कल उसके वापस लौटाने की तारीख है?

बनर्जी ने कहा- हां!

पत्नी ने कहा- लेकिन मेरे पति पैसों का इन्तजाम नहीं कर पाए हैं। सो आपको पैसों हेतु दो-एक महीने और इन्तजार करना पड़ेगा।

...बस इतना कहकर वह घर लौट आई। वहां परेशान पति, पत्नी के अचानक इतनी रात को बाहर चले जाने से और बेचैन हो उठा था। इतनी रात ये कहां गई? कहीं पैसों का इन्तजाम करने तो नहीं चली गई? खैर, पत्नी जल्द ही लौट आई थी, सो उसे ज्यादा खयाली घोड़े नहीं दौड़ाने पड़े थे। सबसे बड़ी बात यह कि पत्नी की आश्वस्तता ने उसे हैरानी में डाल दिया था। और इससे पहले कि वह कुछ पूछे या समझे, पत्नी ने कहा- मैं जाकर मिस्टर बनर्जी से कह आई कि मेरे पति पैसों का इन्तजाम नहीं कर पाए हैं। सो आपको पैसों हेतु एक-दो महीने और इन्तजार करना पड़ेगा। सो आप सो जाइए, अब मिस्टर बनर्जी जागेंगे।

सार: वैसे तो मनुष्य को चिंताएं पालनी ही नहीं चाहिए। परंतु कम-से-कम इतना तो उसे समझ ही लेना चाहिए कि जिस चीज का कोई उपाय ही न बचा हो, उसकी चिंता तो कतई नहीं पालनी चाहिए। चिंता अपने को परेशान करने के लिए नहीं, बल्कि समस्या का समाधान खोजने हेतु पालने तक ही ठीक होती है।

11 हाथी और चूहा

जिन्दगी में कभी-कभी दो विपरीतों का मिलन-प्रसंग इतना रोचक हो जाता है कि लोग सदियों तक चटकारे ले-लेकर उनके किस्से सुनते रहते हैं। अब मिसाल के लिए हाथी और चूहे को ही ले लें। आकार के मामले में दोनों धरती के दो ध्रुवों की तरह एक-दूसरे के विपरीत हैं। गजब की बात यह कि दोनों का आमना-सामना भी नहीं होता। अब नहीं होता तो नहीं होता, लेकिन किसी ने शपथ थोड़े ही ले रखी है? कभी-न-कभी किसी मोड़ पर मुलाकात हो भी सकती है। और जिस दिन हो जाती है, लोगों के लिए चर्चा के विषय का जुगाड़ कर ही जाती है। बस ऐसे ही संयोगवश एक दिन एक हाथी ने किसी छोटे से चूहे

को देख लिया। अब साधारणतः हाथी की नजर चूहे पर पड़ती नहीं है, पर यह भी कोई नियम तो है नहीं। सो, उस दिन नजर पड़ गई। स्वाभाविक तौरपर इतना छोटा दौड़ता जानवर देख हाथी चौंक गया, और बड़े आश्चर्यजनक अंदाज में उसने उस चूहे से पूछा- यार तुम तो बड़े छोटे हो? हाथी ने तो यूं ही उसके छोटेपन पर आश्चर्य प्रकट किया था।

अब बात तो साधारण थी पर चूहे के भीतर छिपा कॉम्प्लेक्स यह सुनते ही उफान मार गया। और तुरंत बात सम्भालते हुए बोला- यह तो कुछ दिनों से तबीयत खराब है वरना मैं भी तुम्हारी तरह हट्टाकट्टा ही था।

सार: यदि गौर करें तो हम भी अपने कॉम्प्लेक्सों के कारण सुबह से शाम तक न जाने कितनों को चूहे के अंदाज में ही जवाब देते रहते हैं। सवाल यह कि हम बड़े-छोटे, नाटे-खोटे, बुद्धिमान या मूर्ख, धनवान, गरीब या स्ट्रगलर चाहे जो व जैसे हैं, मानने में क्या अड़चन है? हम जैसे भी हैं, हैं। महत्वपूर्ण तो हमारा वजूद है, इतनी-सी बात हम क्यों नहीं समझते?

12 नवरत्न ऐसे एकत्रित होते

एकबार राजदरबार ने अपने ही एक सिपाही को आधा सेर चूना खाने की सजा सुनाई। निश्चित ही उसकी गुस्ताखी कुछ बड़ी रही होगी, क्योंकि आधा सेर चूना चाटने के बाद किसी भी मनुष्य का जीवित रहना मुश्किल होता है। खैर, सजा सुना दी गई थी और अगले रोज चूना खरीद के लाकर उसे भरे दरबार में चाटना था। हुक्म के अनुसार वह स्वयं पान की दुकान पर आधा सेर चूना खरीदने पहुंचा। पर जैसे ही उसने इतना चूना मांगा कि दुकानदार चमक गया। ...अब एक व्यक्ति और आधा सेर चूना! दुकानदार को कुछ शंका हुई, सो उसने इतना चूना एकसाथ खरीदने का कारण जानना चाहा। उस व्यक्ति ने बड़ा दुखी होते हुए कहा कि मुझे कल दरबार में आधा सेर चूना एकसाथ चाटना है, यही मेरी सजा है।

दुकानदार ने कहा- कोई बात नहीं! एक काम कर, पहले आधा सेर घी लेकर मेरे पास आ जा, शायद मैं उससे तुम्हारी कुछ सहायता कर सकूं।

उसे तो उम्मीद की एक किरण जागी थी, सो वह तो यूं गया व फटाफट आधा सेर घी लेकर आ गया। दुकानदार ने उसे आधा सेर चूना देते हुए कहा कि कल तुम दरबार में जाने से पूर्व यह आधा सेर घी अपने घर पर ही खा लेना, फिर सजानुसार वहां जाकर आधा सेर चूना खा लेना और सजा निपटते ही बगैर देर किए घर लौट जाना। इससे शायद तुम बच जाओगे। अब डूबते को तिनके का सहारा! वह तो बड़ी उम्मीद लिए घर गया, और दूसरे दिन उसने ठीक वैसा ही किया जैसा दुकानदार ने समझाया था। वह घर से आधा सेर घी पीकर ही निकला। उधर सजानुसार उसने भरे दरबार में आधा सेर चूना भी खा लिया। अब चूंकि चूना खाते ही उसकी सजा पूरी हो गई थी, सो उसे वापस घर भेज दिया गया ताकि घरवालों के साथ वह अपना अंतिम समय बिता सके। उधर घर पहुंचते ही उसने फट से सारा चूना घी के साथ उल्टी कर दिया। तबीयत में कुछ नरमी तो आई परंतु सुबह तक सब ठीक हो गया। जब ठीक हो गया तो वह समय से अपनी ड्युटी करने हेतु दरबार में भी पहुंच गया। अब वहां तो सबको मालूम था कि कल इसे आधा सेर चूना खिलाया गया है, सो सब आश्चर्यचकित थे कि यह व्यक्ति जीवित कैसे बच गया? देखते-ही-देखते बात पूरे राजमहल में फैल गई। जल्द ही यह बात अकबर के कानों तक भी पहुंची। अकबर को भी आश्चर्य हुआ, उसने ताबड़तोड़ सिपाही को दरबार में बुलवाया। उसके आते ही अकबर ने उसके जीवित रहने का राज पूछा। उसने ईमानदारी से दुकानदार की घी चाटने तथा उसके पश्चात उलटी करनेवाली बात बता दी। अकबर दुकानदार की बुद्धिमानी और दूरदृष्टि पर आफरीन हो गया। उसने ना सिर्फ तत्काल दुकानदार को दरबार में बुलवाया बल्कि हाथोंहाथ उसे वजीर-ए-आजम के पद पर राजसभा में नियुक्त भी कर दिया। उस दुकानदार का नाम महेशदास था, परंतु अकबर ने उसका नाम बदलकर बीरबल अर्थात् ''बलवान मस्तिष्क वाला व्यक्ति'' रख दिया। इतना ही नहीं एक दिन राजा की उपाधि से उसे सम्मानित भी किया गया।

सारः अकबर का यही गुण हमारे लिए सीखने जैसा है। दोस्त, यार या परिवार अपनी जगह है, परंतु प्रतिभा से कभी कोई पक्षपात या रिश्तेदारी नहीं होती। प्रतिभा का बिना पक्षपात के सम्मान होना ही चाहिए। अकबर की तरह हर व्यक्ति अपनी दुनिया का राजा होता ही है और जीवन में प्रगति करने हेतु यह उसी

की जवाबदारी है कि वह अपने चारों ओर बिना पक्षपात के प्रतिभावान लोगों का समूह बनाए। ध्यान रख लेना कि रिश्तेदार व दोस्तों से तो सभी घिरे रहते हैं, परंतु जीवन में प्रगति वही कर पाता है जिसके आसपास प्रतिभावानों का जमावड़ा होता है। जीवन का यह सत्य भी ध्यान रख लेना कि दुनिया में कोई पूर्ण या परफेक्ट नहीं होता है, अतः प्रगति हेतु उसे हरहाल में अनेक क्षेत्रों के प्रतिभावान लोगों की जरूरत पड़ती ही है। और प्रतिभावान लोग ना तो पेड़ पे उगते हैं और ना ही वे पैसों से प्रभावित किए जा सकते हैं। यह तो मनुष्य की प्रतिभा पहचाननेवाली आंख तथा प्रतिभा की इज्जत करनेवाला हृदय ही होता है जो प्रतिभावान लोगों को अपने निकट खींच लाता है। अतः आपको भी अगर जीवन में प्रगति करनी हो तो ऐसी ही आंख व ऐसा ही हृदय विकसित करना होगा।

13 मायावी घड़ा

एक धनपति था। धन की उसके पास कोई कमी नहीं थी, परंतु फिर भी व्यवसाय करना व धन कमाना उसका प्रमुख शौक था। उसका हँसता-खेलता भरापूरा परिवार भी था, लेकिन सबकुछ होते हुए वह सुखी नहीं था। हँसना, गाना या मस्ती का दूर-दूर तक उसके जीवन में कोई नामोनिशान नहीं था। बस इसी बात को लेकर वह परेशान रहता था। एकबार कहीं से उसके यहां एक संन्यासी पधारे। वे तो धनपति का हाल देखते ही समझ गए। उधर धनपति ने भी मौका देख अपना दुःखड़ा उनके सामने रो ही दिया। वह दोनों हाथ जोड़ संन्यासी के चरणों में गिड़गिड़ाते हुए बोला- मेरे पास सबकुछ है, पर जीवन में प्रसन्नता नहीं। कुछ भी करो महाराज परंतु मेरा जीवन प्रसन्नता से भर दो।

संन्यासी हँसते हुए बोला- वह तो मेरे लिए क्षणभर का काम है, बस उसके लिए तुम्हें मेरी एक शर्त पूरी करनी होगी। लेकिन शायद तुमसे होगी नहीं।

धनपति बोला- क्या बात करते हो महाराज। जीवन में प्रसन्नता पाने के लिए मैं कुछ भी कर सकता हूँ। यह सुनते ही संन्यासी ने पास से एक छोटा-सा घड़ा निकाला और उसे वह हाथ में थमाते हुए बोले- बस इसे सोने की मोहरों व हीरे-जवाहरातों से भरकर मुझे दे दो।

अब धनपति के पास तो अपार धन था। उसे प्रसन्नता पाने हेतु इतना दान पोसाता ही था। वह तो झट से दौड़कर गया और दोनों हाथों में खजाना और सोनामोहरें लाकर घड़े में उड़ेल दिया। लेकिन घड़ा भरा नहीं... कोई बात नहीं, कुछ कम पड़ गया तो फिर भर देते हैं। भला अपने पास खजाने की क्या कमी? यह सोचकर उसने चार-पांच बार और खजाना व सोनामोहरें लाकर घड़े में उड़ेली, पर घड़ा था कि भर ही नहीं रहा था। धीरे-धीरेकर खजाना तो खाली होता जा रहा था पर घड़ा अब भी भरने का नाम नहीं ले रहा था। उधर अपने घड़े का यह खेल देख संन्यासी तो मंद-मंद मुस्कुरा रहा था परंतु वह धनपति बड़े सकते में आ गया था। माजरा पूरी तरह उसकी समझ के बाहर हो गया था। लेकिन चूंकि घड़ा भरने का वचन दिया था, सो पूरा तो करना ही था। बस वह हीरे-जवाहरात उसमें लगातार उड़ेले जा रहा था, लेकिन घड़ा नहीं भर रहा था तो नहीं ही भर रहा था। ...ऐसा करते-करते घड़ा उसका पूरा धन पचा गया, लेकिन था अब भी खाली-का-खाली। यह देख वह धनपति संन्यासी के कदमों में गिर पड़ा और दोनों हाथ जोड़ते हुए पूछने लगा- महाराज! यह घड़ा किस चीज से बना है जो मेरा पूरा धन हजम करने के बाद भी नहीं भर रहा है?

संन्यासी हँसते हुए बोला- यह आकांक्षा और महत्वाकांक्षा की मिट्टी से बना है। तुम अपनी ही क्या, पूरे संसार का धन भी इसमें डाल दोगे तो भी यह नहीं भरनेवाला। बस तुम्हारा भी यही हाल हो चुका है, तुम्हारे मन-बुद्धि की महत्वाकांक्षाएं इतनी मजबूत हो गई हैं कि कितना ही कमा लो तुम्हारा मन भर नहीं रहा है। जबकि जीने हेतु जितना चाहिए उससे कई गुना पहले से ही तुम्हारे पास है। जिस रोज तुम इस महत्वाकांक्षा के जाल को तोड़ने में कामयाब हो जाओगे, उस रोज तुम्हारे जीवन से यह दौड़ा-भागी समाप्त हो जाएगी। और तभी तुम इस धन का अपने लिए और दूसरों के लिए सकारात्मक उपयोग कर पाओगे। बस इससे तुम्हें आनंद व संतोष दोनों मिलेंगे।

यह सुन बेचारा धनपति गिड़गिड़ाता हुआ बोला- आपकी बात तो समझ गया, लेकिन अब क्या? मेरा पूरा धन तो आपका घड़ा खा गया।

संन्यासी ने हँसते हुए घड़ा उलट दिया और सोना सहित सारे हीरे-जवाहर बाहर ढेर की शक्ल में जमा हो गए। धनपति अपना खोया धन वापस पाकर बड़ा

प्रसन्न हुआ। फिर तो उसका जीवन ही बदल गया। सबसे पहले तो उसने जीवन से सारी फोकट की व्यावसायिक भागदौड़ काट दी। इसके साथ ही वह अपने व अपने परिवार पर दिल-खोलकर खर्च भी करने लगा। यही नहीं, जब मौका मिले अच्छे कामों हेतु चैरिटी भी खूब देने लगा। फिर क्या था, चन्द दिनों में ही उसके जीवन ने ऐसी करवट ली कि वह आनंद और संतोष के शिखर पर जा बैठा।

सार: आप समझे कि नहीं? जरा ध्यान से देख लेना कि कहीं आपकी महत्वाकांक्षाएं भी आपको इस कदर दौड़ा तो नहीं रहीं? ऐसा तो नहीं कि धन के लोभ ने आपको इतना अंधा कर दिया है कि आपके पास ना तो अपने लिए समय है, और ना ही आपका कमाया धन आपके काम आ रहा है? यदि ऐसा है तो आज ही सम्भल जाओ। धन जीवन की परम आवश्यकता है, पर धन उतना ही कमाना चाहिए जितना अपनी मृत्यु के पूर्व वापर पाओ। धन में पाप नहीं यदि साथ में चैरिटी करने का दिल भी रखते हों तो... वरना सिर्फ धन के पीछे की अंधी दौड़ कमाने में भी कष्ट देती है और साथ में हजारों व्यावसायिक झंझटें भी झेलवाती है। और इतनी जहमत उठाने के बावजूद इसके वापरने का या चैरिटी करने का हृदय न होने के कारण आप ही का कमाया धन आपको सुख भी रत्तीभर नहीं देता। एक क्षण को ठहरकर बुद्धिपूर्वक सोचना, क्या इससे बड़ा और कोई पागलपन हो सकता है दुनिया में?

14 क्रोध का कहर

यह कहानी एक बड़ी कंपनी के मालिक की है। एक दिन उसका अपनी पत्नी से किसी बात पर झगड़ा हो गया। परंतु उसे ऑफिस जाने की जल्दी थी, सो वह झगड़ा अधूरा छोड़ चलता बना। अब जगह उसने भले ही छोड़ दी थी, पर क्रोध नहीं छोड़ पाया था। लेकिन पत्नी सामने थी नहीं, तो निकाले किस पर? सो, मजबूरी में वह क्रोध दबाए हुए ही ऑफिस पहुंच गया। अब ऑफिस पहुंच तो गया था, पर मन काम में लगने का प्रश्न ही नहीं था। भीतर का क्रोध उबालें खा रहा था। और उसी क्रोधित अवस्था में वह अपनी केबिन में यहां से वहां चक्कर लगा रहा था। तभी साप्ताहिक रिपोर्ट देने मैनेजर वहां आ पहुंचा। बस

उसको अपना दबा क्रोध निकालने की जगह मिल गई। उसने रिपोर्ट देने आए मैनेजर की दो-चार गलतियां जबरन निकालकर उसे बुरी तरह डांट दिया। अब मैनेजर को अपनी गलती समझ में तो नहीं आई, पर मालिक के सामने वह कह क्या सकता था? बस चुपचाप मन में दबे क्रोध के साथ केबिन से बाहर निकल आया।

अब क्रोधित तो वह था ही, बस अपनी केबिन में पहुंचते ही उसने एकाउंटेंट को बुलवाया। हिसाब के पन्ने यहां-वहां कर उसने उसे बेवजह डांट दिया। ...एकाउंटेंट का भी माथा ठनक गया। उसने अपनी बैठक पे जाते ही चपरासी को बुलवाया। ...अब चपरासी को डांटने के लिए किसी वजह की भी क्या आवश्यकता? उसने उस नामुराद चपरासी को अकारण जोरदार डांट पिला दी। बेचारा चपरासी ऑफिस में तो चुपचाप अपमान का यह घूंट पी गया परंतु घर पहुंचकर वह अपने पर काबू न रख सका। उसने एकाउंटेंट का क्रोध अपनी पत्नी पर निकाल दिया। पत्नी का सर चकरा गया। उसने जाकर बाहर शांति से खेल रहे अपने बच्चों को बेवजह झाड़ दिया। बच्चे भी हतप्रभ रह गए। बस मां के जाते ही उन्होंने आपस के बच्चों से मारपीट शुरू कर दी। ...यानी कंपनी के मालिक और उसकी पत्नी के बीच रह गया अधूरा झगड़ा जाकर दूसरे मोहल्ले के बच्चों में हुई आपसी मारपीट के साथ समाप्त हुआ।

सार: अब जरा अपने जीवन पर गौर करें, आप क्रोध या तो अपनों पर निकालते हो या अपने से कमजोरों पर। और चूंकि क्रोध नियम से दब नहीं सकता, इसलिए हरकोई शक्तिशालियों के विरुद्ध दबाया हुआ अपना क्रोध कमजोरों व अपनेवालों पर निकालता रहता है। अतः सायकोलॉजिकल समझदारी तो इसी में है कि अगर कोई आप पर अकारण क्रोध निकाल रहा है तो उसका बुरा मानने या उसे पागल समझने की बजाए इसे उसके अपनेपन का सबूत समझिए। ...बेचारा संकट में अपनों को नहीं तो क्या बाहरवालों को कष्ट देगा?

15 अनपढ़ धनपति

एक अनपढ़ धनपति था और वह मुंबई में रहता था। एक दिन उसे अपने किसी व्यावसायिक मीटिंग के लिए कलकत्ता जाना था। अत: उसने यात्रा की सारी तैयारियां एक दिन पहले ही कर ली थी। लेकिन ऐसा हुआ कि यात्रा की पूर्वरात्रि को उनके पुराने व वफादार वॉचमैन ने एक सपना देखा और सपना भी ऐसा कि सेठजी मुंबई से कलकत्ता जिस जहाज से गए हैं, उसका ऐक्सीडेन्ट हो गया है। बस चिंतित वॉचमैन ने यह बात अपनी मालकिन यानी सेठजी की पत्नी को बताई, और उनसे सेठजी की यात्रा निरस्त करने का निवेदन किया। पत्नी तो इतना सुनते ही आशंकित और भयभीत हो गई। सो उसने किसी तरह सेठजी से निवेदन कर उनकी यात्रा निरस्त करवा दी। हालांकि सेठजी इस बात से बड़े नाराज थे, परंतु पत्नी के सामने उनकी चलनी क्या थी?

खैर! उधर वाकई उस हवाईजहाज का ऐक्सीडेन्ट हो गया और उसमें सवार सभी यात्रियों की मौत हो गई। सेठजी की पत्नी ने ना सिर्फ शुक्र मनाया, बल्कि उस वॉचमैन को काफी इनाम भी दिया। उसने काम ही ऐसा किया था। ...लेकिन उधर सबके आश्चर्य के बीच सेठजी ने उसे नौकरी से ही निकाल दिया। कारण पूछे जाने पर उन्होंने अपनी पत्नी को समझाते हुए कहा- उसका सपना देखना और घटना घटित होना तो एक संयोग की बात है, परंतु मुख्य सवाल यह कि एक वॉचमैन होकर वह सो ही कैसे सकता है? कल उठके घर पे डाका पड़ा और यह सोता ही रह गया तो...? सेठजी की बात वाकई तर्कसंगत थी, पत्नी वॉचमैन के प्रति लाख सहानुभूति रखने के बाद भी कुछ नहीं कह पाई।

सार: जीवन में कितनी ही बड़ी ऊंच-नीच हो जाए या कितनी ही बड़ी खुशखबरी दस्तक दे, मनुष्य को उसमें खोकर अपना होश नहीं गंवा देना चाहिए। परिस्थिति चाहे कैसी ही क्यों न हो, मनुष्य की निगाह कभी बेसिक से नहीं हटनी चाहिए। सेठजी इस कहानी में मौत के मुंह में जाते-जाते बचे थे, इतने बड़े हादसे का शिकार होने से बचे थे; लेकिन फिर भी उनका होश बरकरार था, वॉचमैन की स्वाभाविक ड्युटी से उनका ध्यान नहीं हटा था। वरना सामान्य मनुष्य तो सफलता-असफलता या गम और खुशी के माहौल में इस कदर खो जाता है कि

बाकी सब जगह से उसकी निगाह हट जाती है। और यही वास्तव में मनुष्य के बार-बार बड़ी मुसीबतों में फंसने का कारण है।

16 संन्यासी का ज्ञान और जानवर की उलझन

एक अड़तालीस पांव का जानवर था। वह अपनी तरंग में चलता रहता था। उसकी चाल भी बड़ी मनमौजी थी। अक्सर वह मदमस्त हाथी की तरह अपनी लय में कदमताल करता रहता था। इतना ही नहीं जरूरत पड़ने पर तेज गति से दौड़ भी लेता था। अपने अड़तालीस पांव, मतवाली चाल और तेज गति के कारण वह जंगल के जानवरों में काफी लोकप्रिय था। लेकिन एक दिन उसकी शामत आ गई। हुआ यह कि एक संन्यासी जंगल से गुजर रहा था। दुर्भाग्य से उस जानवर का भी उसी वक्त वहां से गुजरना हुआ। अब संन्यासी तो सदियों से ज्ञानियों में गिने जाते हैं। पूछो-न-पूछो, फिर भी ज्ञान न झाड़े तो वे संन्यासी कैसे? आपमें दस ऐब न निकाले तो वे ज्ञानी कैसे? और यह संन्यासी भी कोई अपवाद तो था नहीं।

हालांकि कुछ देर तो वह संन्यासी आश्चर्य से उस अड़तालीस पांव के जानवर को जाते हुए देखता रहा, ऐसा जानवर उसने कभी देखा नहीं था, वह उससे प्रभावित भी हुआ; लेकिन मैंने कहा न कि परफेक्ट से परफेक्ट बातों में भी ऐब न खोज ले तो वह संन्यासी कैसा? और फिर उनका तो वट ही ऐब निकालने पर टिका हुआ होता है। उनकी दुकानदारी ही इसपर चलती है कि वे व उनकी बातें सही, बाकी गलत। सो, आदत से मजबूर उस संन्यासी ने कुछ देर उस जानवर को गौर से निहारने के बाद उसे आवाज देकर रोका। आम मनुष्यों की तरह जानवर ने भी संन्यासी को देखते ही उसके चरणों में अपना सिर झुका दिया। आशीर्वाद में संन्यासी ने उस जानवर से कहा- तुम बेहोशी में चलते हो। हर बात का होश होना बहुत जरूरी है। तुम्हें ध्यान देना चाहिए कि तुम्हारा कौन-सा पैर कब उठता है और कब कौन-सा पांव फिर जमीन पर आता है। इस क्रिया को अपने कंट्रोल में लाओ, नहीं तो यह बेहोशी किसी रोज तुम्हारा सर्वनाश कर देगी।

बेचारा जानवर! उसने तत्क्षण अपने पैरों पर गौर किया। बात उसे सही जान पड़ी। वह चल तो रहा था पर कौन-सा पांव कब उठता था, उसका उसे

कुछ होश न था। बस तत्क्षण वह पांवों को उठने और फिर जमीन पर आने की सूचना देने में व्यस्त हो गया। इधर हुआ यह कि पांव उसकी सूचना अनुसार जमीन से उठने और वापस जमीन पर आने तो लगे, परंतु अपनी लाख कोशिश के बावजूद भी वह यह करने पर चल नहीं पा रहा था। ...वह तो काम पे लग गया। घंटों प्रयत्न करता रहा, पर बात नहीं बन रही थी। उधर संन्यासी बड़े मजे लेकर यह तमाशा देख रहा था। इधर आखिर जानवर की बुद्धि जागी। उसने सोचा, भाड़ में जाए होश। जब सब अपने-आप ठीक चल रहा है तो मैं क्यों प्रयत्न करूं? लेकिन प्रयत्न तो प्रयत्न होता है। बस चन्द घंटों के प्रयास में वह अपनी नेचरल चाल ही भूल चुका था। यानी ध्यानपूर्वक पांव उठाने और वापस जमीन पर रखने से तो वह नहीं ही चल पा रहा था, परंतु अब नेचरल चाल भूल जाने के कारण बेचारा जहां था, वहीं जाम हो गया था। वह बुरी तरह चिंता में पड़ गया। आखिर कोई उपाय न देख उसने संन्यासी से सहायता मांगी। पूछा भी कि अब क्या करूं? अब इसमें संन्यासी क्या करे...? उसका काम था ज्ञान देना, सो वह वो दे चुका था। अब फंस गए तो इस कारण कि तुम्हारे पिछले जन्मों के कर्म आड़े आ गए। बस उस जानवर को भी पिछले कर्मों की दुहाई देते हुए वह संन्यासी उसे उसी हाल में छोड़कर चलता बना। बेचारा जानवर वर्षों वहीं पड़ा रहा, पर चल नहीं पाया तो नहीं ही चल पाया। ...और आखिर उसी जगह पर उसकी मृत्यु भी हो गई।

सार: बस हमारे जीवन में भी तमाम ज्ञानों और सारे प्रयत्नों का यही हाल हो रहा है। यह तो अच्छा है कि अब तक किसी ज्ञानी ने मनुष्य को सांस कैसे लेना या कैसे हवा में से ऑक्सीजन छांटना; यह नहीं सिखाया है। अच्छा है जो इस क्रिया पर शास्त्र नहीं लिखे गए हैं, वरना तो ऐसे हर प्रयास में मनुष्य को भी अपनी जान गंवानी पड़ जाती; और शास्त्रों की भाषा में उन्हें अपने पिछले कर्मों की सजा मिल रही होती।

दरअसल दिक्कत यह है कि ज्ञान का दावा कई लोग करते हैं, परंतु उनमें से अधिकांश प्रकृति के ऑटोमेशन को नहीं समझते हैं। और सच यह है कि ऑटोमेशन ही सबसे बड़ा, पक्का व उपयोगी ज्ञान है। क्रियाएं प्रकृति की हो या मनुष्य की, जानवर की हो या फिर पेड़-पौधों की, सब इतनी ऑटोमेटिक और नेचरल है कि

ऊपर से ओढ़ा ज्ञान ही इसमें बाधा पहुंचा रहा है। बस, यह अनावश्यक जगहों पर भी जो ज्ञान लेने और देने की होड़ मची हुई है, उसी ने मनुष्य की हँसी छीनी हुई है। और एक उसी के कारण मनुष्य सुख व सफलता से इतना दूर है। वरना सुख और सफलता तो हर मनुष्य का जन्मसिद्ध अधिकार होता है।

17 टोल्सटॉय - एक सच्चे शिक्षक

एक दिन एक व्यक्ति लिओ टोल्सटॉय के पास आया। आते ही उसने बड़े ही नाट्यात्मक अंदाज में टोल्सटॉय से कहा कि आपका एक खास मित्र आपके बारे में कुछ कह रहा था। उसने सोचा जिज्ञासावश टोल्सटॉय तुरंत कहेंगे कि कहो, परंतु ऐसा कहें तो वे टोल्सटॉय की ऊंचाई पर कैसे पहुंच सकते थे? सो उन्होंने बड़े ही शांत भाव से उस व्यक्ति से पूछा- यदि तुम जो बात बताना चाह रहे हो वह मेरे कार्य हेतु जानना आवश्यक हो तो कहो। और यदि वह बात मुझे कोई अच्छी नई राह सुझानेवाली हो, तो तुरंत कहो। और यदि उससे किसी का हित सधता हो, तब तो जरा-भी देरी मत करो। परंतु उपरोक्त तीनों में से एक भी बात उस "बात" से नहीं बनती, तो मुझे सुनने में कोई रस नहीं। बिल्कुल ठीक कहा टोल्सटॉय ने, कोई भी बात जानने के यही तीन कारण हो सकते हैं। परंतु आप पंचायती से लेकर जिज्ञासा जैसे हजार कारणों से बात जानने को उत्सुक हो जाते हैं। बस त्रिगुणी-माया के दायरे के बाहर जाने के ऐसे ही प्रयासों का हर्जाना आपको रोज-ब-रोज भुगतना पड़ रहा है।

सार: क्या कभी आपने सोचा है कि क्यों लाखों में एक ऐसी सफलता पा लेता है कि वह और उसके कार्य हजारों वर्षों तक याद रखे जाते हैं? तथा क्यों बाकियों को उनकी मृत्यु के चंद दिनों बाद ही उनके चाहनेवाले तक भुला देते हैं? तो इसका सीधा कारण यह है कि मनुष्यजीवन समय व ऊर्जा का खेल है। समय तो सबके पास 80-100 वर्ष ही होता है, बस सफल व ऐतिहासिक पुरुष समय व ऊर्जा का अपव्यय नहीं करते हैं...जबकि हम कभी समय व ऊर्जा का सदुपयोग नहीं करते हैं। हम जीवनपर्यंत बेकार की बातों व बेकार के कार्यों में लगे रहते हैं। समझदारों को इशारा काफी।

18 शेर की भाषा सीखना कब छोड़ोगे – बुद्ध

मैं बुद्ध, आज से लगभग 2500 वर्ष पूर्व अक्सर एक कहानी सुनाया करता था। क्योंकि मैं जहां भी जाता, मेरे ना चाहने और सख्ती से मना करने के बावजूद लोग मुझसे धर्म व भगवान बाबत पूछने से बाज नहीं आते थे। अब ईश्वर, जिसके बाबत वे जानना चाहते थे, उसके अस्तित्व तक से मुझे इन्कार था। सो, क्या जवाब देता? बस बार-बार ईश्वर व धर्म बाबत पूछे जाने पर सबको एक कहानी सुना दिया करता था। और आज वही कहानी मैं आपको भी सुनाता हूँ।

एकबार एक बुद्धिमान व्यक्ति कहीं से शेर की भाषा सीख आया। अब जब भाषा सीखी है तो शेरों से बातचीत भी करनी ही होगी। बस वह जंगल में चला गया। वहां हर आने-जानेवाले शेर से पूछने लगा कि भाई तुम्हारा धर्म क्या है? तुम कौन से ईश्वर को मानते हो? ...अब ये सारे शब्द ही शेरों के लिए नए थे, तो जवाब क्या देते? बेचारा बड़ा निराश हो गया। उसने इतने वर्षों तक शेरों की भाषा सीखने हेतु मेहनत की थी ताकि वह शेरों की मानसिकता और उनके जीवन बाबत कुछ जान सके। परंतु अबतक वह पच्चीसों शेर से अपने सवाल दोहरा चुका था, लेकिन कोई कुछ नहीं बता पा रहा था। आखिर धीरज खो उसने एक शेर से पूछा- क्या आपमें कोई बुद्धिमान नहीं जो मुझे आपके धर्म या ईश्वर के बाबत बता सके? वह बोला- हममें से तो कोई नहीं बता पाएगा, पर आप हमारे राजा के पास जाओ। ...शायद वह आपकी शंका का समाधान कर पाए। क्योंकि हमारे हिसाब से हममें सबसे ज्यादा समझदार वे ही हैं।

अंधे को आशा जागी। वह सीधे शेरों के राजा के पास गया और उससे भी धर्म व ईश्वर बाबत वे सारे सवाल पूछ डाले जो अबतक वह अन्य शेरों से पूछ चुका था। साथ ही उसने सामान्य शेरों के अज्ञान पर आश्चर्य भी व्यक्त किया- कमाल शेर है, अपने धर्म और ईश्वर के बारे में भी कुछ नहीं जानते।

इधर शेरों का राजा वाकई समझदार था। वह उसके सवाल और उसके हाव-भाव देख बड़ी जोर से हँसा। और फिर हँसते-हँसते ही बोला- कोई भी शेर आपके सवाल का जवाब इसलिए नहीं दे पाया, क्योंकि उन्हें एक ही बात सिखाई

गई है कि बुद्धि के अनावश्यक उपयोग से बचो। जब जितनी आवश्यकता पड़े, उतना ही उपयोग करो। और हमें सामान्य परिस्थितियों में बुद्धि के उपयोग की आवश्यकता पड़ती ही नहीं है। प्रकृति ने हमें जो और जैसा बनाया है, हम उससे संतुष्ट हैं। अपना सहज जीवन जी लेते हैं और सुखी हैं। इसलिए ना तो हमें धर्म की आवश्यकता पड़ती है और ना ही ईश्वर की जरूरत महसूस होती है। सुना तो यह भी है कि एक मनुष्य को छोड़कर सभी प्राणी प्रकृति ने उसे जैसा बनाया है उससे संतुष्ट हैं। और हमारे ज्ञानी पूर्वज तो यह भी कहते थे कि चूंकि मनुष्य अपने होने से संतुष्ट नहीं है, इसीलिए वे धर्म और ईश्वर को अस्तित्व में ले आए हैं। वरना बाकी प्राणियों में कोई ईश्वर या धर्म बाबत जानना नहीं चाहता।

सच कहूं तो तुम मनुष्य बुद्धि का बेवजह कुछ ज्यादा ही उपयोग करते हो। और इसीलिए असहज, जटिल और बनावटी जीवन जीने को मजबूर हो जाते हो। और जब असहज जीकर दुःख पाते हो तो फिर यहां-वहां आसरे खोजते फिरते हो। धर्म का निर्माण करते हो और भगवान की खोज करते हो। इससे और परेशानी मोल लेते हो। समझ नहीं आता कि प्रकृति ने जैसा जीवन दिया है, सीधे-सीधे उसे ही सहजता से क्यों नहीं जी लेते हो? अरे, भगवान का सबसे बड़ा वरदान ही जीवन है। जीवन ही धर्म है। बस जिसे जैसा मिला है वैसा जी लो। यह बेमतलब की बुद्धि लगाकर धर्म व ईश्वर क्यों खोजते रहते हो? जीवन अच्छे से जीने में व अपनी स्वाभाविकता बनाए रखने में धर्म और ईश्वर दोनों समा जाते हैं। भाई तुम कुछ भी कहो, हम मस्त शेरों को तो तुम्हारी बात समझ में नहीं आती। इसलिए देखो, तुम मनुष्य हमें पिंजरे में बन्द कर प्राणी-संग्रहालय में देखने आ जाते हो, हमारी चाल-ढाल देखने जंगलों में आ जाते हो, पर क्या कभी कोई शेर तुम मनुष्यों को देखने शहर में आया? क्यों...? क्योंकि हमें मनुष्य जैसे दुखी प्राणियों को देखने में कोई रुचि नहीं है। यहां तक कि जबतक जान पर न आ जाए, तब तक हम मनुष्यों का शिकार तक करना पसंद नहीं करते हैं। डरते हैं, कहीं उनकी मृत-बुद्धि हमें धर्म व भगवान का भूत न पकड़ा दे। हमारे सहज जीवन को असहज न बना दे। ना बाबा ना... हमें माफ करो।

सार: ...जो उस शेर ने उस बुद्धिमान व्यक्ति से कहा वही मैं आपलोगों से कह रहा हूँ। सारी चर्चाएं करो पर धर्म या भगवान की बात मत करो। ...समय

तुम्हारा और मेरा दोनों का कीमती है। जहां आज हम जी रहे हैं वहां दूसरी हजार चीजें जानने और समझने की हैं। पहले उनपर विजय पा लें। यह अच्छे से समझ लो कि धर्म व भगवान उनकी जरूरत हो सकती है जिन्होंने जीवन की सामान्य समस्याओं पर विजय पा ली है।

19 हीनता खिलौना बना देती

एक दिन एक छोटे बच्चे ने अपने पिताजी से पूछा- पापा मैं खेलने जाऊं? पापा बोले- मैं तो कभी खेलने जाने के लिए मना करता नहीं। वैसे भी खेलना बच्चों की सेहत के लिए अच्छा ही होता है, पर शायद तेरी मां तुझे न जाने दे।

बेटा बड़ा दुखी हो गया। सोच में भी पड़ गया कि यह मां का दरवाजा कैसे तोड़ा जाए? ...पिताजी को भी यह चिंता सताने लगी। तभी पिताजी को अपनी पत्नी की इन्फीरिओरिटी याद आ गई। उन्होंने तुरंत चहकते हुए बच्चे से कहा- जा, जाकर अपनी मां को कह कि मां मुझे खेलने जाना है, पर पिताजी मना कर रहे हैं। ...बस तेरा काम हो जाएगा।

बच्चे को बात तो समझ में नहीं आई, पर पिताजी कह रहे हैं तो चान्स तो लेना ही पड़ेगा। और फिर खेलने जाना तो यूं ही नहीं मिल रहा है, ऐसे में पिताजी की बताई तरकीब आजमाने में क्या बुराई व क्या नुकसान। बस बच्चा तुरंत मां के पास गया और रोते हुए उसने मां के सामने पिताजी की कही बात दोहरा दी। सुनते ही मां ताव खा गई। बड़ा तनते हुए बोली- जा, जरूर खेलने जा। देखती हूँ पिताजी कैसे रोकते हैं? ...देखा आपने, मां की दबी इन्फीरिओरिटी ''सुपीरिओरिटी'' बनकर कैसी तो निकली कि बाप-बेटे ने मिलकर उसे खिलौना ही बना दिया।

सार: हीनता का सायकोलॉजिकल अर्थ होता है ''मनुष्य का स्वयं में कुछ कमी महसूस करना', और इसे ही इन्फीरिओरिटी कॉम्प्लेक्स कहते हैं। यह भी समझ लेना कि मनुष्य जिस बात की अपने में कमी महसूस करता है उसी के विरुद्ध बाहर होशियारी झाड़ता रहता है या फिर भीतर की हीनता को पूरी करने हेतु

बाहर हाथ-पांव मारता रहता है; और उसे ही आप सुपीरिओरिटी कॉम्प्लेक्स के नाम से जानते हैं। यहां दो बातें समझने की है, एक तो हर सुपीरिओरिटी मनुष्य में छिपी वास्तविक इन्फीरिओरिटी की खबर देती है, और दूसरा यह कि मनुष्य अपना कॉम्प्लेक्स इन्फीरिओरिटी के स्वरूप में निकाले चाहे सुपीरिओरिटी के, अंत में तो दोनों उसे दूसरों के हाथ का खिलौना बनाकर छोड़ते हैं।

20 एक फकीर की बेमिसाल शिक्षा

यह चाइना के महान सायकोलॉजिस्ट लाओत्से के जीवन का एक किस्सा है। मनुष्य के जीवन से संबंधित बातों पर उनकी पकड़ बड़ी अद्‌भुत थी। जल्द ही उनकी चर्चा चारों ओर फैल गई। दूरदराज से लोग उनसे ज्ञान लेने आने लगे। हालांकि लाओत्से के ज्ञान देने के तरीके बड़े अजीबोगरीब थे। कइयों की समझ में आते, कइयों के नहीं आते। पर चाहे जो हो, उनकी ख्याति चारों ओर फैलती ही जा रही थी। ...उड़ते-उड़ते उनके ज्ञान की चर्चा राजा तक भी पहुंची। राजा ने सोचा, जब इतने महान फकीर हैं और उनसे पूरा राज्य लाभ ले रहा है; तो मैं यह मौका क्यों छोडूं?

बस एक दिन अपने लाव-लश्कर के साथ वह भी लाओत्से के द्वार पर जा पहुंचा। उस समय वे अपने बगीचे में गड्‌ढ़ा खोद रहे थे। राजा ने तत्क्षण सिपाहियों को अपने आने की सूचना उन तक पहुंचाने को कहा। राजा ने सोचा कि मेरे स्वयं के आने की खबर पाते ही लाओत्से तो मारे खुशी के झूम उठेंगे। लेकिन ऐसा कुछ नहीं हुआ! सिपाही तो खबर देकर आ भी गए, पर वे अपना गड्‌ढ़ा खोदने में ही लगे रहे। राजा एक क्षण को तो चौंक गया, अपने ही सेवक-सिपाहियों के सामने उसे अपमान-सा भी महसूस होने लगा। पर उसने सब्र बनाए रखा। वहीं बगीचे के बाहर जोर-जोर से चहलकदमी करने लगा। उधर लाओत्से भी अपने कार्य में लगे ही रहे। कुछ वक्त और बीत गया पर लाओत्से नहीं आए तो नहीं ही आए। राजा पूरी तरह झल्ला उठा। यह फकीर है या पागल? कोई खास कार्य कर रहा होता या इबादत कर रहा होता तो समझ में भी आता था, पर यह तो गड्‌ढ़ा खोद रहा है और फिर भी मुझे इन्तजार करवा रहा है। एक

क्षण को तो उसका मन लौट जाने को भी हुआ। ...फिर उसने सोचा, जब इतनी दूर आ ही गया हूँ तो मिलकर ही जाऊं। बस मारे बेचैनी के वह और तेज कदमों से चहलकदमी करने लगा।

उधर लाओत्से भी पक्का फकीर था। उसका अब भी अपनी पूरी तल्लीनता से गड्ढ़ा खोदना जारी ही था, लेकिन इधर बीतते समय के साथ अब राजा को क्रोध भी पकड़ने लगा था। वह लौट जाना भी चाहता था, पर अब उसको जिज्ञासा ने जकड़ लिया था। वह अब लाओत्से के इस व्यवहार का राज जाने बगैर जाना नहीं चाहता था। आया था ज्ञान लेने, लेकिन चूंकि ज्ञान देनेवाला ही उसे पागल जान पड़ रहा था तो ऐसे में अब ज्ञान वगैरह में उसकी रुचि बने रहने का सवाल ही नहीं उठता था। ...अब तो वह सिर्फ यह जानने को रुका हुआ था कि आखिर फकीर यह सब कर क्यों रहा है? यहां राजा इन्हीं सब उधेड़बुन में खोया रह गया और उधर लाओत्से महाराज अपना कार्य सलटाकर आ भी गए। उन्होंने आते ही राजा का स्वागत किया, इन्तजार करवाने हेतु क्षमा मांगी, और हाथोंहाथ भीतर चल आराम से विराजने का निवेदन भी कर डाला।

लेकिन राजा क्रोध में था। उसने लाओत्से के आग्रह को कोई तवज्जो नहीं दी। उल्टा वहीं खड़े-खड़े उसने उनपर सीधा क्रोध उड़ेलते हुए कहा- आया था ज्ञान लेने पर अब मुझे ज्ञान की कोई दरकार नहीं। मुझे यह बताओ कि एक साधारण से कार्य के लिए तुमने मुझे इतना इन्तजार क्यों करवाया?

प्रश्न सुनते ही लाओत्से ने एक क्षण को सीधे राजा की आंखों में झांका। ...फिर एकदम हँसते हुए बोले- जहां तक कार्य के मामूलीपन का सवाल है तो कार्य कोई भी बड़ा या छोटा नहीं होता है। और जहां तक ज्ञान का सवाल है, तो वह तो तुम ग्रहण करना चाहो या नहीं...पर अपनी ओर से तो मैं तुम्हें दे ही चुका हूँ।

दे चुका? ...राजा और बुरी तरह चौंक गया। अभी तो बातचीत ही नहीं हुई है। अभी तो मैंने कुछ पूछा भी नहीं है, और यह कहता है कि ज्ञान तो वह दे चुका है। यह पक्के में पागल है... फिर भी राजा की उत्सुकता तो जागी ही हुई थी। ऊपर से ज्ञान दे देने वाली बात कर उन्होंने राजा को एक नई उत्सुकता और पकड़ा ही दी थी। ...अब तो वह इस सोच में भी पड़ गया था कि क्या वाकई यह पागल है भी, या बन रहा है? क्योंकि यदि पूरा गांव इसे पहुंचा हुआ फकीर

मानता है, तो फिर पूरा गांव तो पागल हो नहीं सकता। ...वैसे हो भी सकता है, मनुष्यों का क्या भरोसा? सो फैसला तो करके ही जाना है, लाओत्से पागल हैं या गांव, या दोनों, या कोई नहीं। सो बस, इस उधेड़बुन से निकलने हेतु अबकी उसने बड़ी संजीदगी से फकीर से पूछा- बताइए आपने क्या ज्ञान दिया? जबसे आया हूँ तब से आप गड्ढ़ा ही तो खोद रहे हैं।

लाओत्से बड़े ही करुणा से भरे अंदाज में बोला- यहीं तो मार खा गए महाराज आप। आपने ध्यान से देखा ही नहीं... दरअसल मैं गड्ढ़ा खोद नहीं रहा था, बल्कि उस दरम्यान गड्ढ़ा खोदने की क्रिया हो चुका था। यदि आप ध्यान से गड्ढ़ा खोदने में मेरी ऐसी तल्लीनता देख लेते तो सबकुछ सीख जाते। ...क्योंकि जीवन में ऐसी तल्लीनता व ऐसी दीवानगी को छोड़ और कुछ सीखने लायक नहीं है।

सार: यदि आप जीवन में बड़ी सफलता चाहते हैं तो कार्य व क्रिया का संबंध अच्छे से समझ लीजिए। किसी भी कार्य के होने में दो चीजें शामिल होती हैं, एक कार्य करनेवाला और दूसरा उसके द्वारा की जा रही क्रिया। और इसे प्रकृति की त्रिगुणी माया के आधार पर तीन भागों में विभाजित करूं तो अधिकांश समय कार्य करनेवाला तो होता है, परंतु उसका क्रिया पर ध्यान बिल्कुल नहीं होता है। अधिकांश लोग इसी कैटेगरी में आते हैं और इसीलिए उनके किसी भी कार्य का जीवन में कोई परिणाम नहीं आ रहा है। दूसरी कैटेगरी में वे लोग आते हैं जो कार्य करनेवाले को और की जानेवाली क्रिया को अलग-अलग जानते हैं तथा उसी हिसाब से कार्य करते हैं, ऐसे लोग दस हजार में एक की सफलता पा रहे हैं। लेकिन लाखों में एक व्यक्ति ऐसा भी होता है जो कार्य में इतना डूब जाता है कि सिर्फ कार्य रह जाता है और करनेवाला गायब हो जाता है। ...और ऐसे लोग ही ऐतिहासिक सफलता पाते हैं। कहने का तात्पर्य यह कि नृत्य तो हो परंतु नृत्यकार गायब हो, तो ही चमत्कार होता है। ...बस आप भी यह कला सीख जाएं, फिर जीवन में ऐतिहासिक सफलता दस्तक न दे तो कहना।

21 यह कैसा सबक?

एक शिस्तपसंद मां थी, जिसका एक नौ वर्षीय बच्चा था। मां, बच्चे को कुछ बड़ा बनते देखना चाहती थी और यही उसने उसके जीवन का मकसद बना लिया था। इस हेतु वह बच्चे पे बड़ी पैनी निगाह रखती थी। उसकी साधारण-सी गलती भी बर्दाश्त नहीं करती थी। एक दिन ऐसा हुआ कि बच्चा स्कूल से आधा घंटा देरी से घर आया। ...बस मां को तो मौका मिल गया। उसने बच्चे के आते ही ना सिर्फ उसे डांटा, बल्कि चार चांटे लगाते हुए बड़ी कड़क भाषा में बच्चे से कहा- इससे सबक लो। चाहे जो हो जाए, स्कूल से समय पर ही घर लौट आने का।

ठीक है? सबक सीख लिया। उधर कुछ दिन बाद बच्चा फटे कपड़ों में घर आया। चेहरे पर कुछ चोट के निशान भी थे, हालांकि बावजूद इसके वह घर पर समय से ही लौट आया था। बच्चे की हालत देखते ही मां बड़ी बेचैन हो गई। पूछा तो बच्चे ने बड़ा दुखी होते हुए कहा- दरअसल स्कूल में कुछ लड़कों से मारपीट हो गई।

यह सुनते ही मां ने फिर उसे चार-पांच चांटे जड़ दिए और बोली- इससे सबक लो। स्कूल में पढ़ने जाते हो, मारपीट करने नहीं।

बच्चे का क्या था, वह तो मार पड़ते ही सबक सीख गया। उसकी वैसे भी एक विशेषता थी, जिस बात के लिए एकबार मार पड़ती, फिर वही गलती वह दोबारा कभी नहीं दोहराता था। लेकिन इधर कुछ दिन बाद उसके त्रैमासिक रिजल्ट आए और जिसमें वह दो सब्जेक्ट में फेल हो गया था। फिर क्या था, उसने जैसे ही मार्कशीट मां के हाथ में रखी कि चार चांटे के साथ एक और सबक भी मिल ही गया। मां ने बड़ी कड़क भाषा में कहा- इस तरह क्लास में ही पीछे रह जाओगे तो जीवन में अव्वल कैसे आओगे? ध्यान रहे! हमेशा आगे रहो।

ठीक है भाई, बच्चा यह सबक भी सीख गया। वह जी-जान से पढ़ने में लग गया। उसकी मेहनत रंग लाई, और अगले रिजल्ट में वह क्लास में फर्स्ट आया। कहने की जरूरत नहीं कि इस खुशी में वह दौड़ता हुआ घर आया, और आते ही मां के हाथ में रिजल्ट रख दिया। लेकिन मां भी मां थी, उसने रिजल्ट

बगैर देखे ही साइड में रखते हुए बच्चे को चार-पांच चांटे जड़ दिए। बच्चा हैरान रह गया...रोने भी लगा। विरोध जताते हुए बोला भी- यह क्या मां? कहीं तेरा दिमाग तो खराब नहीं हो गया है? मैं फर्स्ट आया हूँ, इनाम का हकदार हूँ और उसके बदले तुमने मुझे मारा।

यह सुनते ही मां बड़े नाटकीय अंदाज में बोली- मेरे लाड़ले! इससे सबक लो कि दुनिया में न्याय कहीं नहीं है।

सार: हो गया उद्धार। बस यही अधिकांश बच्चों के साथ हो रहा है। उनके चहेतों व चाहनेवालों से भी उन्हें सही शिक्षा नहीं मिल रही है। अब पूरी प्रकृति न्याय पे टिकी है और बच्चे को अप्राकृतिक शिक्षा दी जा रही है। फिर बच्चा कुछ बने भी तो कैसे...? सच तो यह है कि जबतक आपको अपनी किसी बात का बच्चों पे क्या सायकोलॉजिकल असर हो रहा है, इस बात का अंदाजा नहीं हो जाता है; कृपाकर तब तक बच्चों को सिखाने की कोशिश ही मत करो तो ही बेहतर होगा। मेरी बात मानो, कुदरत ने उसे भेजा है और कुदरत ही उसे ज्यादा बेहतर तरीके से सिखा और बढ़ा सकती है।

22 मैं तो मौका चूक गया पर आप मत चुको

मैं तो मरते ही ऊपर अपने जीवन के हिसाब-किताब हेतु मृत्यु पश्चात् के न्यायालय में पेश किया गया। बड़ा भीड़-भड़क्का था वहां। कर्मों के हिसाब से सबको स्वर्ग या नरक में भेजे जाने की जिरह जारी थी। उस हेतु लंबी-लंबी कतारें लगी हुई थी। मैं भी पहुंचते ही कतार में खड़ा हो गया था। हालांकि मुझे "स्वर्ग मिलेगा या नरक" की कोई चिंता नहीं थी। क्योंकि पेशे से मैं स्वयं वकील था, अत: मुझे अपनी जिरह के बल पर स्वर्ग मिल जाने की पूरी-पूरी उम्मीद थी। साथ ही क्योंकि मैं अपने संप्रदाय की तमाम आस्थाओं को भी निभाता था, सो मेरे उन कर्मों की बदौलत भी मुझे स्वर्ग में भेजे जाने का पूरा विश्वास था। खैर, अभी तो मैं कतार में खड़ा-खड़ा यह सब सोच ही रहा था कि मेरी बारी आ गई। और मेरी बारी आते ही मेरे अच्छे व बुरे कर्मों की सूची गिनाई जाने लगी। लेकिन यह क्या, मेरे अच्छे कर्मों की सूची में सिर्फ एक कर्म गिनाया

गया, और आश्चर्यचकित रूप से वह था मेरा अपने मित्र की सफलता पर दिल से प्रसन्न होना। बाकी मैंने जीवनभर जो भी किया वे सारे-के-सारे मेरे बुरे कर्मों की सूची में गिनाए गए।

अब मैं तो वैसे ही पेशे से वकील था, सो मैंने तत्काल ऑब्जेक्शन उठाया, बहस की मांग करते हुए उनकी बनाई सूची को चैलेंज कर डाला। उधर कतार में खड़े हजारों लोग मेरे समर्थन में उतर आए। शायद उनके कर्म भी मुझ जैसे ही थे। हो सकता है कि वे मेरे सहारे अपनी नैया पार लगाने के चक्कर में मेरे साथ जुड़ गए हों। होगा, अभी तो इतना हो-हल्ला मचा देख मुझे बहस करने की और अपना पक्ष रखने की इजाजत दे दी गई।

मैंने बहस प्रारंभ करते हुए सीधा पूछा- मैं जो रोज धर्मशास्त्र पढ़ता था, दान देता था, और नियमित रूप से अपने धार्मिक स्थल जाता था, उसका क्या...?

जज ने कहा- वह तुम्हारा बुरा कर्म था। उससे किसी का भला नहीं हुआ। लेकिन उसकी सजा तुम्हें नीचे ही अपना कीमती समय, धन व ऊर्जा गंवाकर मिल गई है। सो उससे यहां हमारा कुछ लेना-देना नहीं।

मैंने कहा- अच्छा, मैंने वहां इतनों की मदद की उसका क्या?

जज ने कहा- यह तुम्हारी गलतफहमी है। यह आपकी नीचे की अदालत नहीं है, यह सच्चे न्याय का दरबार है। यहां शारीरिक कर्मों को नहीं बल्कि भावों को देखा जाता है। और भावों के आधार पर तुमने सारी मदद अच्छा दिखने, अहंकार पालने व बदले में कुछ-न-कुछ पाने की अपेक्षा में की थी। और उसका इच्छित फल भी तुम्हें नीचे लोगों के सम्मानरूप मिल चुका है, इसलिए तुम्हें इसका भी कोई फल यहां नहीं मिल सकता है। यहां तो सारे हिसाब भावों के आधार पर होते हैं। तुम मदद न भी करते परंतु यदि दिल से बिना स्वार्थ या अपेक्षा के मदद करने की सोच भी लेते, तो भी वह यहां तुम्हारे अच्छे कर्मों की सूची में शामिल हो जाता। इतने शास्त्र रोज पढ़ते रहे और धर्मस्थलों के इतने चक्कर लगाते रहे, उसके बजाए एकबार दिल से अहंकार-शून्य होकर सबके भले हेतु हाथ उठा लिया होता, तो वह यहां तुम्हारे अद्‌भुत कर्मों में गिन लिया जाता। लेकिन तुम सारे अच्छे कर्म शरीर से ही ऊपरा-ऊपरी करते रहे, जिनकी यहां कोई कीमत नहीं।

साथ ही जिन्हें करने में कोई मजा भी नहीं। अत: सौ बातों की एक बात अच्छे से समझ लो कि तुम्हें अच्छे भावों में जीने तथा उनका अनुभव करने हेतु मनुष्य जन्म मिला था, पर तुम सुने-सुनाए अच्छे शारीरिक कर्म करने में उलझ गए।

मैं समझ गया! मेरी दाल यहां नहीं गलनेवाली। यह ऐसी अदालत नहीं जहां तर्क या झूठ का सहारा लेकर गलत को सही साबित किया जा सके। वाकई मैंने जीवन को भावों की बजाए शरीर के ऊपरी कर्मों से जोड़कर जीवन बर्बाद कर दिया। खैर, मैं तो मौका चूक गया, परंतु आपके पास अभी भी वक्त है। जो करो वह तहेदिल से और अच्छे भाव से करो, वरना नीचे भी मर-मरकर जीओगे और ऊपर भी मरने के लिए छोड़ दिए जाओगे।

23 महान गुरु का होनहार शिष्य

◆ ◆ ◆ गरीब परिवार का एक होनहार नवयुवक था। उसने अपनी प्रतिभा के जोर पर एक अच्छे गुरुकुल में दाखिला पाया। अब चूंकि बात पुराने जमाने की है, सो गुरुकुल में एक उसको छोड़ बाकी विद्यार्थी या तो राजकुमार थे या संभ्रांतों के बेटे थे। धीरे-धीरे उनके वट की बातें सुन-सुनकर युवक के मन में धन कमाने की इच्छा जागृत होने लगी। ...उधर गुरु बड़े ही समझदार थे, वे उस नवयुवक के मन में तेजी से पनप रही धन कमाने की इच्छा को अच्छे से भांप गए थे। सो जैसे ही उसकी शिक्षा समाप्त हुई और उसने गुरु से गुरुदक्षिणा के बाबत पूछा कि तत्क्षण गुरु ने कहा- तू मेरी खातिर धनवान बन। बस यही तेरी मुझे गुरुदक्षिणा होगी। आज से तू धन कमाना ही अपने जीवन का उद्देश्य रख। ...गुरु वाकई समझदार थे। उन्होंने यह कहकर शिष्य की दबी इच्छा को सतह पर ला दिया था। गुरु की बात भी सही थी, दबी इच्छा से बड़ा पाप क्या?

खैर! यह तो गुरु की सोच हुई। शिष्य की बात करें तो उसको तो जो चाहिए था वह मिल गया था। वह गुरु का आशीर्वाद लेकर धनपति बनने निकल पड़ा। ...और शिष्य का भाग्य देखो कि एक दिन उसे एक ऐसे राजा के बारे में मालूम पड़ा जो बड़ा ही दिलदार था। उसका यह नियम था कि सुबह-ही-सुबह

जो पहला व्यक्ति उसके राजमहल में प्रवेश करता था, उसे वह मुंहमांगा दान देता था। युवक की तो मानो लॉटरी ही लग गई। वह एक लंबी यात्रा कर पहुंच गया उस राजा के राज्य में। लेकिन दुर्भाग्य से उसका राज्य-प्रवेश संध्या को हुआ था। कोई बात नहीं, सुबह क्या दूर थी? ...लेकिन देखा जाए तो बहुत दूर थी। आपको भी अनुभव होंगे ही कि कोई बड़ी तमन्ना पूरी होने का घंटे-भर का इन्तजार भी कितना लंबा हो जाता है। जबकि इसे तो पूरी रात काटनी थी। ...सो, उसने सोचा क्यों न अभी से ही राजमहल के बाहर डट जाऊं। कहीं ऐसा न हो सुबह लेट हो जाऊं और कोई दूसरा पहले पहुंच जाए।

अब रात का डटा हुआ था, सो अगले दिन स्वाभाविक तौरपर राजमहल में पहला प्रवेश उसी ने पाया। नियमानुसार राजा ने उसे जो चाहे मांगने को कहा। उसे तो विश्वास ही नहीं हुआ, वह हड़बड़ा भी गया। वह आ तो पहुंचा था, परंतु वास्तव में ऐसा कोई राजा हो भी सकता है, इस बात का उसे पूरी तरह यकीन नहीं था। भीतर-ही-भीतर वह इसे अफवाह और कहानी मान ही रहा था। उधर उसे इस तरह भौंचक्का देख राजा ने अपनी बात दोहराते हुए कहा- बेझिझक होकर जो चाहो मांग लो।

शिष्य सोच में पड़ गया। गरीब था, मन में यही आ रहा था कि क्या तो न मांग लूं। सोचा, हजार स्वर्ण मुद्राएं तो मांग ही लेनी चाहिए। फिर लोभ पकड़ा, जब दे ही रहा है तो क्यों न दस हजार मुद्राएं ही माग लूं। फिर तो पलभर में लाख पर पहुंच गया। लेकिन अब तो उसने उड़ानें भरना शुरू कर दी थी, उसने सोचा क्यों न पूरा राजपाट ही मांग लूं? बस यह बात उसको जंच गई और उसने पूरा राजपाट ही मांग लिया। उधर राजा भी कमाल था। यह सुनते ही वह तो खुश-खुश हो गया। और उसी खुशी में बोला भी- अहो! अब कहीं जाकर मेरी जान छूटी।

अब यह शिष्य भी तो पक्के गुरु के यहां पढ़ा हुआ था। तुरंत होश में आ गया। जरूर राजपाट में कुछ तो ऐसा छिपा ही हुआ है जो राजा ऐसा कह रहा है। तो फिर मुझे तो उसके अनुभव पर भरोसा करना ही चाहिए। उसकी जान छुड़ाने हेतु मैं क्यों इस अनजान में डुबकी लगाऊं? बस उसने तुरंत राजा से क्षमा मांगी और वहां से भाग खड़ा हुआ। और इस एक ध्यानपूर्वक के अनुभव से उसकी धन कमाने की और सत्ता पाने की इच्छा तो हमेशा के लिए ऐसी छू हो गई कि पूछो ही मत।

सार: बस, यही मैं कह रहा हूँ। इच्छा है तो भोगना जरूर, पर ऐसा ध्यान और ऐसी प्रज्ञा बनाए रखना कि उससे जल्द-से-जल्द छुटकारा हो जाए। अपनी इच्छा से छूटना महानता है। हां, लेकिन इतना ध्यान रख लेना कि इच्छा दबाना या उसी इच्छा के लिए जीना, दोनों जीवन के लिए घातक हैं। ...दरअसल मनुष्य का जीवन बड़ा ही सीधा व सरल है। उसमें दुख को जगह है ही नहीं। परंतु जीवन मन से चलता है, और मन के व्यवहार का जगत को बहुत कम अंदाजा है। वहीं मनुष्य का मन भी कोई कॉम्प्लीकेटेड इन्स्ट्रुमेन्ट नहीं है। परंतु चूंकि वह पूरी तरह नियम से बरतता है, और आम लोगों को नियमों का ज्ञान है नहीं; इसलिए उन्हें वह कॉम्प्लीकेटेड लगता है। बाकी तो जो नियम से बरत रहा हो उसके नियम जान लो, सारे कॉम्प्लीकेशन स्वत: ही समाप्त हो जाएंगे। और वर्तमान संदर्भ में मन का यह सीधा नियम समझ लो कि एकबार मन ने जिस चीज की इच्छा पकड़ ली, उसे भोगे बगैर तथा भोगकर उसकी व्यर्थता जाने बगैर, उस वस्तु से उसका छुटकारा नहीं। फिर भले ही पलभर को मानसिक तौरपर भोगकर ही वह उसकी व्यर्थता समझ ले, परंतु पकड़ी इच्छा से छूटने हेतु उसे पलभर तो पलभर ही सही; अपने मन में जागी इच्छा को भोगना तो पड़ेगा ही। अब यह तो सीधा और साफ सत्य है, परंतु इसके बावजूद यहां हरकोई बिन भोगे छोड़ने के चक्कर में पड़ा हुआ है, और जितना वह छोड़ने का प्रयास कर रहा है, उतनी ही वह इच्छा उसकी तीव्र होती जा रही है। यही कारण है कि पकड़ी कोई इच्छा, हजार दुख देने के बाद भी मनुष्य से छूट नहीं रही है। लेकिन आप समझदार हैं, बिन भोगे त्यागने के चक्कर में पड़ें मत, और भोगते वक्त होश बनाए रखें, मैं वादा करता हूँ कि जीवन की तमाम व्यर्थताओं से जल्द ही आपका छुटकारा हो जाएगा। वहीं किसी इच्छा बाबत; भोगते रहो, भोगते रहो और बस भोगते ही रहो के चक्कर में भी मत पड़ना। वरना पूरा जीवन उसी इच्छा बाबत "और...और" की रट लगाने में बीत जाएगा। और मृत्यु भी उस इच्छा के "और-और" की मानसिक दशा में ही आएगी। अत: इच्छा जागी है तो भोगो जरूर, हां ध्यान उससे जान छुड़ाने पर भी बनाए रखो। फिर से कोई बांसुरी न बजने लगे, इस हेतु नजर बांस के समूल उच्छेद पर बनाए रखनी है। और यही मनुष्य के जीवन का अंतिम सोपान है।

24 तन पर मन का प्रभाव

एकबार अचानक एक मां के दायें हाथ को लकवा मार गया। डॉक्टरों ने काफी इलाज किया पर बात नहीं बनी। आखिर उन्हें साइकेट्रिस्ट के पास ले जाया गया। वह साइकेट्रिस्ट सीधे उस महिला को सम्मोहित अवस्था में ले गया। फिर उसने उस हाथ से क्या-क्या महत्वपूर्ण किया...इस बाबत पूछताछ शुरू की। जल्द ही उस महिला ने रोते हुए बताया कि मैंने अपने इसी हाथ से अपने बेटे को एक दिन चोरी करने पर खूब मारा था। लेकिन मुझे उस हादसे का बड़ा पछतावा है। क्योंकि मैंने वाकई क्रोध में आकर अपने मासूम को जानवरों की तरह पीटा था। मेरा तो यह हाथ ही कट जाना चाहिए।

अब तो बात खुल गई थी। हाथ को लकवा उस औरत को पकड़ी गिल्ट के कारण पकड़ा था। बस उस साइकेट्रिस्ट ने सम्मोहित मन की उसी अवस्था में महिला को समझाया कि यदि तुम उसे उस वक्त न पीटती तो हो सकता है वह बड़ा होकर वाकई चोर बन जाता। सो उस समय तुमने जो किया, ठीक ही किया। उल्टा तुम्हारे इस हाथ ने तो उसका जीवन ही बचाया है। बस, महिला की गिल्ट जाती रही - और उसके साथ ही कुछ ही दिनों के अंदर उसके हाथ को मारा लकवा भी चलता बना।

सार: अधिकांश शारीरिक बीमारियों के पीछे स्वयं की मानसिक दशा व स्वयं के मानसिक अनुभवों का भी कुछ-न-कुछ हाथ होता ही है। सचेत मनुष्य वह है जो हर आनेवाली बीमारी के पीछे की सक्रिय मानसिक फोर्स को भी समझ सके, तथा अपनी वर्तमान मानसिकता के आधार पर आगे हो सकनेवाली बीमारियों का अंदाजा भी लगा सके। ...तभी तो कहते हैं, अच्छा जीवन गुजारने हेतु जगत को जानने के बजाए स्वयं को जानना ज्यादा जरूरी है।

25 विष्णु व नारद की कहानी

जब अपने विश्व के आप ही भगवान हो, तो दूसरे किसी भगवान को आपके विश्व में रत्तीभर दखलंदाजी का अधिकार हो ही कैसे सकता

है? यहां का सीधा नियम है कि आपको अपने ही मानसिक कर्मों का हिसाब चुकाना पड़ रहा है। परंतु यह सीधा सत्य भी न समझने के कारण मनुष्य की हास्यास्पद हालत अब ऐसी हो गई है कि वह जो कर सकता है, वह कर नहीं रहा; और जिसे भगवान मान पूज रहा है, और जिसे वह भगवान कह रहा है, उसे उसके जीवन में कुछ करने की सत्ता ही नहीं है।

चलो, इस बात को मैं हिंदू धर्म के एक प्रसिद्ध पुराण की एक खूबसूरत कहानी से समझाने का प्रयास करता हूँ। इस कहानी में विष्णु को भगवान दर्शाया गया है तथा उनका एक भक्त है 'नारद', जो दिन में हजारों बार मौके-बेमौके व कारण-अकारण 'नारायण-नारायण' कह के भगवान का नाम लेता रहता है। ...इस कारण धीरे-धीरेकर नारद को यह गलतफहमी हो जाती है कि इस विश्व में भगवान का उससे बड़ा कोई भक्त ही नहीं। एक दिन अपनी इसी गलतफहमी को सहलाने के विचार से वे विष्णु के पास पहुंच जाते हैं। उनके चरणों में प्रणाम कर अहंकार पकड़े नारद थोड़ा तनते हुए विष्णु भगवान से पूछते हैं- प्रभु! क्या आपका मेरे से बड़ा भी कोई भक्त है?

सवाल सुनते ही विष्णु हँस पड़ते हैं और हँसते हुए ही कहते हैं- हजारों हैं।

...नारद का तो जैसे पूरा नशा ही उतर जाता है लेकिन फिर स्वयं को आश्वासन देते हैं, शायद भगवान मजाक कर रहे हैं। सो वह सम्भलते ही बड़े शांत भाव से कहते हैं- भगवन मजाक क्यों कर रहे हो?

इधर मामला हवा में उड़ता देख विष्णु अबकी पूरी तरह गंभीर हो जाते हैं, और फिर उसी गंभीरता से कहते हैं- मैं मजाक नहीं कर रहा। वास्तव में तुमसे बड़े हजारों-लाखों भक्तों से यह संसार भरा पड़ा है।

अबकी नारद बुरी तरह चौंक जाते हैं। उनके अहंकार को चोट भी तगड़ी लगती है। सो अबकी वह विष्णु से निवेदन करते हुए सीधे कहते हैं- प्रभु माफ करना, पर उनमें से एकाध का मैं दर्शन करना चाहूंगा।

विष्णु ने कहा- जैसी तुम्हारी इच्छा। ...बस वे नारद के साथ एक खेत के सामने खड़े हो जाते हैं। वहां एक किसान अपने खेत में काम कर रहा था। सूरज अभी सर पर चढ़ना शुरू ही हुआ था। ये दोनों उपयुक्त जगह ग्रहण कर किसान पर

नजर रखने लगे। उधर करीब दोपहर चढ़ते तक वह किसान खेती करता रहा। उधर नारद के लिए खुशी की बात यह थी कि इतना समय बीत जाने के बावजूद किसान ने एक बार भी भगवान का नाम नहीं लिया था। इससे निश्चित ही मन-ही-मन नारद को विष्णु द्वारा उनके साथ मजाक किए जाने का अंदेशा तो दृढ़ हुआ, परंतु उन्होंने खामोश रहते हुए कुछ देर यह तमाशा और देखना ही उचित समझा।

वहां दोपहर चढ़ते ही किसान की पत्नी खाना लेकर आई। हाथ वगैरह धोकर उसने पत्नी के साथ ही भोजन ग्रहण किया। फिर कुछ देर सुस्ताया। पत्नी वापस चली गई और वह फिर काम पर लग गया। संध्या तक काम किया और घर पहुंचा। नहा-धोकर खाना खाया, बच्चों की कुछ जिज्ञासाएं शांत की और सो गया।

...सुबह फिर खेत में पहुंच गया। फिर तो यह नित्यकर्म तीन रोज तक चलता रहा। और कहने की जरूरत नहीं कि इन तीन दिनों में एकबार भी उसने भगवान का नाम नहीं लिया था। अब नारद के सब्र का बांध टूट पड़ा। उन्होंने विष्णु से कहा- आप भी क्या मजाक करने और समय बर्बाद करने मुझे यहां ले आए? इसने तो तीन रोज में एकबार भी आपको याद नहीं किया।

विष्णु बोले- तुम तीन रोज की बात करते हो, इसने तो पैदा होने से आज तक मेरा नाम नहीं लिया है। मैं तो बराबर इसपर निगाह बनाए हुए हूँ। उसको कष्ट आते हैं तो भी वह मुझको याद नहीं करता। बस कष्ट आने पर अपनी गलती खोजने में लग जाता है। मैं भी हैरान हूँ। अपनी राह से भटकता ही नहीं। अपना विश्व बनाने में लगा ही रहता है। ...तो कुछ समझे नारद। यही मेरा असली भक्त है। उसे ज्ञान है कि उसके विश्व का निर्माण उसे ही करना है। और अपने इस कर्म में वह दिन-रात लगा ही रहता है। न तो मुझे व्यर्थ परेशान करता है और ना ही मुझसे व्यर्थ की उम्मीद ही रखता है। तुम्हारी तरह बिना कोई जवाबदारी उठाए दिनभर 'नारायण-नारायण' नहीं करता फिरता है।

सार: प्रकृति की रचना ही कुछ ऐसी है कि यहां कर्म और कर्तव्य ही पूजा है। और जो अपने कर्मों और कर्तव्यों में डूबा है, उनका आनंद ले रहा है, उसका जीवन वैसे ही सौ-फीसदी धार्मिक है। ऐसे व्यक्ति के जीवन में अलग से किसी पूजा की ना तो आवश्यकता है, न जगह ही। ...क्योंकि फिर उसका हर

कार्य ही पूजा हो जाता है। अगर सायकोलॉजी की अंतिम गहराई समझें तो धार्मिक मनुष्य होता है, धार्मिक जीवन होता है, धर्म की शिक्षा होती है; परंतु धर्म अलग से कुछ नहीं होता। बस यह वाक्य बार-बार पढ़ो, तथा प्रकृति के अंतिम सत्य को समझ लो।

26 मृत गाय और भोला बालक

महान संत कबीर, वाकई समय का जादू है। और भारतवासियों के तो वे दिल में धड़कते हैं। उनके कहे एक-एक दोहे हजार धर्मशास्त्रों पर भारी हैं। काव्य और फिलॉसोफी के जगत का कोई सबसे बड़ा चमत्कार है, तो वह कबीर ही है।

आज मैं आपको उनके बचपन का एक किस्सा सुनाता हूँ। बनारस की गलियों में घूमते नन्हें कबीर बचपन से ही एक तीखी दृष्टि रखते थे। वस्तुओं को देखने के उनके अपने नजरिए थे। और अपनी विलक्षण बुद्धि तथा उत्कृष्ट नजरिए के बदौलत ही उन्हें आचार्य रामानंद स्वामी जैसे महान संत के यहां बचपन में ही शिक्षित होने का अवसर प्राप्त हुआ था। परंतु दिक्कत यह थी कि वे अन्य बच्चों की तरह नहीं थे। वे हर बात पर ना सिर्फ शंका किया करते थे, बल्कि बात-बात पर सवाल भी बहुत पूछा करते थे।

एक दिन ऐसा हुआ कि उनके गुरु के पिता का श्राद्ध था। श्राद्ध एक ऐसी परंपरा है जिसके तहत पंडितों को बुलाकर भरपेट भोजन कराया जाता है, ताकि जिस मृत रिश्तेदार का श्राद्ध मनाया जा रहा हो उस तक इन पंडितों को खिलाया जानेवाला भोजन पहुंच जाए। सो, अपने मृत पिता तक भोजन पहुंचाने हेतु गुरु ने काफी पंडितों को भोजन पर बुलवाया। और लगे हाथों अपने शिष्यों को सुबह से ही तैयारियों में भी भिड़ा दिया। इसी के अंतर्गत कबीर के जिम्मे दूध ले आने का कार्य आया।

गुरु की आज्ञा थी, सो कबीर एक बाल्टी लेकर दूध लाने निकल पड़े। पर जाने क्या हुआ कि सुबह के निकले कबीर दोपहर चढ़ते-चढ़ते भी वापस नहीं आए। अब नहीं आए तो नहीं आए। गुरु को बिना दूध के ही पंडितों का भोजन

निपटाना पड़ा। यह तो ठीक पर कार्यक्रम निपटने के बाद गुरु को चिंता पकड़ी। वे अपने दो-चार शिष्यों के साथ बनारस की तंग गलियों में कबीर को खोजने निकल पड़े। जल्द ही उन्हें एक मरी हुई गाय के पास बाल्टी हाथ में लिए कबीर दिख गए। वे सर पे हाथ रखे बड़े ध्यान से गाय को निहार रहे थे। गुरु के आश्चर्य का ठिकाना न रहा। उन्हें समझ ही नहीं आया कि कबीर इस मरी गाय के पास कर क्या रहा है? उन्होंने तत्क्षण जिज्ञासावश कबीर से पूछा- यह यहां क्या कर रहे हो?

कबीर बड़ी मासूमियत से बोले- गाय के दूध देने का इंतजार कर रहा हूँ।

इस पर गुरु बड़े लाड़ से कबीर का गाल सहलाते हुए बोले- अरे मेरे भोले, मरी गाय भी कहीं दूध देती है? यह सुन कबीर बड़े नटखट अंदाज में बोले- जब आपके मृत पिता भोजन कर सकते हैं तो मरी गाय भी दूध दे ही सकती है।

बेचारे रामानंद का तो पूरा नशा ही उतर गया। उन्होंने कबीर को गले लगा लिया और तुरंत बोले- आज तुमने मेरी आंखें खोल दीं। तू तो अभी से ही परमज्ञान की ओर एक बड़ा कदम बढ़ा चुका है।

सार: खैर, कबीर ने तो कदम बढ़ा लिया पर आप कब बढ़ाओगे? यदि आप वाकई ज्ञान की ओर कदम बढ़ाना चाहते हैं तो पुरातन बातों का अंधा होकर अनुसरण करना बंद करें, और हर बात को अपनी भीतरी इंटेलिजेंस के तराजू पर तौलें, क्योंकि ज्ञानी होना व ज्ञान पाना आपका जन्मसिद्ध अधिकार है।

27 कहां खोजें?

एक मशहूर सूफी संत हुई थी, राबिया। वे ना सिर्फ महान संत थीं बल्कि जागृत भी थीं। उनके सिखाने के तरीके भी बड़े अनूठे और सरल थे। ...और इस कारण वे सबकी चहेती भी थीं। एक दिन सबने देखा कि राबिया संध्या समय अपने आश्रम के बाहर के बरामदे में कुछ खोज रही थीं। कुछ देर तो सब यह तमाशा देखते रहे, परंतु फिर जब न रहा गया तो उनमें से एक शख्स पूछ ही बैठा कि आप क्या खोज रही हैं?

राबिया ने कहा- दरअसल मेरी सूई खो गई है, मैं उसे खोज रही हूँ।

इधर राबिया के कहने की ही देर थी कि सभी राबिया के साथ सूई खोजने में भिड़ गए, लेकिन काफी मशक्कत के बाद भी सूई थी कि मिलने का नाम नहीं ले रही थी। जब काफी वक्त बीत गया तो किसी ने राबिया से पूछा- कि सूई खोई कहां है?

राबिया ने कहा- भीतर मेरे शयनकक्ष में... यह सुनते ही सब सोच में पड़ गए। कुछेक राबिया की बुद्धि पर हँसे भी। किसी एक ने राबिया से कहा भी कि कमाल करती हो! जब सूई खोई शयनकक्ष में है तो यहां कैसे मिलेगी?

राबिया ने कहा- मिलेगी और जरूर मिलेगी। ठीक से खोजने की ही बात है। जब कमरे में अंधेरा है तो सूई वहां तो मिलने से रही, सो उसे उजाले में खोज रही हूँ। तुमलोग भी यहां-वहां की बातें मत बनाओ, चुपचाप खोजने में मेरी मदद करो। देखना वह जरूर मिलेगी।

अब कुछ लोग, जिन्हें राबिया पर अंधा विश्वास था, वे फिर से खोजने में लग गए। वहीं दूसरे जिन्हें यह बात ही बेतुकी लग रही थी, वे दूर खड़े होकर तमाशा देखने लगे। ...लेकिन राबिया बड़ी गंभीरतापूर्वक सूई खोज रही थी। हालांकि कुछ देर बाद ही जो राबिया के साथ फिर सूई खोजने में लगे थे, वे भी दूर हो गए। अब रह गई थी अकेली राबिया। लेकिन उन्हें कोई फर्क नहीं पड़ रहा था, वे अब भी पूरे विश्वास व लगन के साथ सूई की खोज में लगी ही हुई थी। लेकिन जब काफी वक्त निकल गया तो दो-चार को राबिया की हालत पर तरस आया। उन्होंने राबिया को समझाया कि सूई वहां नहीं मिलनेवाली। वह शयनकक्ष में खोई है तो चलो वहीं चलकर ढूंढ़ते हैं। राबिया ने कहा- लेकिन वहां अंधेरा है। यहां रोशनी है, सो उसे यहीं खोजना बेहतर है।

यह सुन एक से न रहा गया। वह बोला- राबिया! तुम पागल हो गई हो। यहां अंधेरे या उजाले का सवाल ही नहीं, चीज तो वहीं मिल सकती है जहां खोई हो।

राबिया हँसते हुए बोली- मैं भी पहले ऐसा ही मानती थी। लेकिन फिर तुमलोगों को देख भ्रमित हो गई हूँ क्योंकि जो खुदा मन के गहरे अंधेरों में खोया हुआ है, तुमलोग उसे सदियों से मस्जिदों और मजारों की चकाचौंध रोशनी में खोज रहे हो। सो, मैंने सोचा क्यों न एक प्रयास मैं भी करूं। परंतु खुदा के मामले

में मैं ऐसा जोखिम लेना नहीं चाहती थी, सो सूई पर प्रयोग कर रही हूँ। यदि सूई बरामदे में मिल जाएगी तो मैं भी खुदा को मस्जिदों व मजारों में खोजने की जोखिम उठा लूंगी। ...वरना चुपचाप उसे मन की गहराइयों में खोजती रहूंगी।

यह सुनते ही सभी स्तब्ध रह गए। सब-के-सब राबिया के चरणों में गिर पड़े। सबको समझ आ गया कि वे कहां और क्या गलती कर रहे हैं।

सार: अब हमारे पास साक्षात राबिया तो नहीं हैं, परंतु उनके द्वारा हमें समझाने हेतु करी गई एक खूबसूरत कोशिश की कहानी अवश्य है। सो इसे ही सहारा बनाकर क्यों न आज से हम भगवान को मंदिर, मस्जिद या चर्चों में खोजने की बजाए अपने भीतर मन की गहराइयों में खोजने की कोशिश प्रारंभ करें। हम भी इन्सान हैं, आखिर कब तक ज्ञानियों, भगवानों व फकीरों की समझाइशों को नजरअंदाज करते रहेंगे?

28 गरीब लकड़हारा और मौत का देवता

किसी गांव में एक बूढ़ा लकड़हारा रहता था। सत्तर वर्ष के करीब की उम्र थी उसकी। परिवार में कोई न था। बिल्कुल अकेला रहता था। जमा-पूंजी के नाम पर भी उसके पास कुछ न था। स्वास्थ्य भी बुरी तरह लड़खड़ाया हुआ था। लेकिन बावजूद इसके उसे लकड़ियां तोड़ने रोज जंगल में जाना पड़ता था। यही नहीं दिनभर की तोड़ी लकड़ियां उसे शाम को बाजार में बेचने भी खुद ही जाना पड़ता था। और कहने की जरूरत नहीं कि तब कहीं जाकर रात को उसे दो निवाले नसीब होते थे। वाकई बड़ा कष्टपूर्ण जीवन था उसका। यह तो ठीक, पर उसकी असली शामत वर्षाऋतु में आ जाती थी। अक्सर तोड़ी हुई लकड़ियां भीग जाती और बेचने लायक न बचतीं। फलस्वरूप कई बार बारिश के कहर के चलते उसे दो-दो दिन तक भूखा रहना पड़ता था। यह उम्र और ऐसा कष्ट; वह बुरी तरह थक गया था। अक्सर दुखी होकर प्रार्थना भी करता था कि...हे मौत के देवता! तू मुझे उठाता क्यों नहीं है? मुझसे नाराज क्यों है मौत के देवता? तुमने मुझसे छोटे-छोटे को उठा लिए, फिर मुझसे क्या दुश्मनी है तेरी? ...वाकई उसका दर्द उसकी प्रार्थनाओं में पूरी तरह झलक पड़ता था।

...लेकिन एक दिन कमाल हो गया। ऐसी ही हताश मनोदशा में उस दिन वह पेड़ के नीचे बैठकर फिर मौत के देवता को पुकार-पुकारकर जीवन से मुक्त करने की प्रार्थनाएं कर रहा था। ...उसका एक ही रोना था कि मुझे कब उठाएगा तू? इधर अभी उसकी प्रार्थना जारी ही थी कि किसी ने उसके कंधे पर हाथ रखा। बूढ़ा चौंक गया...। उसने पलटकर देखा तो एक विशालकाय मनुष्य खड़ा था। बूढ़े ने बड़ा चौंकते हुए उसका परिचय पूछा। उसने कहा- मैं मौत का देवता हूँ! यहां से गुजर रहा था कि तुम्हारी दर्द-भरी पुकार सुनी। वैसे तो तुम्हारा समय नहीं हुआ है, परंतु तुम्हारा दर्द देखकर मैं द्रवित हो उठा हूँ। ...चलो तुम्हें ले चलता हूँ।

बूढ़ा तो यह सुनते ही होश में आ गया। सत्तर वर्ष का अनुभव उसके साथ था। समझ गया कि गड़बड़ हो गई। बस उसने तुरंत रंग बदलते हुए मौत के सौदागर से कहा- वह तो मैं दो-तीन दिनों से भूखा था, सो बस यूं ही ऐसी बातें कह गया था। बाकी तो मैं बहुत खुश हूँ। और यह स्पष्ट समझ लो कि फिलहाल मेरा मरने का कोई इरादा नहीं। वह तो यूं ही क्रोधवश मुंह से यह सब निकल गया था। अतः आज भले ही आपने दर्शन दे दिए, पर मेहरबानीकर भविष्य में तुम मुझे भूल से भी दर्शन मत देना। वैसे तो मैं आपको फिर कभी पुकारूंगा भी नहीं, परंतु यदि गलती से पुकार भी लूं...तो भी मेरे पास मत आना।

मौत के देवता ने कहा- जैसी आपकी मरजी। इतना कहकर वह चलता बना। इधर उसके जाते ही बूढ़ा तरंग में आ गया। उसकी चाल ही बदल गई थी। आश्चर्य तो यह कि उसके बाद फिर कभी उसने कष्ट का अनुभव भी नहीं किया। उसके सोच और जीवन दोनों बदल चुके थे। बाहर की दुनिया में सबकुछ वैसा-का-वैसा था; लेकिन फिर भी उसके भीतर सबकुछ पूरा-का-पूरा बदल गया था। ...क्यों? बस साक्षात मौत देखते ही उसे अहसास हो गया था कि और कुछ नहीं तो कम-से-कम जीवन तो है उसके पास। और जब जीवन है, एहसास जीवित है...फिर और क्या चाहिए?

सार: मनुष्य के लिए उसके जीवन से बढ़कर और कुछ नहीं है, लेकिन मजा यह कि उसका भी महत्व उसे तब पता चलता है जब वह जाता दिखाई पड़ता है। और जिसे अपने स्वयं के साक्षात जीवन की कद्र नहीं, उसे अपने आसपास के व्यक्तियों या वस्तुओं की कोई कद्र होने का सवाल ही नहीं उठता है। लेकिन यह

मनुष्य का पागलपन नहीं तो और क्या है कि उसे जो है वह मिट्टी जान पड़ती है, और गलती से खो जाए तो वही उसे सोना मालूम पड़ता है। ...जबकि सत्य यह है कि वह सिर्फ उसी के साथ जी सकता है, जो उसके पास है।

मूर्ख कौन?

मुल्ला नसीरुद्दीन का नाम किसने नहीं सुना है? लगभग 800 वर्ष पूर्व तुर्की, इरान और बगदाद के रेगिस्तानों में घूमनेवाले मुल्ला परमज्ञानी थे। परंतु ज्ञान बांटने के उनके तरीके बड़े अनूठे थे। वे लेक्चर नहीं देते थे, बल्कि हास्यास्पद हरकतें करके समझाने की कोशिश करते थे। उनका मानना था कि बात यदि हास्यास्पद तरीके से समझाई जाए तो हमेशा के लिए मनुष्य के जहन में उतर जाती है। बात उनकी बिल्कुल सही है। और मनुष्यजाति के इतिहास में वे ऐसे इकलौते ज्ञानी हैं जो हास्य के साथ ज्ञान का मिश्रण करने में सफल रहे हैं। आज मैं उनके ही जीवन का एक खूबसूरत दृष्टांत बताता हूँ।

एक दिन मुल्ला बगदाद की गलियों से गुजर रहे थे। प्रायः वे गधे पर और वह भी उल्टे बैठकर सवारी किया करते थे। और कहने की जरूरत नहीं कि उनका यह तरीका ही लोगों को हँसाने के लिए पर्याप्त था। खैर, उस दिन वे बाजार में उतरे और कुछ खजूर खरीदे। फिर जब दुकानदार को मुद्राएं देने की बारी आई तो उन्होंने अपने पायजामे की जेब में टटोला, पर मुद्रा वहां नहीं थी। फिर उन्होंने अपने जूते निकाले और जमीन पर बैठ गए। जूतों में अंदर-बाहर टटोलने लगे, परंतु मुद्राएं जूतों में भी नहीं थीं। अबतक वहां काफी भीड़ एकत्रित हो गई थी। एक तो मुल्ला की सवारी यानी गधे पर उल्टा बैठना ही भीड़ इकट्ठी करने को पर्याप्त था, और अब ऊपर से उनकी चल रही हरकतें भी लोगों के आकर्षण का केन्द्र बनती जा रही थी। देखते-ही-देखते पचास के करीब लोग मुल्ला के आसपास एकत्रित हो गए थे।

...यानी माजरा जम चुका था। इधर मुल्ला एक तरफ यहां-वहां मुद्राएं ढूंढ़ रहे थे, और वहीं दूसरी तरफ वे खरीदे खजूर भी खाए जा रहे थे। निश्चित ही दुकानदार इस बात से थोड़ा टेंशन में आ गया था। एक तो यह व्यक्ति ऊटपटांग

जगहों पर मुद्राएं ढूंढ़ रहा है और ऊपर से बिना मुद्रा चुकाए खजूर खाए भी जा रहा है। कहीं मुद्राएं न मिलीं तो क्या इसके पेट से खजूर निकालूंगा? ...अभी दुकानदार यह सब सोच ही रहा था कि मुल्ला ने सर से टोपी उतारी और फिर उसमें मुद्राएं खोजने लगा। अबकी दुकानदार से नहीं रहा गया, उसने सीधा मुल्ला से कहा- यह मुद्राएं यहां-वहां क्या खोज रहे हो? सीधे-सीधे कुर्ते की जेब में क्यों नहीं देखते?

इस पर मुल्ला बोला- लो, यह पहले क्यों नहीं सुझाया? इतना कहते-कहते मुल्ला ने कुर्ते की जेब में हाथ डाला और मुद्राएं दुकानदार को थमाते हुए बोला- वहां तो थीं ही, यह तो ऐसे ही चान्स ले रहा था।

यह सुनते ही पूरी भीड़ हँस पड़ी। भीड़ में से एक बुजुर्ग बोला भी- लगता है कोई पागल है। जब मालूम था कि मुद्रा कुर्ते की जेब में है तो भी यहां-वहां ढूंढ़ रहा था?

अब मुल्ला की बारी आ गई थी। जो बात कहने हेतु उन्होंने इतना सारा नाटक किया था, वह कहने का वक्त आ गया था। सो उन्होंने बड़ी गंभीरतापूर्वक सबको संबोधते हुए कहा- वाह रे दुनियावालों! मैं पागल सिर्फ इसलिए माना जा रहा हूँ कि मुद्राएं जहां पड़ी हुई हैं, मैं वहां नहीं खोज रहा हूँ। लेकिन मेहरबानीकर एकबार थोड़ा अपने गिरेबान में झांको। यह जानते हुए भी कि रब दिल में बसा हुआ है तुमलोग उसे मस्जिदों में खोजते फिर रहे हो। यदि मैं पागल हूँ तो तुमलोग महा-पागल हो, क्योंकि मैं तो मामूली बात पर यह मूर्खता कर रहा था, परंतु तुमलोग तो विश्व के सबसे अहम सत्य के मामले में ऐसी मूर्खता करते आ रहे हो।

सार: नसीरुद्दीन की यह उलाहना आज भी पूरी मनुष्यता के लिए एक सीख और चेतावनी है। मुल्ला तो दो-चार के सामने हँसी का पात्र बना करते थे; लेकिन हजारों वर्षों से हर संप्रदाय के लोग जन्मों-जन्मांतर से गोद के बच्चे को गोद में न ढूंढ़ते हुए नगर-नगर ढिंढ़ोरा पिटवाकर ढूंढ़ रहे हैं। क्या यह ज्यादा हास्यास्पद नहीं?

30 सांप, चूहा और किसान

एक किसान था। उसके खेत में सांप व चूहे दोनों का वास था। हालांकि किसान इस बात से अनजान था। यूं भी किसान खेती करने तो दिन में जाता था और दिन में वे दोनों बाहर निकलते नहीं थे। लेकिन एक दिन उसे किसी कार्यवश देर हो गई इसलिए रात को खेत से गुजरना पड़ा, और उसी दिन उसे सांप ने काट लिया। पर मजा यह कि उसने जैसे ही नजर झुकाई, उसे भागता हुआ चूहा नजर आया। उसको लगा कि चूहे ने काट लिया है। ...अब चूहे ने काटा तो कोई बात नहीं, सो उसने उस बात को कोई खास तवज्जो नहीं दी। सौभाग्य से सांप भी जहरीला नहीं था, सो उसके काटने का भी उसपर कोई खास असर नहीं हुआ।

खैर, यह बात तो आई-गई हो गई। लेकिन कुछ माह बाद उसे फिर एक दिन रात को खेत से गुजरना पड़ा, अबकी उसे चूहे ने काट खाया। लेकिन दाव यह हो गया कि इसबार नजर झुकाने पर उसे दौड़ता हुआ सांप नजर आया। बस वह चक्कर खाकर वहीं गिर पड़ा। फिर तो महीनों उसका इलाज चलता रहा, पर वह ठीक नहीं हुआ...तो नहीं ही हुआ। होता भी कैसे? इलाज सांप के काटने का चल रहा था, जबकि सांप ने काटा ही नहीं था। वह उसका भ्रम-मात्र था, और ठीक तभी हो सकता था जब उसका यह भ्रम दूर हो जाता।

सार: आप थोड़ा अपने जीवन में तथा अपने मन में झांकना, आपको जल्द ही समझ आ जाएगा कि आपकी शारीरिक या मानसिक बीमारियां ही नहीं, बल्कि आपके जीवन के अधिकांश दुख व चिंताएं भी आपके अपने भ्रम का परिणाम है; इनमें से अधिकांश का वास्तविक अस्तित्व नहीं है। अर्थात् आप जीवनभर जो चीज अस्तित्व में ही नहीं है, उसका भी इलाज करते रहते हैं। ...सवाल यह कि जो चीज अस्तित्व में है ही नहीं, उसका इलाज कैसे हो सकता है? नहीं ही हो सकता है... बस इस कारण आपके जीवन के दुख-दर्द हों या शारीरिक व मानसिक बीमारियां, एकबार गले पड़ जाती हैं तो पड़ ही जाती हैं। आप बेचारे इलाज करवाते रह जाते हैं, और वे आपके द्वारा करवाए गए हर इलाज के साथ और मजबूत होती चली जाती हैं। सो आप वाकई अपने जीवन के संकटों व संघर्षों से उबरना चाहते हों तो सारे इलाज बंद कर पहले यह जान

लें कि वाकई आप संकट में हैं भी या नहीं। कहीं संकट में होना आपका भ्रम तो नहीं। अधिकांश संकटों पर गौर करने पर आप पाएंगे कि वे आपके भ्रम-मात्र हैं। बस तो संकट होने का भ्रम तोड़ दो। पलभर में जीवन के अधिकांश संकटों व संघर्षों से मुक्ति पा लेंगे।

31 जैसा पुजारी वैसी पूजा

यह कहानी भारत के महान संत रामकृष्ण परमहंस के जीवन की है। वे उन दिनों बड़ी गरीबी में जी रहे थे। यह देख उनके कुछ चाहनेवालों ने उन्हें राजकीय मंदिर का पुजारी नियुक्त करवा दिया। वह राजकीय मंदिर बड़ा प्रसिद्ध था। अत: वहां की सारी व्यवस्थाएं भी नियमित और सुसंचालित थी। उस मंदिर में वर्षों से दोनों वक्त सुबह और शाम को ठीक सात बजे पूजा तथा आरती होती थी। निश्चित ही उसमें हजारों श्रद्धालु एकत्रित होते थे। रामकृष्ण परमहंस का भी यही कार्य था कि दोनों वक्त ठीक सात बजे श्रद्धालुओं के साथ मिलकर पूजा कर ले।

लेकिन रामकृष्ण तो ठहरे रामकृष्ण! वे कर्मों में बेईमानी तो कर नहीं सकते थे। उनके लिए तो उनकी हृदय की सच्चाई ही हुक्म, वो ही पूजा और वही कर्तव्य था। सो, होने यह लगा कि पुरानी परंपरा के अनुसार वहां सात बजे भक्तों का मेला तो लग जाता, लेकिन रामकृष्ण पूजा न करते। दो-चार दिन ही बीते होंगे कि एक दिन अचानक भरी दोपहर को रामकृष्ण ने पूजा प्रारंभ कर दी। उस समय मंदिर में बमुश्किल दस-बीस भक्त ही मौजूद थे। फिर तो कुछ दिन बाद हद ही हो गई। एक रात दो बजे जब मंदिर में कोई नहीं था, उन्होंने जमकर पूजा की।

उधर राजकीय मंदिर की पूजा में समय की ऐसी लापरवाही से भक्त निराश हो गए। धीरे-धीरे भक्तों का आना काफी कम हो गया। जब वक्त पर पूजा ही नहीं होती तो आने का फायदा क्या? उसी दरम्यान एक दिन स्वयं महारानी संध्या को पूजा करने आ पधारी। ...परंतु रामकृष्ण को इससे क्या? उस दिन भी साढ़े सात बज गए लेकिन पूजा नहीं हुई। इधर महारानी ने यह भी गौर किया कि मंदिर में भक्तों की तादाद काफी कम हो गई है। पूछने पर उन्हें बताया गया कि जब से यह पागल पुजारी नियुक्त हुआ है तभी से ऐसा हो रहा है। यह कभी नियत समय

पर पूजा करता ही नहीं। और कभी-कभी अचानक देर रात जोर-जोर से पूजा करना शुरू कर देता है। बस समय की ऐसी अनियमितता से निराश होकर लोगों ने आना-जाना कम कर दिया है।

स्वाभाविक रूप से महारानी तो बुरी तरह चौंक गई। उन्होंने सबके सामने ही रामकृष्ण से उनके इस व्यवहार की सफाई मांगी। रामकृष्ण ने हँसते हुए कहा- पूजा तो आती है तभी होती है। उसके आने का समय आप तय नहीं कर सकतीं। कभी-कभी वह दिन में चार बार आ जाती है, और कभी-कभी वह सात-सात दिन तक नहीं आती। भला पूजा करनेवाला मैं कौन होता हूँ? मैं तो पूजा निकालनेवाला हूँ। जब भी और जितनी भी आती है, निकाल देता हूँ।

महारानी तो रामकृष्ण का ऐसा जवाब सुनते ही गहरी सोच में डूब गई। उन्होंने रामकृष्ण की आंखों में झांका। उन आंखों की सच्चाई देख वह चकित रह गई। उन्हें वास्तविक पूजा का अर्थ समझने में देर नहीं लगी। बस उन्होंने तत्काल रामकृष्ण को उस मंदिर का स्थायी पुजारी नियुक्त कर दिया। साथ ही पूजा के समय बाबत भी सारे प्रतिबंध उठा लिए गए। अब रामकृष्ण जैसे सच्चे भक्त को पूजा बहने देने हेतु भगवान के पट खोलने की भी क्या आवश्यकता? कई बार ऐसा होने लगा कि मंदिर के पट बंद ही हों और भीतर रामकृष्ण की पूजा चल रही है। अब जिसके भीतर इतनी ईमानदारी हो उसकी पूजा तो सफल होनी ही है। उन्हें तो महान संत रामकृष्ण होना ही था। साथ ही उनके सानिध्य-मात्र से नरेंद्र को भी महान विवेकानंद में रूपांतरित होना ही था।

सार: कर्म कोई भी हो, यदि करना पड़ रहा है, तो इसका मतलब साफ है कि उस कार्य में मन पूरी तरह लगा हुआ नहीं है। और मनुष्य जो भी कर्म बेमन से करता है, उसके कोई परिणाम कभी नहीं आते हैं। वहीं दूसरी तरफ यह भी समझ लें कि मनुष्य कोई भी कर्म अपनी मर्जी से अपने समय पर डूब के नहीं कर सकता है। यह हमारा एक बहुत बड़ा साकोलॉजिकल अज्ञान है जो हम एक-दूसरे को सुबह-शाम बांटते रहते हैं कि "कर्म में मन लगाओ"। यह बात ही गलत है, कर्म में मन लगाया ही नहीं जा सकता है। ...यह भी अपने-आप में एक बहुत बड़ा गणित है। दरअसल कर्म में मन अपने समय पर और अपनी रुचि के क्षेत्र में ही लग सकता है। अर्थात् जिसका संगीत में मन लगता है, उसका पढ़ाई

और व्यवसाय में भी ऐसा ही मन लगे; जरूरी नहीं। गौर करनेवाली बात यह कि यह गणित पूरी तरह पक्का होने के बावजूद इसे समझा या समझाया भी नहीं जा सकता है। ...इसका तो बस मन की गहराइयों में अनुभव किया जा सकता है। और जो व्यक्ति इस गणित को अपने भीतर जितना ज्यादा अनुभव करता है, वह उतना ही जागा हुआ है। तथा जो जितना जागा हुआ है, वह उतना ही सुख और सफलता का अधिकारी है।

32 सपने देखने और उन्हें पूरे करने के बादशाह की कहानी

यह बात दुनियाभर के बच्चों के हृदय पर राज करनेवाले वॉल्ट डिज्नी की है। उनका जन्म 5 दिसम्बर 1901 को हुआ था। उनके पिता इलियास कर्मठ तो थे परंतु बावजूद इसके उनका व्यवसाय जम नहीं पा रहा था। अतः वॉल्ट का बचपन अभावों में ही गुजर रहा था। न खेलने को खिलौने थे न अच्छे वस्त्र। तभी सात वर्ष की उम्र में उनकी जिन्दगी में एक नया मोड़ आया। उनकी चाची मारग्रेट ने उन्हें रंगीन स्केच पैड तथा कुछ रंगीन पेन्सिलें भेंट में दीं। अब जिसने कोई खिलौना ही न देखा हो उसके लिए तो यह मानो सारे सपने पूरे होने जैसा हो गया। और यहीं से उन्हें स्केचिंग का शौक जागा।

उधर कुछ बड़े होते-होते उन्हें स्कूल में भरती करवाया गया, परंतु घर की हालत ऐसी थी कि स्कूल जाने के पहले वॉल्ट को सुबह-सुबह अखबार व अंडे बेचने जाना पड़ता था। दिनभर का यह हेक्टिक शेड्यूल वॉल्ट को बड़ा थका देता था। वैसे यह कष्ट उन्हें लंबा नहीं झेलना पड़ा, घर के हालात ने उनकी स्कूल जल्द ही छुड़वा दी। और उसके साथ ही वे पूरी तरह से पिता के साथ कामकाज में लग गए। लेकिन इधर घर-घर जाकर अंडे व अखबार बेचने जैसे कार्यों ने उन्हें कई कड़वे अनुभव भी दिए। सड़कों और घरों में उनके स्कूल के कई मित्र टकराने लग गए। निश्चित ही यह बड़ा ही एम्बैरेसिंग था, परंतु वॉल्ट हँसते-हँसते यह सब सह लेते थे। कभी किसी बच्चे को खिलौने से खेलते देखते तो क्षणभर को दुःख पकड़ लेता, लेकिन फिर जीवन की वास्तविकता स्वीकार

लेते। परंतु परिस्थिति वाकई कठिन थी। खिलौने नहीं थे न सही, पर खेलने-कूदने के लिए कोई मित्र भी नहीं था उनके पास। बस अपना मन बहलाने हेतु जब भी मौका मिलता घर के पास से गुजरती ट्रेन देखकर उसका स्केच बनाया करते थे। और यहीं से स्केच बनाना उनका शौक व ट्रेन उनकी ड्रीम बनकर उभरा।

लेकिन जीवन की कठिनाई ने उनसे ये दोनों भी छीन लिए। उन्हें पिता के साथ भी अनेक कार्य करने पड़ रहे थे और कुछ बड़े होने पर अनेक नौकरियां भी करनी पड़ी। सत्रह वर्ष की उम्र में वे रेड क्रॉस में भरती हो गए और उनके चिकित्सकों की टीम के साथ एक वर्ष के लिए फ्रांस गए। वहां उन्हें फिर स्केच बनाने का मौका मिला। काम से फुर्सत मिलते ही वे वहां अपने साथियों के पोट्रेट बनाने लग जाते थे। परंतु इतने-मात्र से वॉल्ट का शौक कहां पूरा होना था? सो वापस आकर उन्होंने अपने इसी शौक को जीवन का सहारा बनाने की ठान ली। फिर तो अखबार में कार्टूनिस्ट की नौकरी भी की और एनीमेशन भी सीखा। अपने कई एनीमेशन स्टूडियो भी खोले, लेकिन एक या दूसरे कारणों से सभी बंद हो गए। फिर भी वॉल्ट हताश नहीं हुए। उन्हें अपने शौक व अपनी प्रतिभा दोनों पर विश्वास था। और आखिर 23 वर्ष के होते-होते वॉल्ट ने हॉलीवुड में ही हाथ आजमाने की सोच ली। निश्चित ही वहां कुछ भी आसान नहीं था। ...खासकर यह देखते हुए कि पास में पैसे न हों, और वहां कोई पहचान पूरता भी सहारा न हो। लेकिन वॉल्ट के शौक और प्रतिभा के सामने आखिरकार इतने बड़े हॉलीवुड को भी झुकना ही पड़ा। और इतिहास तो वह रचा गया जो किसी से छिपा नहीं है।

खैर! यह सब तो ठीक परंतु असली बात तो यहां से शुरू होती है। अब जबकि वॉल्ट के पास पैसों की कोई कमी नहीं थी और वे एनीमेशन किंग होने के नाते अपने ड्राइंग के शौक के सर्वोच्च शिखर पर भी बैठे ही हुए थे; बस जीवन के इस हसीन मोड़ पर उन्हें अपने ड्रीम की याद आई। ...जी हां ट्रेन की। बस उन्होंने एक विशाल फार्म खरीदकर वहां 1400 फीट लंबी ट्रेन की लाइन बिछाई और एक तमाम आधुनिक सुविधाओं से सज्ज ट्रेन उन पटरियों पर दौड़ा भी दी। वे अक्सर अपना डिनर चलती ट्रेन के डिब्बों में ही किया करते थे। उनकी यह ट्रेन पूरे हॉलीवुड में मशहूर हो गई। उस ट्रेन में डिनर करना हॉलीवुड की बड़ी-बड़ी

हस्तियों के बीच एक बड़ा सम्मान माना जाने लगा, परंतु वॉल्ट यहां भी नहीं रुके। उनका अपना सपना तो साकार हो गया था, परंतु संसार का क्या? उन्हें तो बचपन में खेलने का सुख नहीं मिला था, परंतु विश्व के बच्चे तो खेले। बस उन्होंने 160 एकड़ जमीन पर विशाल डिज्नीलैंड बना दिया। और डिज्नीलैंड विश्वभर के बच्चों के दिलों-दिमाग पे क्या महत्व रखता है, यह कहने की जरूरत ही नहीं।

सार: इसे कहते हैं, ना सिर्फ सपने देखना व पूरे करना, बल्कि उन्हें बांटना भी। अब यह पूरी दास्तान सुनने के बाद आप ही फैसला कीजिए कि मैं वॉल्ट को शौक पालने व सपने देखने का बादशाह क्यों न कहूं? अधिकतम संभावित विपरीत परिस्थितियों में से गुजरने के बावजूद उन्होंने अपने शौक व सपने दोनों के सर्वोच्च शिखर को छुआ। वॉल्ट की यह जीवनगाथा उनकी कर्मठता और उनके इरादे की दृढ़ता के साथ-साथ उनकी एकेन्द्रियता की ओर भी हमारा ध्यान आकर्षित कराती है। वाकई जीवन में यदि एक ही शौक पाला जाए या एक ही सपना देखा जाए और फिर पूरी कर्मठता से उसमें भिड़ा जाए तो कौन है जो वॉल्ट डिज्नी नहीं बन सकता है? बाकी तो हजार शौक पालने व हजार सपने देखनेवाले हम जैसों का हाल किसी से छिपा नहीं है।

33 पहले रोबो का रहस्य

रोबो की कहानी आज से लगभग 5000 वर्ष पूर्व इजिप्ट में शुरू हुई थी। हुआ यह था कि उस समय के इजिप्ट के धर्मगुरु आम जनता से बहुत-सी बातें मनवाना और करवाना चाहते थे। सो उन्होंने रूई, कपड़े व अन्य उपलब्ध पदार्थों से एक विशालकाय ढांचा तैयार करवाया, जिसका बाकी शरीर तो मनुष्य का था परंतु मुंह एक भेड़िए का था।

बस फिर उन्होंने अपने उस विशाल रोबो को रातोंरात बस्ती के मध्य खड़ा कर दिया और सुबह वहां भीड़ एकत्रित कर ली। योजनानुसार उस रोबो के पीछे एक धर्मगुरु पहले से छिपा हुआ था। उसने लोगों से वह सब कहना शुरू किया जो बाकी धर्मगुरु मिलकर लोगों से करवाना चाहते थे। और बेचारी भोली जनता इसे भगवान का आदेश मानकर करने को मजबूर हो गई।

सार: यह तो हुई रोबो के उत्पत्ति की दास्तान। परंतु यह छोटी-सी दास्तान दो बड़े गहरे पहलुओं पर रोशनी डालती है। पहला तो यह कि आज से 5000 वर्ष पूर्व के मनुष्य की I-Q दर्शाती है जो एक साधारण से रोबो के झांसे में आ गया था। यानी यह घटना इस बात को दर्शाती है कि लोगों ने मानसिक विकास भी क्रमशः ही प्राप्त किया है। और इस दास्तान का दूसरा महत्वपूर्ण पहलू यह कि धर्मगुरुओं द्वारा अपने फायदे के लिए लोगों का उपयोग करने की मानसिकता बड़ी पुरानी है; और जो उन्होंने आज तक नहीं छोड़ी है। जैसे-जैसे मनुष्य का मानसिक विकास हुआ है, उन्होंने भी नए-नए तरीके के आधुनिक रोबो खोजे ही हैं। फिर वह खोज उन्होंने नए भगवान को इन्ट्रोड्यूस करने के रूप में की हो, या फिर कोई नए विधि-विधान बताए गए हों।

उनके इन सारे पाखंडों के पीछे बात एक ही होती है कि आप अपनी मेहनत का कमाया सब उन्हें दे दो, क्योंकि उनका विश्व चलानेवाले से सीधा संपर्क है, वे आपका चढ़ाया उनके आदेश पर स्वयं भोगेंगे और बदले में आपके उद्धार की सिफारिश भगवान से कर देंगे। और लोग आज भी उनके झांसे में आ ही रहे हैं। आज की प्रबुद्ध जनता भी उनलोगों द्वारा चलाई जा रही "तुम्हारी मेहनत-हमारा उद्धार" की स्कीम में फंस ही रही है। इसका सीधा अर्थ यह हुआ कि चन्द जागरुकों को छोड़कर आज भी आम मनुष्य तो 5000 वर्ष के मानसिक विकास के बाद और विज्ञान की इतनी प्रगति के बावजूद भी, धर्मगुरुओं के बनाए नए-नए व आकर्षक रोबों के कहे का अनुसरण करने को मजबूर हैं ही।

और यह स्पष्ट ही है कि जब तक आम मनुष्य का धर्मगुरुओं के बनाए रोबो से छुटकारा नहीं हो जाता, तब तक सम्पूर्ण मनुष्यता के सुखी और सफल होने के सपने देखना बेकार है। बाकी तो आप सब समझदार हैं ही, सो सम्पूर्ण मनुष्यता के उद्धार के लिए कौन-सी इंडस्ट्री बंद करवाना जरूरी है, यह आप समझ ही गए होंगे।

34 स्टीव जॉब्स और चर्च का पादरी

स्टीव बचपन से ही बड़े शैतान, जिज्ञासु तथा दृढ़ इरादेवाले थे। और नटखट तो इतने थे कि बड़े-बड़े शैतान बच्चों को भी शरमा दे। लेकिन साथ ही संजीदा भी पूरे थे। और मैं उनके जीवन की जिस घटना बाबत बताने जा रहा हूँ वह घटना तब की है जब स्टीव तेरह वर्ष के थे। हुआ यह था कि एक दिन उनके हाथ में लाइफ मैगजीन की एक प्रति पड़ी जिसके मुखपृष्ठ पर दारुण कष्ट भोग रहे दो अफ्रीकन बच्चों की तस्वीर थी। यह देख किशोर स्टीव का हृदय द्रवित हो उठा। उन्हें यह बात ही नहीं जंची कि भगवान के होते-सोते इतने छोटे बच्चों को इतना कष्ट उठाना पड़े। बस वे वह मैगजीन लेकर सीधे चर्च के एक पादरी के पास पहुंच गए और उन्होंने उनसे सीधा सवाल पूछा- क्या भगवान सबकुछ जानता है?

वह पादरी बोला- हां, बेटा।

अबकी स्टीव ने वह मैगजीन उनके हाथ में थमाते हुए पूछा- तो क्या भगवान इन बच्चों का कष्ट भी जानता है?

पादरी बोला- बिल्कुल!

इसपर स्टीव ने क्रोधित होते हुए पूछा- तो फिर भगवान इनका कष्ट दूर क्यों नहीं कर देता?

अब पादरी क्या कहता? बस गोलमोल रटे-रटाए जवाब दे दिए। ...लेकिन होशियार स्टीव उससे कहां संतुष्ट होनेवाले थे? बस उस दिन के बाद उन्होंने चर्च जाना ही छोड़ दिया, क्योंकि उनको उनका उत्तर मिल चुका था।

सार: आदमी को अपनी तकदीर अपनी मेहनत व इंटेलिजेंस के बल पर स्वयं बनानी होती है। और उन्होंने "Apple" की स्थापना कर अपनी यह फिलॉसोफी सिद्ध भी कर दी। मैं ऐसे प्रज्ञावान स्टीव जॉब्स को सलाम करता हूँ और आपसे भी अपने जीवन को बढ़ाने हेतु ऐसी ही इंटेलिजेंस जगाने की गुजारिश करता हूँ, क्योंकि एक ही अनुभव हजार बार धोखा देने के बावजूद मनुष्य वही-की-वही बातें दोहराता रहता है, बस इसीलिए सुख व सफलता मनुष्य से इतना दूर-दूर भाग रही है।

35 कुत्ता-हड्डी-लार

कंडीशनिंग एक मनोवैज्ञानिक शब्द है, और जिसका अर्थ समझाने हेतु एक शानदार प्रयोग कई बार दोहराया गया। एक कुत्ते को नियमितरूप से संध्या समय एक चर्च के पास ले जाया जाने लगा, और ठीक सात बजे एकतरफ चर्च की घंटी बजाई जाने लगी व दूसरी तरफ उसी क्षण कुत्ते के आगे हड्डी डाली जाने लगी। अब "हड्डी देखकर लार टपकना" यह कुत्ते की स्वाभाविक क्रिया है, सो इसमें कोई खास बात भी नहीं। परंतु मुख्य बात यह कि पन्द्रह-बीस रोज तक यह संयोग नियमित रूप से पैदा करने पर कुत्ते की कंडीशनिंग हो गई। फिर ठीक सात बजे घंटी तो बजाई जाने लगी परंतु उसको हड्डी देना बंद कर दिया गया, लेकिन आश्चर्य यह कि बावजूद इसके घंटी की आवाज सुनते ही उसकी लार टपक पड़ती थी। ...यानी शुरुआती दौर में कुत्ते की जो लार हड्डी को देखकर टपकती थी, उसका कनेक्शन नियत समय पर घंटी बजाकर उसकी आवाज से बिठा दिया गया।

सार: बस, कुत्ते की ही तरह धर्म और समाज द्वारा मनुष्यों के मस्तिष्क की भी कंडीशनिंग कर दी गई है। जो आनंद, शांति, मस्ती, ज्ञान वगैरह उसकी स्वाभाविक उपलब्धि थी, उसका कनेक्शन लगातार की हेमरिंग कर-करके जाने किन-किन चीजों से बिठा दिया गया। अब धर्म, समाज या शिक्षा की घंटी से कोई भी व कैसी भी आवाज आती है कि मनुष्य दौड़ पड़ता है। बह यह देख ही नहीं पा रहा कि इनमें से किसी के द्वारा हड्डी नहीं परोसी जा रही। लेकिन जिन्होंने सदियों की इस कंडीशनिंग के बैरियर को तोड़कर भागना-दौड़ना बंद कर दिया है, जिनकी लार सिर्फ वास्तविक हड्डी देखने पर ही टपक रही है, वे आज भी दिन-ब-दिन सुख व सफलता के शिखर छू रहे हैं।

36 मच्छर और हाथी

करीब पांच हजार मच्छरों का एक झुंड अपने राजा के नेतृत्व में एक पेड़ की डाल पर रहता था। वे इतने नियमबद्ध थे कि सुबह सब खून

चूसने निकल जाते तो संध्या तक ही घर लौटते। और फिर रोज रात अपने परिवार व साथियों के साथ जश्न मनाते। एक-दूसरे को दिनभर के अनुभव भी सुनाते। कुल-मिलाकर इन मच्छरों का जीवनस्तर अन्य मच्छरों से काफी बेहतर था। और इसका पूरा श्रेय उनके राजा को जाता था; जिसने ना सिर्फ सबको एकत्रित किया था, बल्कि सबको साथ रहने के फायदे भी बताए थे और जीने के सलीके भी सिखाए थे। परंतु जल्द ही मच्छरों की तादाद दोगुनी हो गई और पेड़ की जिस शाखा के एक छिद्र में उन्होंने बसेरा बना रखा था वह छोटा पड़ने लगा। सो राजा ने दूरदृष्टि अपनाते हुए नए बसेरे में स्थानांतरित होना तय किया। निश्चित ही नया बसेरा खोजने की जवाबदारी राजा ने अपने कंधे पर उठा ली थी। बस फिर दिन-रात वह इसी कार्य में भिड़ गया था। जल्द ही उसकी निगाह एक हाथी पर पड़ी, और वह उसके कान से बड़ा आकर्षित हुआ। क्योंकि पेड़ की डाल के जिस छिद्र में वे लोग रह रहे थे, हाथी का कान उससे कई गुना बड़ा था। और दूसरा, पेड़ में हिलन-डुलन थी नहीं, जबकि हाथी के कान में ना सिर्फ एक घूमता-फिरता बल्कि विशाल राजमहल बनवाया जा सकता था। राजा को समझते देर न लगी कि इसका मजा ही अलग होगा। हाथी जहां-जहां घूमेगा, हमें भी घूमने को मिलेगा। सो कुल-मिलाकर मानना पड़ेगा कि राजा ने अपनी प्रजा के लिए श्रेष्ठ बसेरा खोज लिया था।

...अब उसने मन तो पक्का बना लिया था, परंतु मच्छरों के साथ वह शिफ्ट करे उससे पूर्व वह हाथी की मरजी जान लेना चाहता था। क्योंकि वह समझदार होने के साथ-साथ शिष्टाचारी भी पूरा था। अत: वह बिना हाथी की सहमति के उसके कान में बसेरा बनाना नहीं चाहता था। सो वह तत्काल हाथी के निकट जा पहुंचा और उसके कान में चिल्लाता हुआ बोला- सुन हाथी! मैं मच्छरों का राजा हूँ। तुझे यह जानकर खुशी होगी कि तेरा कान मुझे बहुत पसंद आ गया है और मैं उसमें हमारा राजमहल बनाना चाहता हूँ। मैं जानता हूँ कि यह तेरे लिए गौरव की बात है, फिर भी मैं तेरी इजाजत के बगैर तेरे कान में राजमहल बनाना नहीं चाहता हूँ।

लेकिन हाथी ने कोई जवाब नहीं दिया। मच्छर ने दो-तीन बार और पूछा, पर बात वहीं-की-वहीं रही। जब हाथी ने कोई जवाब नहीं दिया तो मच्छरों के

राजा ने हाथी के मौन को ही स्वीकृति मान लिया। उसने सोचा शायद वह हमारे आगमन की बात सुनकर इतना खुश हो गया है कि उसके मुंह से अल्फाज ही नहीं निकल रहे हैं। और यूं भी "मौनं स्वीकृति-लक्षणम्" की पुरानी परंपरा है। बस, मच्छरों के राजा ने सब मच्छरों के साथ हाथी के कान में रहना शुरू कर दिया। लेकिन जल्द ही मच्छरों की संख्या चार गुना हो गई। अब तो उन्हें हाथी का कान भी छोटा पड़ने लगा। सो एकबार फिर नए राजमहल की तलाश शुरू हुई और उसे खोज भी लिया गया। फिर तो देखते-ही-देखते हाथी के कान से प्रस्थान करने का समय भी आ गया। सारे मच्छर तो निकल गए, पर राजा कुछ देर वहीं रुका रहा। दरअसल वह हाथी का धन्यवाद किए बगैर जाना नहीं चाहता था। सो उसने हाथी के कान में चिल्लाते हुए कहा- सुन हाथी! मैं जानता हूँ कि हमारे जाने का तुझे बड़ा दुख होगा, पर क्या करें; तुम हमारी मजबूरी समझ सकते हो। जगह छोटी पड़ने लग गई, वरना हम तुम्हारा कान कभी न छोड़ते।

आश्चर्य कि इसबार भी हाथी ने कोई जवाब नहीं दिया। मच्छरों का राजा दो-तीन बार और जोर से चिल्लाया, पर कोई असर नहीं। हाथी ने पलटकर कोई उत्तर नहीं दिया। हाथी के इस व्यवहार से मच्छरों का राजा बुरी तरह चौंक गया। अपने अंतिम प्रयासरूप उसने पूरी ताकत से फिर चिल्लाते हुए हाथी के कान में कहा- सुन हाथी! हम काफी लम्बे समय से तेरे कान में रह रहे हैं, पर अब हमें जाना पड़ेगा। मैं जानता हूँ कि तू दुखी होगा पर हम क्या करें, हमारी भी मजबूरी है।

अबकी हाथी ने जबाब दिया। वह बोला- अच्छा, तो तुम लम्बे समय से मेरे कान में रह रहे हो और अब जा रहे हो! होगा, मुझे तो तुम्हारे रहने का पता ही नहीं चला। यह सुनते ही बेचारे राजा का तो पूरा नशा ही हिरण हो गया। उसकी किसी बात या कार्य की छोड़ो, उसके रहने तथा जाने तक का हाथी को कुछ पता नहीं।

सार: यही हमारे साथ होता है। परमात्मा इतना विशाल है कि वहां तक सिर्फ शुद्ध भावों की आवाज ही पहुंचती है। परंतु चूंकि वह हमें मुश्किल जान पड़ता है, इसलिए हम कभी उसकी पूजा करते, कभी मंदिर, मस्जिद या चर्च हो आते। कभी उपवास करते तो कभी उसे प्रसाद चढ़ाते। सालों यह करते, पर जब मन या जीवन पर इसका कोई सकारात्मक परिणाम नहीं आता तो रोते, चिल्लाते कि

हे ईश्वर! इतने सोमवार किए, हर शुक्रवार मस्जिद आया; पर तू है कि सुनता ही नहीं। जीवन से दुख-दर्द दूर करता ही नहीं। पर वहां से कोई प्रत्युत्तर नहीं आता। कभी जब बड़ी जोर से चिल्लाते तो कभी-कभार जवाब आ भी जाता है। परमात्मा कहता- अच्छा, तुम इतने सालों से चर्च जा रहे हो, मुझे तो पता ही नहीं! वो क्या है कि मेरे पास तो सिर्फ भावों की आवाज पहुंचती है। ...सो अब भी वक्त है, अच्छा होगा कि हम सम्भल जाएं। यह समझ ही लें कि शुद्ध भावों के अलावा अन्य किसी वस्तु द्वारा परमात्मा से कभी संपर्क स्थापित नहीं किया जा सकता है।

37 दयालु सेठ के जहाज

एक दयालु सेठ था। उसके पास जितना अपार धन था उसी मात्रा में उसका हृदय भी विशाल था। उसका प्रमुख व्यवसाय समुद्र में सामान यहां से वहां पहुंचाने का था। उसके अनेकों जहाज समुद्र में दौड़ते रहते थे। एक दिन उसको एहसास हुआ कि समुद्र में जहाजों की आवाजाही निरंतर बढ़ती जा रही है, और इन आने-जानेवाले जहाजों को अनेक तरीके की तकलीफों का सामना करना पड़ रहा है। मसलन, कभी इनका ईंधन खत्म हो जाता तो कभी भोजन, कभी दवाइयों की जरूरत आ पड़ती है तो कभी वस्त्रों व कंबलों की कमी पड़ जाती है। अब सेठ दयालु तो था ही, बस उन सबकी सहायता हेतु उसने अपने चार विशाल जहाज जीवन-जरूरियात के सभी सामानों से लैस कर समुद्र में दौड़ा दिए। ...उन चारों जहाजों पर एक-एक शांति-पताका भी लहरा दी गई ताकि वे जहाज दूर से ही पहचाने जा सकें। इन जहाजों का एक ही उद्देश्य था कि जिस किसी जहाज को जिन चीजों की जरूरत महसूस हो, बिना भेदभाव व पक्षपात के मुफ्त में प्रदान कर दी जाए। अब जहाज दौड़ाए ही इतने पवित्र उद्देश्य से गए थे कि जल्द ही समुद्र में दूर-दूर तक वे मशहूर हो गए। चारों ओर इस दयालु सेठ की जयकार हो गई।

लेकिन अच्छे-से-अच्छे कामों पर भी दुष्टों की नजर पड़ ही जाती है। बस एक दिन चार समुद्री लुटेरों की नजर इन जहाजों पर पड़ गई। नजर पड़ने की देर थी, उन्होंने जहाजों को लूटने की ठान ली। ...और जल्द ही लूट भी लिए।

लूटते ही सबने आपस में एक-एक जहाज और उसकी सामग्री बांट ली। बंटवारा होते ही सबने अपने-अपने साथी लुटेरे अपने जहाजों पे चढ़ा दिए। तभी एक लुटेरे की नजर जहाज पे लगी पताकाओं पर पड़ी। उसने तुरंत पूछा कि इनका क्या किया जाए? सवाल सुनते ही एक लुटेरा बोला- पताका से ही जहाज की पहचान होती है, अत: हम सिर्फ अपनी पहचान के लिए उस पे अलग-अलग छोटा-सा निशान बना लेते हैं। चलो, यह भी तय हो गया। फिर क्या था, सबकुछ तय होते ही तथा बंटवारा निपटते ही सबने अपनी-अपनी राह पकड़ ली। जल्द ही सबने अपने-अपने निशान भी पताकाओं पे बनवा लिए। ...लेकिन यहीं आकर मामले ने पेचीदगी पकड़ ली। लुटेरों की उड़ के लग गई और सामान्य जहाजवालों की शामत आ गई। बेचारे जहाज पे लगी पताका देख सहायता लेने पास आते, और लूट लिए जाते। समुद्र में हाहाकार मच गया।

सार: ...बस ऐसा ही हाहाकार संसार में मचा हुआ है। यहां भी क्राइस्ट, बुद्ध, कृष्ण व मोहम्मद के करुणा, प्रेम, ज्ञान व भावना से भरे जहाज लूट लिए गए हैं। पताका तो उन्हीं की है, परंतु अधिकांशों पे आज लुटेरे सवार हो गए हैं। हम ज्ञान व करुणा की उम्मीद में हाथ बढ़ाते हैं और ये लोग हमारे हाथ ही काट लेते हैं। अब भी समय है, समझो व सम्भलो तो अच्छा है। वरना एक दिन ये लुटेरे सबकुछ लूट लेंगे और आपके जीवन में दुख व चिंता के सिवाय कुछ नहीं रहने देंगे। एक बात स्पष्ट समझ लो कि इन महान लोगों से हमारे दो ही रिश्ते हो सकते हैं; एक तो हम इन्हें अपने हृदय में बिठा सकते हैं, फिर हमें मंदिर-मस्जिद-चर्च जाने की जरूरत ही नहीं। दूसरा उनके ज्ञान से भरे संदेशों से अपने मन में परिवर्तन लाकर उन जैसी मानसिक ऊंचाइयां छूने के मार्ग पे निकल सकते हैं। ...बाकी तो उनके नामपर हम इसके अलावा जो कुछ भी कर रहे हैं, उससे हमारा शोषण ही हो रहा है।

38 सूफी फकीर और अड़ियल शिष्य

एक अड़ियल युवा ज्ञान की खोज में ज्ञान लेने हेतु एक फकीर के यहां पहुंच गया। प्रथम दिन तो ठीक पर दूसरे दिन जब उसकी शिक्षा प्रारंभ

हुई तो फकीर ने उससे एक ही बात कही कि तुम इस पेड़ के नीचे एकान्त में बैठ जाओ। फिर जो विचार आते हैं उन्हें आने दो। पेड़ के नीचे बैठने से थक जाओ और उठने की इच्छा हो तब उठ जाओ। जब भूख लगे तो खाना खा लो, सोने की इच्छा करे तो सो जाओ। टहलने की इच्छा जागे तो टहल आओ, और इस दरम्यान मन कभी किसी बाबत सवाल करने का करे तो मेरे पास चले आना।

बात शिष्य के समझ में तो नहीं आई परंतु उसने गुरु के कहे अनुसार अपनी सायकोलॉजिकल हैपनिंग के साथ बहना शुरू कर दिया। दो-एक दिन तो वह यह सब करता रहा परंतु फिर तीसरे दिन वह जिज्ञासा लिए फकीर के पास पहुंच गया। उसने फकीर से कहा कि आपने जो कहा वह तो मैंने किया, परंतु यह सब भी कब तक? मैं तो यहां ज्ञान पाने आया हूँ।

फकीर ने कहा- बात तो तुम्हारी ठीक है, लेकिन मैं इससे ज्यादा कुछ जानता नहीं। साथ में यह भी कह दूं कि अपनी सायकोलॉजी के साथ बहते सीखने के अलावा कोई दूसरा ज्ञान होता भी नहीं हैं। खैर, तुम सिर्फ यह बताओ कि इन दो दिनों में तुम्हें कोई कष्ट हुआ?

शिष्य बोला- कष्ट तो कुछ नहीं हुआ।

फकीर ने पूछा- अच्छा यह बताओ कि इन दो दिनों के दरम्यान तुम कुछ नई ऊर्जा से भरे?

शिष्य एक क्षण को तो सोच में पड़ गया। तत्क्षण उसने अपने बीते दो दिनों पर गौर किया। वाकई इन दो दिनों में उसकी स्फूर्ति पहले से कई गुना बढ़ गई थी। उसने तुरंत फकीर के चरण छूते हुए कहा- वाकई पिछले दो दिनों में कष्ट कोई नहीं हुआ और ऊर्जा अनेकों गुना बढ़ गई।

फकीर ने कहा- बस तो फिर तुम्हें ज्ञान क्यों चाहिए? ज्ञान का मकसद ही कष्टों से छुटकारा पाना है। और ज्ञान की गरिमा ही मनुष्य को ऊर्जा से भर देने में है। और एकसाथ ये दोनों बातें सिर्फ अपनी सायकोलॉजिकल हैपनिंग के साथ जीने से ही संभव है। थोड़ा सोचो, यदि तुम्हें ज्ञान की चाह न होती तो इन दो दिनों में क्या होता? ...तुम बादशाह ही हो जाते। क्योंकि इस ज्ञान की चाह के अलावा इन दो दिनों में सबकुछ तुम्हारे मन मुताबिक ही चला था। अर्थात् ज्ञान की चाह न होती तो तुम आनंद के शिखर पर पहुंच चुके होते।

सार: यहां-वहां ध्यान बंटाने की जगह तथा बड़ी-बड़ी खोजों व ज्ञान में जीवन बर्बाद करने के बजाए यदि मनुष्य अपने मन और शरीर की सामान्य क्रियाओं की सामान्य चाहें पूरी करते सीख जाए तो वह ज्यादा सुखी और सफल हो सकता है। अपनी सामान्य चाहों व क्रियाओं की कुर्बानी देकर मनुष्य ने ना तो कभी कुछ पाया है, और ना ही कभी कुछ पा सकता है।

39 संन्यासी और बिच्छू

बात बनारस के गंगा घाट की है। एक दिन एक संन्यासी अपने कुछ शिष्यों के साथ नदी किनारे ध्यान करने बैठे हुए थे। अचानक कहीं से एक बिच्छू आया और उसने संन्यासी को काट खाया। उधर संन्यासी ने बिच्छू के काटने पर तो ध्यान नहीं दिया, परंतु उल्टा उस बिच्छू को कपड़े के सहारे वापस पानी में छोड़ आए। और फिर वापस ध्यान करने बैठ गए। वहां कुछ देर बाद वह बिच्छू फिर पानी से निकला और वापस संन्यासी को उसी पांव पे काट खाया। संन्यासी फिर उसे पानी में छोड़ आए। हालांकि संन्यासी के पांव में अब दर्द काफी होने लगा था। यहां तक तो ठीक, परंतु फिर तो बिच्छू और संन्यासी द्वारा यह क्रम तीन-चार बार और दोहराया गया। उधर संन्यासी का पांव भी अब पूरी तरह नीला पड़ चुका था। क्योंकि वह बिच्छू बार-बार उन्हें एक-की-एक जगह काट रहा था। यह देख शिष्य चिंतित हो उठे। वे संन्यासी के व्यवहार से हैरान भी थे। कुछेक क्रोध से भी भर गए थे। और आखिर उनमें से एक बोल भी पड़ा- यदि यह बिच्छू फिर आया तो उसे मार डालेंगे।

संन्यासी ने तुरंत उसे शांत करते हुए कहा- क्या मुझे एक बिच्छू से हराओगे? यदि वह अपनी काटने की सायकोलॉजी नहीं छोड़ रहा है, तो मैं अपनी बचाने की सायकोलॉजी कैसे छोड़ दूं?

सार: बस यही बात सबको समझने की है। जो मनुष्य दूसरों को देख या अन्य बाहरी कारणों से अपनी प्रकृति बदल देता है, उसकी प्रकृति में स्थिरता नहीं कही जा सकती है। और जिसकी प्रकृति में स्थिरता नहीं, वह अपने बाबत कोई दावा कभी नहीं कर सकता है। फिर भी हरकोई चौबीस घंटे अपने बाबत न सिर्फ

हजार ओपीनियन देता है बल्कि सज्जन, सीधा, सरल व धार्मिक होने का दावा भी करता ही रहता है। ...लेकिन जरा-सा छेड़ो कि सज्जनता और धार्मिकता के सारे दावे पलभर में जमीन में ध्वस्त हो जाते हैं। और कभी कोई ज्यादा अहंकारी या होशियार हो व बाहर न भी निकाले तो भी किसी के जरा-सा छेड़ने पर उसके भीतर तो राक्षस का आगमन हो ही जाता है। अब ऐसा अस्थिर प्रकृति का मनुष्य चाहे जो व चाहे जैसा दावा करे, सुखी व सफल नहीं हो सकता है।

40 मुझे धोखा मत दो... खुद धोखा खा जाओगे –क्राइस्ट

मैं क्राइस्ट, एकबार एक गांव से गुजर रहा था। वहां बगल के ही एक खेत में मैंने एक किसान को बैल हांकते देखा। आश्चर्य यह कि वह बैलों को हांक भी रहा था और उन्हें गालियां भी दिए जा रहा था। मुझे उसका इस तरह बेजुबान पशुओं को गाली देना अच्छा नहीं लगा। इसलिए पास जाकर मैंने उसे प्रेम से उसकी गलती समझाई। सीधा किसान था, बेचारे ने तुरंत अपने व्यवहार के लिए क्षमा मांग ली। यही नहीं, उसने आइन्दा अपने बैलों को गालियां नहीं देने का वचन भी दिया।

खैर, मैं उस दिन तो उसे समझाकर चलता बना, परंतु करीब छः माह बाद मेरा फिर उस गांव से गुजरना हुआ। अबकी मैंने दूर से ही उस किसान को अपने खेत में बैलों को हांकते देखा। आश्चर्य यह कि वह अब भी बैलों को जोर-जोर से गालियां देकर ही हांक रहा था। मैं बड़ा दुखी हुआ, सो सीधे उसकी तरफ का रुख किया। उधर जैसे ही मैं उसके निकट पहुंचा कि उसने भी मुझे देखते ही पहचान लिया। थोड़ा घबराया भी, लेकिन जल्द ही सम्भलते हुए बैलों को संबोधित करता हुआ बोला- मेरे प्यारे बैलों! मैंने अभी जो तुम्हें गालियां दीं, वैसी ही मैं क्राइस्ट से मिलने से पूर्व तुम्हें दिया करता था। बस आज तो मैंने तुम्हें उन गालियों की याद दिलवाई। सो मेरे बच्चों! क्राइस्ट का धन्यवाद मानो जो तुम्हें गालियां सुनने से छुटकारा मिल गया।

निश्चित ही वह यह सब मुझे सुनाने हेतु ही कह रहा था। मैंने उससे इतना ही कहा- यह सब नाटक कर तुम न मुझे धोखा दे रहे हो न इन बैलों को; अंतिम

धोखा तुम अपने-आपको ही दे रहे हो। और आज वही बात मैं तुमसे भी कह देता हूँ। यह चर्च जाकर, बाइबल पढ़कर, क्रिसमस मनाकर आप मुझे याद करने के जिस भ्रम में डालने की कोशिश कर रहे हैं, उससे मैं तो जरा-सा भी भ्रमित नहीं हो रहा हूँ परंतु इन सब चक्करों में आपलोग मेरे बाबत जरूर भ्रमित हो चुके हैं। सो, आपके जीवन के लिए बेहतर होगा यदि आपलोग मुझे भ्रमित करने की कोशिश करने के बजाए मेरी बातों और मेरे जीवन-दर्शन को अपनाने की कोशिश करें। ...आपका उद्धार हो जाएगा।

सार: दरअसल सबके भीतर उनकी "आत्मा" उनका कोन्शियस और उनका द्रष्टा बनकर बैठी ही हुई है। झूठ बोलते वक्त या असत्य में जीते वक्त शायद आप दूसरों को भ्रमित कर लेते हो, परंतु स्वयं को तो अपने झूठ व असत्य का पता चल ही जाता है। और आपकी जवाबदेही अपनी आत्मा के प्रति है, जब उससे कुछ छिपता नहीं, जब उसको धोखा दिया जा सकता नहीं, तो फिर अकारण बाहरी लोगों से छिपाने या उन्हें धोखे में रखने का क्या तुक?

41 यह भी कोई इलाज हुआ?

एकबार एक हँसता-खेलता नवयुवक अचानक कुछ उदास रहने लगा। कुछ दिन तो ठीक, पर जब यह दौर थोड़ा लंबा चला तो उस युवक के घरवालों को चिंता पकड़ ली। लेकिन उनके लाख पूछने पर भी वह युवक खुलकर कुछ बताने को तैयार नहीं हुआ। आखिर मां-बाप ने थककर एक धर्मगुरु का आसरा लिया। बच्चे को लेकर उसके दर पर जा पहुंचे। धर्मगुरु ने युवक से एकान्त में उसकी उदासी का रहस्य जानना चाहा। उस युवक ने उनसे स्पष्ट कहा कि आजकल उसे लड़कियों से मित्रता करने के बुरे-बुरे खयाल आते हैं। बस इतना सुनते ही धर्मगुरु ने अपना आपा खो दिया और उसे खूब खरी-खोटी सुनाई। यही नहीं, लगे हाथों उसे कई धार्मिक विधियां भी सुझा दीं।

लेकिन उससे होना क्या था? उल्टा युवक और आत्मग्लानि से भर गया। उसकी उदासी और बढ़ गई। क्योंकि धार्मिक विधियों से लड़कियों के ख्याल तो तिरोहित होने से रहे? सो, भीतर तो वे सब चलते ही रहे। और यह बात बहुत

बुरी है, यह उसे धर्मगुरु भी समझा ही चुके थे। बस यह बात उसे और बुरी तरह अखरने लगी। आखिर उसकी बिगड़ती हालत से परेशान मां-बाप अबकी उसे एक सायकेट्रिस्ट के पास ले गए। सायकेट्रिस्ट तो उसकी समस्या सुनते ही हँस दिया। और फिर हँसते-हँसते बोला- यह तो बड़ी स्वाभाविक इच्छा है। यदि इस उम्र में उसे लड़कियों के खयाल न आ रहे होते तो मैं अवश्य उसका इलाज करता, लेकिन यह तो नॉर्मल केस है। सायकेट्रिस्ट के मुख से यह सुनते ही युवक फिर हँसता-खेलता हो गया।

सार: इलाज करवाने से पहले, यानी स्वयं को मानसिक बीमार समझने से पूर्व, एकबार स्वयं यह अच्छे से समझ लेना जरूरी है कि क्या वाकई आप जिसे मानसिक विकृति समझ रहे हैं, वह वास्तव में मानसिक विकृति है भी या नहीं। क्योंकि अक्सर मनुष्य स्वयं को दूसरे की निगाह से देखता है; और दूसरे तो तरह-तरह की राय रखनेवाले होते ही हैं। लेकिन जीवन की स्वाभाविक प्रक्रिया या स्वाभाविक खुशियों में तो कुछ बुराई होने का सवाल ही नहीं। और फिर हर मनुष्य की स्वाभाविक खुशियां अलग-अलग हो ही सकती हैं। सो, कुल-मिलाकर अकारण के गिल्ट मत पालें, गिल्ट गहरे हो जाते हैं तो अनेक शारीरिक व मानसिक बीमारी पैदा करने लगते हैं।

42 पादरी का पाखंड

जीसस का यह प्रसिद्ध कथन आपको शायद याद ही होगा कि ''कोई तुम्हारे एक गाल पर चांटा मारे तो तुरंत दूसरा गाल उसके सामने धर देना।'' अब इसका अर्थ क्या है और ऐसा कहने के पीछे छिपी जीसस की भावना क्या है, यह समझाने की किसी को कोई आवश्यकता नहीं।

लेकिन यह बात पादरियों को कौन समझाए? सो, एक दिन जीसस के इस सूत्र ने बड़ा ही कमाल सीन जमा दिया। हुआ यह कि उस दिन एक पादरी चर्च में जीसस के इसी सूत्र पर प्रवचन देनेवाला था। इस होनेवाले प्रवचन का प्रचार-प्रसार भी बड़े जोरों से हुआ था। यह तो ठीक, पर एक उपद्रवी को यह बात समझ में नहीं आई। कोई चांटा मारे तो मैं दूसरा गाल कैसे धर सकता हूँ? उसने

सोचा...होगा, एकबार चलकर ही देख लिया जाए। सो वह भी समय से चर्च में तैयार होकर पहुंच गया।

वहां नियत समय पर पादरी ने अपना प्रवचन प्रारंभ किया। उपदेश उसने वाकई बड़ा ही मार्मिक दिया था। और सूत्र के बखान तो ऐसे किए थे मानो यह सूत्र उन्हीं के जहन से निकला हो। एक बार को तो उसका शानदार प्रवचन सुन वह उपद्रवी भी चौंक गया, लेकिन फिर भी था वह बड़ा पक्का। उसने सोचा, कह तो पादरी ठीक ही रहा है परंतु क्यों न तसल्ली ही कर ली जाए। इसमें हर्ज ही क्या है?

बस प्रवचन खत्म होते ही वह पादरी के पास पहुंच गया और वहीं सबके सामने दनदनाते हुए उसने उस पादरी के गाल पर एक चांटा धर दिया। पादरी तो भीतर तक उबाल खा गया। भीड़ भी स्तब्ध रह गई। हालांकि पादरी होशियार था, वह जानता था कि अभी-अभी ही उसने प्रवचन दिया है, सो गड़बड़ तो नहीं ही करनी है। उसने तत्क्षण मुस्कुराते हुए दूसरा गाल आगे धर दिया।

यह देख एकबार को तो उस उपद्रवी को कुछ समझ में आना ही बंद हो गया, लेकिन जल्द ही सम्भल भी गया था। वह भी उतना ही पक्का था। उसने सोचा जब तसल्ली करनी ही है तो पूरी तरह क्यों न कर ली जाए? ...आधा काम अच्छा नहीं होता। उसने दूसरे गाल पर और कसके एक चांटा जड़ दिया। ...अबकी पादरी से नहीं रहा गया, उसने उसे खूब पीटा। वह उपद्रवी चिल्लाता रह गया कि अभी-अभी तो तुम जीसस का सूत्र बता रहे थे, और अब ऐसी हिंसा!

उधर उसको पीटते-पीटते ही पादरी बोला- जीसस ने जो कहा था उसका मैंने पालन भी किया। मैंने दूसरा गाल धरा भी, परंतु उसके बाद क्या करना इसकी जीसस ने कोई चर्चा नहीं की है।

सार: दरअसल मनुष्यजीवन सिवाय मन के और कुछ नहीं है। और मन का गणित एकदम साफ है, वहां कोई चीज मानने या न मानने में कोई बुराई नहीं है, परंतु जो है उससे विपरीत दिखाने की कोशिश मन की सारी विकृतियों की जड़ है। उसका यह विपरीत दिखाना, या फिर जो है उससे बेहतर दिखने की होड़ में पड़ना; यह सब उसकी बुद्धि की उपज है। यदि आप मानसिकरूप से स्वस्थ रहना चाहते हैं तो अपने मन को स्वतंत्र उड़ान भरने दो, बुद्धि का किया हर इन्टरफियर आपको भारी पड़ेगा। यदि आज मनुष्य इतना विकृत है तो उसमें उसकी इस प्रोसेस

का सबसे बड़ा हाथ है। लेकिन इस प्रोसेस को रोकने हेतु आपको पहले अपने मन और बुद्धि का फर्क जान लेना अति-आवश्यक है। ...और यह समझ ही लें कि यह फर्क जाने बगैर कोई मनुष्य कभी सुखी या सफल नहीं हो सकता है। लेकिन वर्तमान संदर्भ में एक मोटामोटी फर्क मैं समझा देता हूँ। मन यदि कोई चीज मानेगा, समझेगा या करेगा तो गहराई के साथ, लेकिन बुद्धि को गहराई से कोई लेना-देना नहीं। वह सब ऊपरी तौरपर करने में माहिर होती है।

43 ज्ञान इसी का नाम है

एक दिन बुद्ध प्रवचन दे रहे थे कि एक व्यक्ति जो कि काफी मोटा था और भोजन की अति से परेशान था, ने बुद्ध से दीक्षा देने की गुजारिश की। बुद्ध ने कहा- दीक्षा वगैरह बाद में देखेंगे; पहले तुम सात रोज का उपवास रखो, फिर आकर दीक्षा लेना।

ठीक है, वह तो चला गया, लेकिन हुआ ऐसा कि उसी दिन कुछ देर पश्चात एक मरियल व्यक्ति आया और उसने भी बुद्ध से दीक्षा लेने की इच्छा जाहिर की। बुद्ध ने उसको ऊपर से नीचे तक देखा, फिर मुस्कुराते हुए बोले - दीक्षा तो तुझे तेरे समय पर मैं दे ही दूंगा, परंतु पहले तू दिन में चार बार डट के खाना खा। ...वह तो "जैसी आज्ञा" कहकर चला गया, परंतु बुद्ध के पास बैठा उनका शिष्य आनंद बुरी तरह चौंक गया। उससे रहा न गया और उसने बुद्ध से पूछा- प्रभु, यह रहस्य क्या है? दीक्षित होने के लिए आप एक को उपवास का कह रहे हैं और दूसरे को डटकर खाने की सलाह दे रहे हैं। आखिर ज्ञान पाने का सम्यक मार्ग क्या है?

यह सुनते ही बुद्ध बड़ी गंभीर मुखमुद्रा बनाते हुए बोले- आनंद! मैंने इनमें से एक भी बात तुमसे कही है? नहीं न, तो फिर यह स्पष्ट समझ लो कि तुम्हारा इन बातों से कुछ लेना-देना नहीं। मैंने उन दोनों को जो भी कहा वह उन दोनों की तात्कालिक जरूरत देखते हुए कहा। सो, तुम जो कर रहे हो, करते रहो।

सार: यह स्पष्ट तौरपर समझ लो कि धर्म का उद्देश्य मनुष्य के जीवन को आनंद, शांति और मस्ती से भरना है। और उस हेतु सीधे-सीधे तौरपर सारे ज्ञानी दो प्रकार की बातें करते हैं। एक "समय का सत्य" जो एक व्यक्ति विशेष से कहा

गया हो या किसी वक्त विशेष पर कहा गया हो। ये दोनों सत्य स्थायी कतई नहीं, व्यक्ति या वक्त के बदलते ही कही गई बात निरर्थक हो जाती है। जैसे कि बुद्ध उपरोक्त कहानी में व्यक्ति विशेष को कह रहे हैं। दूसरा होता है "सनातन-सत्य" जो हर समय हर व्यक्ति के लिए लाभदायी होता है, जैसे बुद्ध का सर्वाधिक चर्चित वक्तव्य "अपने दीप स्वयं बनो"। ...अर्थात् मनुष्य हो तो आसरे व आश्वासन खोजने की बजाए अपनी मेहनत व बुद्धिमानी से अपनी मंजिल स्वयं सर करो। लेकिन दुर्भाग्य से ज्ञानियों द्वारा कहे गए सनातन सत्यों पर कोई ध्यान नहीं देता है, और समय के सत्यों को आज भी कंधे पर सब ढोए चले जा रहे हैं। सच कहा जाए तो यही मनुष्य की बर्बादी का सबसे बड़ा कारण है। होगा, आप समझदार हैं और उम्मीद करता हूँ कि आप ज्ञानियों द्वारा कहे गए सनातन सत्यों और समय के सत्यों का भेद जानकर जीवन को सही दिशा देंगे।

44 समय पे यहां सब कीमती

एक व्यक्ति ने घरवालों की समझाइश व बढ़ती उम्र के दबाव में आकर अपने से डेढ़ गुनी मोटी लड़की से विवाह कर लिया। यहां तक तो ठीक पर हुआ कुछ ऐसा कि विवाह के दो ही वर्ष में उसका वजन 40 किलो और बढ़ गया। स्वाभाविक रूप से दोनों की जोड़ी बड़ी अटपटी लगती थी। बस इस बात को लेकर अक्सर पति अपनी पत्नी पे क्रोध भी करता रहता और कटाक्ष कसने का तो एक मौका कभी नहीं चूकता था। बस ऐसे ही दोनों के दाम्पत्य जीवन की गाड़ी घसीटे खा रही थी। पति चाहता था पत्नी का वजन घटे, और पत्नी लाख प्रयत्न के बावजूद अपना वजन नहीं घटा पा रही थी। इस कारण धीरे-धीरे पति को वह किसी काम की नजर नहीं आ रही थी।

खैर, दोनों के दरम्यान यह दुराव चल ही रहा था कि एक दिन ऐसा हुआ कि रात को घर में कुछ चोर घुस आए। और आते ही बड़ी बेफिक्री के साथ अलमारी खोलकर उसमें से सारे गहने व कैश लेकर जाने लगे। इसी दरम्यान आवाज से दोनों की नींद खुल गई। लाइट चालू कर देखा तो दो चोर लूटा सामान एक थैली में भर रहे थे। पत्नी ने तो आव देखा न ताव तुरंत दौड़कर दोनों चोरों को

धक्का मारा। गहनों व कैश की थैली तो दोनों के हाथ से छूटी-ही-छूटी, वे दोनों भी धड़ाम से जमीन पर गिर पड़े। बस दोनों को साथ जमीन पर पड़ा देख पत्नी ने आव देखा न ताव, दोनों के ऊपर चढ़कर बैठ गई। और फिर तत्काल पति को भागकर पास के पुलिस स्टेशन से पुलिस को बुला लाने को कहा। पति जाने हेतु यहां-वहां अपनी स्लीपर खोजने लगा। यह देख पत्नी जोर से चिल्लाई- फटाफट जाते क्यों नहीं हो?

पति ने कहा- बस जा ही रहा हूँ, पर स्लीपर नहीं मिल रही है।

यह सुन एक चोर बड़ी मिमियाई हुई आवाज में निवेदन करते हुए बोला- भाई! नंगे पांव ही चले जाओ, पर जल्दी से पुलिस को बुला लाओ। ...ऐसा न हो इतनी देर हो जाए कि आपकी पत्नी के वजन से ही हमारी जान निकल जाए।

सार: मनुष्य कोई भी हो व कैसा भी हो, अपने समय पर यहां हरकोई महत्वपूर्ण है ही। इसलिए अकारण किसी में दोष निकालते रहना या बार-बार टोककर किसी व्यक्ति की किसी भी कारण से इन्सल्ट करते रहना ठीक नहीं। किसी को भी हीन समझने से पूर्व इतना तो समझ ही लेना चाहिए कि मनुष्य चाहे जैसा हो, अपने-आप में कुदरत की सबसे कीमती धरोहर है। और इसी उदाहरण में देखो, ऐन वक्त पर पत्नी का वो ही मोटापा काम आया जिसे पति बोझ समझ रहा था।

45 क्रोध कहीं ऐसे दबता है?

एक संयुक्त परिवार में दो भाई रहते थे और दोनों की उम्र में करीब पन्द्रह वर्ष का फासला था। बड़ा भाई चूंकि नौकरी करता था, सो संध्या में थके हुए ही घर आता था। उधर छोटा, जो अभी बच्चा था, को भैया के घर लौटते ही शरारतें सूझती थीं। अब उसकी शरारतों पर बड़े भाई को क्रोध तो बहुत आता था परंतु बुजुर्गों के डर से वह अपना यह क्रोध दबा जाता था, छोटे भाई को कभी डांटता नहीं था।

लेकिन एक दिन मामला उल्टा हो गया। भाई जब ऑफिस से घर आया तो घर पर सिवाय उसके छोटे भाई के और कोई नहीं था। उधर चूंकि घर पे कोई

नहीं है और भैया ऑफिस से थके-हारे आए हैं, यह सोचकर छोटे भाई ने तत्काल बड़े भाई को पानी वगैरह के लिए पूछा। परंतु इधर बड़े भाई के दबे क्रोध के लिए तो आज से बढ़कर सुनहरा अवसर हो ही नहीं सकता था। बस पानी का पूछने पर भी उसने अपने छोटे भाई को पीट दिया। भला क्यों? बस, वर्षों से दबे पुराने क्रोध को आज बरसने का मौका मिल गया था।

सार: यही होता है, जिस व्यक्ति के विरुद्ध आप क्रोध दबाएंगे वह भी निकलेगा तो उस व्यक्ति पर ही। हां, गलत वक्त पर और बगैर कारण के। ...यानी विकृत होकर। तो फिर क्रोध दबाने का फायदा क्या हुआ? ऐसे बेवक्त के क्रोध निकाल-निकालकर ही तो लोगों के आपसी रिश्तों में खटास आ गई है।

समझते क्यों नहीं कि प्रकृति के सारे नियम मनुष्यों पर भी लागू हैं ही। प्रकृति का यह नियम है कि यहां एक कण मिटाने या पैदा करने की सत्ता किसी को नहीं है, और यही बात मनुष्य के क्रोध पर भी उसी सिद्दत से लागू है। फिर भी गलत शिक्षाओं के कारण मनुष्य मौके-बेमौके, आवश्यक हो-न-हो, अपना क्रोध दबाता ही रहता है; और फिर वही दबा हुआ क्रोध एक दिन विस्फोट बनकर निकलता है। यह सत्य जान ही लो कि यही मनुष्यों के आपसी रिश्तों में पनप रही गलतफहमियों का कारण है।

46 मनुष्य स्वतंत्र है या बंधा हुआ...?

पुराने जमाने की बात है जब भारत में गुरु-शिष्य परंपरा हुआ करती थी। प्राय: उन दिनों बच्चे गुरुकुल में रहकर ही शिक्षित हुआ करते थे। अक्सर इन गुरुकुलों में हफ्ते में एकाध बार प्रश्नोत्तर सेशन भी हुआ करता था। एक दिन ऐसे ही एक गुरुकुल में प्रश्नोत्तर सेशन के दरम्यान एक शिष्य ने गुरु से प्रश्न किया, क्या मनुष्य पूर्ण स्वतंत्र है?

गुरु ने कहा- हां।

यह सुन दूसरे शिष्य ने सवाल किया- क्या मनुष्य बिल्कुल बंधा हुआ नहीं है?

गुरु ने कहा- है।

अब करीब बारह शिष्य उस समय गुरुकुल में पढ़ रहे थे। सब-के-सब बुरी तरह चौंक गए। गुरु "मनुष्य स्वतंत्र है" में भी हां कह रहे हैं व "बंधन है" उसमें भी हां कह रहे हैं। सो, एक तीसरे शिष्य ने इस बात का रहस्य जानना चाहा।

गुरु ने तुरंत हँसते हुए उसी शिष्य को ऊपर बुलवाया, और फिर उसको सब शिष्यों के सामने मुंह करके खड़ा होने को कहा। जैसे ही वह खड़ा हो गया, गुरु ने अगली आज्ञा दी; एक पांव ऊपर कर दो।

...शिष्य ने दायां पांव ऊपर कर दिया। गुरु ने चन्द सेकन्ड बाद दूसरी आज्ञा दी- अब दूसरा पांव ऊपर करो। ...प्रश्न ही नहीं उठता था।

सबकी हँसी के बीच गुरु ने कहा- यही मनुष्यजीवन है। पहला स्टेप भरने हेतु वह पूर्ण स्वतंत्र है। यह शिष्य भी जब मैंने कहा कि एक पांव ऊपर करो तब दाएं की जगह बायां भी ऊपर कर सकता था, या पांव ऊपर उठाने से इन्कार भी कर सकता था, परंतु जैसे ही उसने दायां पांव ऊपर किया कि वह बंध गया। बस यही जीवन का खेल है, मनुष्य कर्म करने हेतु स्वतंत्र है, परंतु कर्म करते ही वह उसके फल से बंध जाता है।

47 आंतरिक व्यक्तित्व नहीं तो सब बेकार

बैंक का एक रिटायर्ड एम.डी. था। और जब वह रिटायर्ड एम.डी. था तो जाहिर है उसके बाहरी व्यक्तित्व में कोई कमी होने का सवाल ही नहीं उठता था। उसकी इकलौती लड़की की शादी की बातचीत एक बहुत बड़े औद्योगिक घराने में चल रही थी। आज संध्या पांच बजे उसे सबकुछ तय करने जाना था। वह घर से नियत समय पर निकल पड़ा था। निश्चित ही आज का दिन उसके जीवन का सबसे शुभ दिन साबित हो सकता था। वह बड़ा उत्साहित व प्रफुल्लित भी था। यही हाल पूरे परिवार का भी था। और जिस लड़की की शादी होनी थी, उसका तो पूछो ही मत। उसके तो पांव ही जमीन पर नहीं पड़ रहे थे। हालांकि इन पूरी खुशियों का दारोमदार लड़के के परिवारवालों से आज संध्या होनेवाली मीटिंग पर ही निर्भर था। और चूंकि सवाल लड़की के भविष्य का था, सो खुशी के साथ कहीं-न-कहीं इस मीटिंग को लेकर कुछ चिंता का वातावरण

भी बना हुआ था। स्वाभाविक तौरपर बात नहीं बनी तो? खैर, ऐसे ही वातावरण में वह नियत समय पर घर से मीटिंग हेतु निकल पड़ा। सभी ने बड़े उत्साहपूर्वक उन्हें विदा किया।

कहने की जरूरत नहीं कि उनके जाने के पश्चात घर के सदस्यों को उनके वापसी का बेसब्री से इन्तजार था। लेकिन कुछ ऐसा हुआ कि वे छः बजे ही लौट आए, और वह भी काफी क्रोधित अवस्था में। घर में किसी को बात समझ में नहीं आई। ...क्या हुआ होगा? शायद रिश्ते से इन्कार कर दिया होगा, पर इसमें क्रोधित होने की क्या आवश्यकता? दुखी होते तो बात समझ में भी आती कि ऐसा ही कुछ हुआ होगा। परंतु इस क्रोध का क्या? ...हो सकता है उन लोगों ने बेइज्जती ही कर दी हो। लेकिन वे तो सोबर लोग हैं। इन्कार करना अपनी जगह है, पर बेइज्जती कभी नहीं कर सकते। फिर क्या हुआ होगा? सवाल एक था, और हजार संभावनाओं पर सब घोड़े दौड़ाए चले जा रहे थे।

उधर एम.डी. साहब के हाल कहूं तो उन्होंने घर में घुसते ही अपना कोट तो उतार ही फेंका था, मारे क्रोध में पानी तक नहीं पी रहे थे। बात पूरी तरह सबकी समझ के बाहर हो रही थी। और बेचारी लड़की, जिसकी शादी की बात करने गए थे, उसकी तो हालत ही खराब हो गई थी। आखिर उनकी पत्नी ने हिम्मत कर क्या हुआ...यह पूछ ही लिया। सवाल सुनते ही अपने एम.डी. साहब तो और बुरी तरह उबल पड़े। और फिर क्रोध में चिल्लाते हुए बोले- आजकल दुनिया संबंध रखने लायक रह ही नहीं गई है। किसी की सहायता करने का जमाना ही नहीं है।

अब पूछ क्या रहे हैं और जवाब क्या दे रहे हैं। सो बात समझ में न आने पर पत्नी ने शांत भाव से पूछा- क्या मतलब? उस पर एम.डी. महाराज उबलते हुए बोले- क्या मतलब क्या? उसे देखो, वो अपना नितेश संघवी। सबको याद होगा उसकी पहली लोन मैंने ही पास की थी। उसके बाद भी उसकी कितनी लोनें पास की मैंने। ...लेकिन आज अपने को इतना बड़ा समझने लग गया है कि रास्ते में मिठाई की दुकान पर क्रॉस होने पर बदमाश ने मेरे 'हेलो' तक का भी जवाब नहीं दिया।

बेचैन पत्नी ने पूरी बात जानने के बाद सीधा पूछा- छोड़ो नितेश संघवी को। दुनिया ऐसी ही है। पर यह तो बताओ कि आप जो शादी की बात पक्की करने गए थे, उसका क्या हुआ?

वह बड़ा दुखी होता हुआ बोला- फिर मेरा मन ही नहीं हुआ वहां जाने का। ...यानी हो गया उद्धार। एक नितेश संघवी ने हेलो नहीं कहा और जीवन का इतना बड़ा अवसर तथा इतनी बड़ी जवाबदारी वह चूक गया। वह लड़की जो उसके कलेजा का टुकड़ा थी, जिसके भविष्य का सवाल था, उसके प्रति अपना सामान्य कर्तव्य भी नहीं निभा पाया।

सार: बस यही होता है कमजोर भीतरी व्यक्तित्व का प्रभाव। कितना ही मजबूत बाहरी व्यक्तित्व क्यों न हो, परंतु मजबूत भीतरी व्यक्तित्व के अभाव के कारण एक ही क्षण में सब शून्य हो जाता है। मनुष्य जीवनभर अपना बाह्य व्यक्तित्व तो निखारता रहता है परंतु अपने आंतरिक व्यक्तित्व को महत्व नहीं देता है। वह जीवन का यह सत्य भूल ही जाता है कि जीवन बढ़ाने हेतु आंतरिक व्यक्तित्व ज्यादा महत्वपूर्ण है। यह मनुष्यों के कमजोर आंतरिक व्यक्तित्वों का ही प्रभाव है कि आज हरकोई अपनी क्षमता व प्रतिभा के दसवें भाग का जीवन जीने पर मजबूर है। और क्षमता से कम पर जीनेवालों की बेचैनी आपसे छिपी कहां...? वैसे अहंकार न हो तो थोड़ा अपने भीतर झांक लीजिए, एकबार यह बात समझ में आ गई कि आंतरिक व्यक्तित्व के अभाव में आप अपनी प्रतिभा से काफी कम का जीवनस्तर जीने पर मजबूर हैं, तो निश्चित ही दस काम छोड़कर अपना आंतरिक व्यक्तित्व निखारने में लग जाएंगे। क्योंकि एकबार वह गड़बड़ा गया, तो फिर न प्रतिभा काम आती है, ना अन्य कुछ। मनुष्य मन में उभरे क्रोध में ही उलझकर रह जाता है।

48 तीन जादूगरों की बुद्धिमानी

वर्षों पुरानी बात है। तीन जादूगर थे, बड़ी ही उच्च कोटि की जादू-कला वे जानते थे। तीनों में गाढ़ी मित्रता भी थी। एक दिन ऐसे ही वे एक रथ-चालक को लेकर जंगल की सैर को निकल पड़े थे। जंगल में उन्होंने एक मृत शेर का कंकाल देखा। कंकाल देखते ही उनमें से एक जादूगर बोला कि मैं अपने जादू से इसके कंकाल पर मांस-मज्जा चढ़ा सकता हूँ। यह सुनते ही दूसरा भी ताव में आ गया। उसने कहा कि यदि तुम ऐसा कर दो तो मैं इसकी नसों में खून

भर सकता हूँ। इतना सुनते ही तीसरे का उत्साह तो सातवें आसमान को छू गया। वह तुरंत बोल पड़ा कि यदि तुम दोनों वाकई ऐसा कर दिखाओगे तो मैं यकीनन उसमें प्राण फूंक दूंगा।

यह सुनते ही वह गरीब व अनपढ़ रथचालक चौंक गया। उसने चौंकते हुए निवेदन भी किया कि यदि आप लोग ऐसा कर भी सकते हैं, तो भी यह दुस्साहस योग्य नहीं। अपनी जादूगरी सिद्ध करने के और भी मौके मिलेंगे, भला शेर के साथ ही यह प्रयोग क्यों?

परंतु तीनों पूरे ताव में थे। उन्होंने ना सिर्फ उसे लताड़ा, बल्कि बुझदिल कहकर उसका अपमान भी किया। बेचारा रथचालक क्या करता..? चुपचाप तमाशा देखने लगा। उधर कहे मुताबिक वाकई पहले जादूगर ने शेर के उस कंकाल को व्यवस्थित कर उसपर मांस-मज्जा चढ़ा दिया। रथचालक तो यह देखते ही सावधान हो गया। उतने में दूसरे जादूगर ने उसकी नसों में खून भर दिया। यह देखते ही रथचालक पूरी तरह चौकन्ना हो गया। और होशियार तो इतना कि इससे पहले कि तीसरा जादूगर अपनी कला दिखाए, वह रथ पे सवार हो भाग खड़ा हुआ। उधर तीसरे जादूगर ने व्यर्थ की बातों पर ध्यान न देते हुए वाकई उस शेर में प्राण फूंक दिए। ...जाने कबका मरा पड़ा था शेर! और भूखा तो इतना था कि प्राण आते ही उसने उन तीनों जादूगरों को फाड़ खाया।

सार: बुद्धिमान व इंटेलिजेन्स का फर्क जीवन में अच्छे से समझ लेना। पढ़कर, देखकर व सुन-समझकर मनुष्य बुद्धिमान होता है, जबकि मनुष्य की इंटेलिजेन्स नेचरल होती है। वह मनुष्य के मन की शक्ति का ही एक केन्द्र है। और यह ध्यान रख लेना कि जीवन को सुख और सफलता से भरने हेतु बुद्धिमानी की जरूरत दस प्रतिशत व इंटेलिजेन्स की जरूरत नब्बे प्रतिशत होती है। ...लेकिन अधिकांश मनुष्यों में है इससे उल्टा। बस यही मनुष्य की इतनी असफलता का राज है। ...आगे तो आप समझदार हैं ही, आप समझ ही गए होंगे कि आपको बुद्धिमानी बढ़ानी है या इंटेलिजेन्स। उदाहरण आपके सामने हैं। जादूगर बुद्धिमान थे, उन्हें शेर ने फाड़ खाया। रथचालक में इंटेलिजेंस थी, संकट आने से पूर्व ही भाग खड़ा हुआ। सो यह समझ ही लो कि बगैर इंटेलिजेंस की बुद्धिमानी अक्सर फंसवा ही देती है।

49 भगवान का निवास

नदी किनारे के पहाड़ियों के मध्य एक गांव था। उसी गांव में एक छोटा-सा चर्च भी था। चर्च गांववालों की सहायता से ही बना था। सभी गांववाले नियमित रूप से चर्च में रोज जाया करते थे। एक दिन ऐसा हुआ कि गांव बाढ़ की चपेट में आ गया। बाढ़ इतनी भयानक थी कि पूरा गांव तहस-नहस हो गया। लेकिन जाने क्या हुआ कि चर्च को कोई हानि नहीं पहुंची।

...बस यह तो चमत्कार हो गया। देखते-ही-देखते उस चर्च की पवित्रता के चर्चे चारों ओर फैल गए। उस चर्च को चारों ओर से लाखों डॉलर मिलने लगे। हजारों लोगों का वहां आना-जाना शुरू हो गया और उस छोटे-से चर्च ने एक शानदार चर्च का स्वरूप धारण कर लिया। अब पुराना चर्च तो गांववालों ने ही बनवाया था। दूसरी ओर प्रमुख पादरी के पद पर अब भी उनका वो ही पादरी था। सो सब गांववालों ने मिलकर उस पादरी से गांव फिर से बसाने हेतु सहायता मांगी। परंतु पादरी ने स्पष्ट कह दिया कि पैसा सिर्फ गॉड का है। उससे तुम्हारी सहायता नहीं की जा सकती। उधर बाहर से आने-जानेवाले श्रद्धालुओं ने भी गांववालों की कोई मदद नहीं की। वे भी सिर्फ चर्च में दान देकर लौट जाया करते थे।

खैर, खुद की मेहनत और तीन-चार एन.जी.ओ. की सहायता से गांववालों ने किसी तरह गांव फिर से बसा लिया, लेकिन अभी इस बात को एक वर्ष ही बीता था कि कुदरत ने फिर कमाल दिखाया। अबकी एक रात वहां भूकंप आया। परंतु अबकी हुआ यह कि भूकंप में सिर्फ वह चर्च नेस्तनाबूद हुआ। गांव या गांववालों पर भूकंप का कोई खास असर नहीं हुआ। ...यह तो वाकई बुरा हुआ। अब वह चर्च पवित्र रह ही कहां गया? सो, बाहर से श्रद्धालु आने बंद हो गए। इसके साथ ही चर्च को फिर खड़ा करने हेतु किसी बाहरी मदद का कोई आसरा न रहा। यह देख थके पादरी ने चर्च फिर से खड़ा करने हेतु अपने ही गांववालों से सहायता मांगी, लेकिन अब चक्कर में कौन आनेवाला था? सबने एक सुर में कह दिया कि अब हम जान गए हैं कि गॉड मेहनत करनेवालों की मदद करनेवाले एन.जी.ओ. के दिलों में बसा हुआ है, चर्च में नहीं। सो हमें मदद करनी होगी तो उन एन.जी.ओ. की करेंगे, चर्च की कतई नहीं।

50 अपने प्यारे लगते ही हैं

यह उन दिनों की बात है जब बड़ी मिन्नतों के बाद अकबर के यहां सलीम के रूप में एक संतान पैदा हुई। सलीम की सुंदरता व चंचलता अकबर को ऐसी भाई कि उन्होंने एक दिन बीरबल से कहा- बीरबल! क्या तुमने कभी सलीम जैसा सुंदर व चंचल बच्चा देखा है? क्या तुम्हें नहीं लगता कि सलीम की सुंदरता व चंचलता, दोनों ऐतिहासिक हैं?

यह सुनते ही बीरबल ने हँसते हुए कहा- महाराज सच कहूं तो मुझे ऐसा कुछ नहीं लगता है। मैंने तो ऐसे हजारों बच्चे देख रखे हैं।

अकबर हँसते हुए बोले- बीरबल! तुम्हारी मजाक करने की आदत नहीं गई।

बीरबल बड़ी गंभीरतापूर्वक बोला- महाराज! मैं मजाक नहीं कर रहा हूँ। मैंने वास्तव में ऐसे हजारों बच्चे देख रखे हैं।

अकबर ने भी अबकी उतनी ही गंभीरता से कहा- ठीक है, मुझे ऐसा कोई एक बच्चा लाकर दिखाओ!

बीरबल ने कहा- कल ही बच्चे के साथ हाजिर होता हूँ।

उधर बीरबल तो निकल पड़ा, परंतु अकबर को रातभर नींद नहीं आई। क्या वाकई सलीम से भी सुंदर कोई बालक हो सकता है? और बीरबल तो कह रहा है कि उसने सलीम से सुंदर हजारों देख रखे हैं। खैर, कल कौन-सी दूर थी, दूध-का-दूध व पानी-का-पानी हो ही जाना था। अगले दिन सुबह-ही-सुबह दरबार खुलते ही बीरबल एक काला लड़का, जिसके चेहरे पर कई फुंसियां थीं और जिसकी नाक भी बह रही थी, को लेकर दरबार में हाजिर हुआ। अकबर तो लड़के को देखते ही बीरबल पर क्रोधित हो गए, और चिल्लाते हुए बोले भी- यह क्या मजाक है? भला इसकी तुलना मेरे जां-नशीन सलीम से तुम कैसे कर सकते हो?

बीरबल ने कहा- ठीक है महाराज! आप नहीं मानते तो मेरे साथ चलें। मैं सिद्ध कर दूंगा कि यह सलीम से ज्यादा सुंदर नहीं, तो कम भी नहीं।

अकबर तो तुरंत बीरबल के साथ चल पड़े। घूमते-घूमते बीरबल अकबर को एक झोपड़पट्टी जैसी बस्ती में ले गए। फिर उस लड़के को वहीं साथ आए एक

सिपाही को सौंपकर वे अकबर के साथ एक झोंपड़े के आगे रुक गए। वहां एक औरत बड़ी जोर-जोर से रो रही थी। बीरबल ने उससे पूछा- क्या हुआ माई? क्यों इतने जोर-जोर से रो रही हो?

औरत बोली- मेरा बच्चा खो गया है।

बीरबल बोला- अच्छा! जरा उसका हुलिया बताओ कि वह दिखने में कैसा था। ताकि मैं उसे खोजने में आपकी मदद कर सकूं।

औरत बोली- उसकी क्या बात करूं! वह तो चांद का टुकड़ा है। मैं नहीं मानती कि पूरे राज्य में उससे ज्यादा खूबसूरत कोई और बच्चा होगा। आप को कोई भी अतिसुंदर व चंचल बच्चा लावारिस दिखे तो समझ लेना कि वह मेरा ही बच्चा है।

अकबर तो औरत के मुंह से बच्चे का ऐसा वर्णन सुनते ही चौंक गया। उधर बीरबल ने बड़ा सामान्य हाव-भाव बनाए रखते हुए उस औरत को कहा- आप ठहरें, एक ऐसा बच्चा आज सुबह ही राजमहल को प्राप्त हुआ है। हो सकता है वह आपका ही बच्चा हो, मैं अभी उसे लेकर आया। इतना कहकर बीरबल बस्ती के बाहर सिपाही के पास छोड़े बच्चे को लेकर आया और उसे औरत को दिखाया। उस औरत ने तो बच्चा देखते ही बीरबल के हाथों से छीन लिया और उसे चूमते हुए बोली- यही मेरा चांद का टुकड़ा है।

अकबर के लिए तो बात पूरी तरह समझ के बाहर हो गई थी। खैर, बच्चा औरत को सौंपकर वे चुपचाप बीरबल के साथ वापस राजमहल जाने निकल पड़े। रास्ते में उन्होंने बीरबल से पूछा- यह माजरा क्या है?

बीरबल ने हँसते हुए कहा- माजरा बड़ा सीधा व साफ है। हर माता-पिता को उनकी संतान श्रेष्ठ नजर आती ही है। अत: आप जो सलीम बाबत कह रहे हैं, उसमें कुछ नया नहीं है।

अकबर को यह बात पूरी तरह समझ में आ गई। उन्होंने बीरबल की पीठ थपथपाते हुए कहा- वाकई तुमने मेरी आंखें खोल दी। निश्चित ही सलीम को देखते वक्त एक बाप का हृदय उसकी सुंदरता की चकाचौंध बढ़ा ही देता होगा।

सार: अपनी चीज, अपनी वस्तु या अपने प्रियजनों के बाबत कोई राय जाहिर करते वक्त अपनी निष्पक्षता एकबार अवश्य जांच लेना। देख लेना कि कहीं

आपका आग्रह या पक्षपात चीजों को बढ़ा-चढ़ाकर तो नहीं देख रहा? फिर वह राय आपकी संतान बाबत हो, आपकी डिग्रियों के बाबत हो या आपके धर्म के बाबत हो; कोई फर्क नहीं पड़ता। सत्य तो हमेशा व हरहाल में सत्य ही रहता है... बस उसे देखने-समझने हेतु निष्पक्ष आंखों का होना ही पर्याप्त है क्योंकि उसे सिर्फ प्रज्ञावान और निष्पक्ष आंखें ही देख सकती हैं। सो, जबतक आप वस्तुओं और व्यक्तियों को निष्पक्षतापूर्वक नहीं देख पाएंगे, आपके जीवन में कोई परिणाम नहीं आनेवाले। यह ध्यान रख ही लेना कि जीवन में परिणाम सत्य के आते हैं, आपकी मान्यताओं के नहीं।

51 दो कंजूसों की कॉम्पिटीशन

एक गांव में एक कंजूस रहता था। निश्चित ही कंजूस था तो बांटने से बड़ा डरता था। धीरे-धीरे पूरे गांव में उसकी कंजूसाई की चर्चा फैल गई। क्योंकि वर्षों बीत गए थे, परंतु कभी किसी ने उन्हें किसी भी कारणवश किसी को कुछ भी देते हुए नहीं पाया था। इससे प्रभावित हुए लोगों ने उनके घर कंजूसाई के गुर सीखने जाना शुरू कर दिया। उधर लोगों को अपनी तरफ इस कदर आकर्षित होते देख उसने गांव की चौपाल में बैठकर कंजूसाई पर लेक्चर देना शुरू कर दिया। और वे इतने तो पसंद किए जाने लगे कि आसपास के गांव से भी लोगबाग उनको सुनने आने लगे।

लेकिन वक्त एक-सा नहीं चलता। अचानक कुछ गांव दूर एक और कंजूस प्रसिद्ध होने लगा। उसकी कंजूसाई के नुस्खे लोगों को ताजा और ज्यादा कारगर नजर आने लगे। सो, आसपास के गांव से लोगों का उसके यहां आना बंद हो गया। फिर तो धीरे-धीरे उसके अपने गांव में उस दूसरे कंजूस की ख्याति फैलने लग गई। उसी के गांववाले उस दूसरे कंजूस को सुनने जाने लगे। इससे वह बड़ा विचलित रहने लगा। उसने लोगों को समझाने का प्रयास भी किया कि वो कोई ढोंगी लगता है, मैं तो खानदानी कंजूस हूँ। ...पर बात नहीं बनी।

निश्चित ही अब सवाल आन का बन गया था। आखिर एक दिन उसने सोचा क्यों न स्वयं चलकर उस कंजूस की पोल खोल दूं। क्योंकि गांववाले तो

उसकी बात मान नहीं रहे। लेकिन एकबार उसको कंजूसाई में पछाड़ दिया, फिर सबको झक मारकर मेरे पास आना ही पड़ेगा। बस एकबार आमना-सामना होने दो, सबको समझ आ जाएगा कि कौन बड़ा कंजूस है। बस यही सब सोचकर वह उस कंजूस से मिलने चल पड़ा। हां, पहली बार मिलने जा रहा था सो शिष्टाचार भी पूरा निभा रहा था। उसे भेंट देने हेतु कागज पर हरे रंग की स्केच पेन से चार आम बनाकर वह ले जा रहा था। भला किसी के यहां पहली बार ऐसे खाली हाथ थोड़े ही जाया जाता है। अब वह उस कंजूस के यहां पहुंच तो गया, परंतु दुर्भाग्य से वह किसी काम से दूसरे गांव गया हुआ था। हां, उसका लड़का घर पर अवश्य था। जैसे ही इसने अपना परिचय दिया कि लड़के ने उन्हें ससम्मान बिठाया, और पिताजी के लौट आने का इंतजार करने को कहा। लड़के ने स्वाभाविक रूप से उसकी कंजूसाई के बड़े चर्चे सुन रखे थे।

इधर कंजूस ने भी सोचा कि जब आए हैं तो मिल के ही जाएं। सो उसने भी इंतजार करने की ठान ली, लेकिन संध्या तक भी वह दूसरा कंजूस लौटकर नहीं आया। बस उसके सब्र का बांध टूट गया। आखिर उसको अपने गांव लौटकर वापस भी जाना था। सो उसने सोचा मुलाकात न हुई, न सही। कम-से-कम अपनी कंजूसी के निशान तो छोड़कर जाए ही जा सकते हैं। बस उसने अपने साथ लाई भेंट लड़के को देते हुए कहा- लो यह भेंट, तुम अपने पिताजी को दे देना और उन्हें मेरा नमस्कार कहना।

इतना कहकर वह मुड़ने को ही था कि लड़के ने भेंट देखते हुए उन्हें रोका, और तुरंत बोला- पिताजी का यह स्पष्ट निर्देश है कि कोई भी व्यक्ति भेंट लाए तो उसे खाली हाथ मत जाने देना।

यह सुन कंजूस तो बड़ा खुश हुआ। लो भेंट के बदले भेंट दे रहा है, काहे का कंजूस। अब मैं तो कागज पर बने आम दे रहा हूँ, परंतु वह कुछ तो अच्छा देगा। देने दो, जाते ही पूरे गांव को उसकी भेंट दिखाकर उसकी कंजूसाई की पोल खोल दूंगा। तब जाकर लोगों को पता चलेगा कि असली कंजूस कौन है।

अब यह तो उसका सोचना था। इधर तो उस लड़के ने तपाक् से हवा में उंगली से चार आम बनाते हुए कहा- ले जाइए, और पूरा परिवार मिलकर खाइएगा।

बेचारे कंजूस का तो कंजूसाई का पूरा नशा हिरण हो गया। वह उल्टे पांव जो दौड़ा तो सीधे अपने गांव जाकर ही दम लिया। उसे समझते देर न लगी कि जब बेटा ऐसा है तो बाप कैसा होगा? यह तो ठीक, पर उधर रात में जब वह दूसरा कंजूस घर आया तो बेटे ने उन्हें उस कंजूस के आने की सूचना देते हुए उसकी दी भेंट पिताजी को बताई। और फिर बड़ा तनते हुए हवा में आम बनाकर चतुराई से भरी दी अपनी भेंट के बारे में उन्हें बताया। उसने सोचा था कि पिताजी शाबासी देंगे, लेकिन यहां तो कमाल ही हो गया। बेटा जहां पिताजी से शाबासी की उम्मीद कर रहा था, वहीं पूरी बात सुनकर पिताजी ने बेटे को डांटते हुए कहा- मूर्ख आम छोटे नहीं बना सकता था?

सार: अक्सर मनुष्य अपने अवगुणों को भी इतनी दृढ़ता से पकड़े रहता है कि समय के साथ वह उसे अपना गुण मानने लग जाता है, और वह भी इस कदर कि अपने उस अवगुण को गुण के नाम पर अपने बच्चों तक को देने पर उतारू हो जाता है। एक बच्चे को अपने माता-पिता से अच्छा तो जो मिलता है वह मिलता ही है, परंतु उनके ओढ़े अवगुण ''एक पर एक फ्री की तर्ज पर'' अलग से मिलते हैं। यह परंपरा जितनी जल्दी जितनी कम हो जाए, आनेवाली नस्लों के लिए उतना अच्छा है।

52 शेर के बच्चे की हीनता

एक दिन मनुष्यों की देखा-देखी शेर के एक बढ़ते बच्चे को भी इन्फीरिओरिटी पकड़ ली। दरअसल बात यह हुई कि शेर के इस शांत बच्चे की बार-बार तुलना उसके हम-उम्र खूंखार शेर के बच्चों से होने लगी। इससे उसे लगने लगा कि वाकई वह शिकार वगैरह करने में काफी कमजोर है। बस एक दिन भीतर छिपी इस इन्फीरिओरिटी ने ...सुपीरिओरिटी का स्वरूप धारण कर लिया। ...फिर क्या था? निकल पड़ा वह अकेला जंगल में। आज तो अपना शेरपन बाहर दिखाना ही है। बस पूरा तने निकल चुका था। ...अभी कुछ दूर ही गया था कि सामने से उसे एक हिरण आता दिखाई दिया। उसने दहाड़कर उससे कहा- रुक जा और बता, मैं कौन हूँ?

हिरण सकपका गया। शेर और हिरण से सवाल पूछे! जंगल के इतिहास में यह किसी हिरण के लिए नया अनुभव था। खैर, चाहे जो हो; शेर ने रुकने को कहा है तो रुकना तो पड़ेगा ही। वरना भागने पर तो यूं ही फाड़ खाएगा। बात मानने पर जान बचने की संभावना भी है। यह सब सोचकर हिरण तुरंत सम्भल भी गया, और सम्भलते ही बड़ी लड़खड़ाई जबान में बोला- आप शेर हैं, और जंगल के राजा हैं।

बस वह शेर का बच्चा तो मदरा गया। उसके भीतर छिपी इन्फीरिओरिटी राजा होने के गुमान से भर गई। उसने हिरण को तो जाने का इशारा कर दिया, पर इसके बाद उसकी चाल ही बदल गई। थोड़ी दूर और आगे जाने पर उसे एक लोमड़ी बैठी दिखी। वह झट से उस लोमड़ी के पास जा पहुंचा। मदराया हुआ तो वह था ही, उसने लोमड़ी से अबकी सीधा सवाल पूछा- बताओ, जंगल का राजा कौन है? लोमड़ी तो वैसे ही चालाक होती है। सवाल सुनते ही उसे इस शेर के बच्चे को पकड़ी इन्फीरिओरिटी का अंदाजा हो गया। उसने बड़ी चतुराईपूर्वक उसकी इन्फीरिओरिटी सहलाते हुए कहा- आप जंगल के भावी राजाधिराज हैं। और सच कहूं तो मुझे तो आपमें महान राजा के तमाम लक्षण अभी से नजर आते हैं। अब यह सुन पहले से मदराया हुआ शेर का बच्चा पूरी तरह से पागल हो गया। अब तो उसकी हीनता पूरे जोरों पर थी। उसने बड़े घमंड भरे स्वर में लोमड़ी को भी जाने का इशारा कर दिया। और कहने की जरूरत नहीं कि अब वह पहले से भी कहीं ज्यादा तने हुए बढ़ा चला जा रहा था। तभी उसे दूर से एक हाथी आता दिखाई दिया। वह अपने पर छायी सुपीरिओरिटी लिए उसके पास जा पहुंचा। उसने हाथी के पास जाते ही अपने उसी मदराये अंदाज में पूछा- ए हाथी! बता जंगल का राजा कौन है?

अब हाथी तो हाथी होता है। उसने उसे कुछ खास तवज्जो नहीं दी। शेर के बच्चे ने एक-दो बार फिर पूछा। पर हाथी की ओर से कोई प्रत्युत्तर नहीं मिला। इससे उसका कुछ नशा हिरण तो हुआ, परंतु अपना वट बनाए रखने हेतु अंत में उसने हाथी के कान तक उछलते हुए पूछा- बताओ जंगल का राजा कौन है?

उधर अबतक उसकी अवहेलना कर रहे हाथी को शेर के बच्चे की यह हरकत रास नहीं आई। उसने आव देखा न ताव, शेर के उस बच्चे को सूंढ़ में लपेटकर घुमाते हुए दूर फेंक दिया। बेचारे को काफी चोटें आईं। फिर भी वह बड़ी

हिम्मत कर उठा और घिसटते-घिसटते हाथी के पास आया। और फिर दो पांव पर खड़े होकर बड़ी मिमियाई आवाज में बोला- हाथी भाई-हाथी भाई, नहीं मालूम था तो मना कर देते; पर इसमें इतना गुस्सा करने की क्या बात थी?

सार: कुदरत की लीला ही कुछ ऐसी है कि यहां हर मनुष्य महत्वपूर्ण भी है व अद्वितीय भी। अत: उसे दूसरे से प्रभावित होकर या दूसरे के दबाव में आकर कुछ और बनने की कोशिश कभी नहीं करनी चाहिए। ...ऐसी हर कोशिश अंत में तो हास्यास्पद परिणाम ही लेकर आएगी। अत: ''दूसरा क्या कहता है या अन्य कैसे हैं'' के आधार पर कॉम्प्लेक्स पकड़ने की बजाए स्वयं पर विश्वास बढ़ाकर आगे बढ़नेवाला ज्यादा प्रगति करता है।

53 बड़े पछताए भगवान

एकबार एक राक्षस को अचानक क्या सूझी कि वह अपना राक्षसीपन छोड़ घोर तप करने बैठ गया। उसकी तपश्चर्या को अभी एक माह भी पूरा नहीं हुआ था कि जल्दी ही पिघल जानेवाले तथा भोले-भंडारी के नाम से पहचाने जानेवाले हिंदुओं के एक प्रसिद्ध देवता शंकर उस राक्षस से प्रसन्न हो गए। ...और इस कदर प्रसन्न हो गए कि सीधे वरदान देने उसके सामने प्रकट हो गए।

उधर राक्षस तो शंकर को देखते ही बुरी तरह चौंक गया। वह थोड़ा उदास होकर बोला- महाराज आप कहां पधार गए? मैंने तो कुछ शास्त्र पढ़े थे जिसमें विश्वामित्र की तपश्चर्या भंग करने उर्वशी और मेनका नामक अप्सराएं आई थीं, और सच कहूं तो मैं भी उन्हीं का इन्तजार कर रहा था।

उसकी बात सुन एक क्षण को तो शंकर बुरी तरह चौंक गए। यह भी अपने किस्म का उनको पहला ही अनुभव था। परंतु तुरंत संभलकर अपनी करुणा बरसाते हुए बोले- छोड़ो वत्स! यह उर्वशी और मेनका तो माया है... मैं तेरे सामने साक्षात खड़ा हूँ, तू अपने योग्य कोई जीवन को बढ़ानेवाला वरदान मांग ले। इधर राक्षस को भी बात समझ में आ गई। जो नुकसान होना था वह तो हो ही गया था, लेकिन अब जब महाराज प्रकट हो ही गए हैं तो कुछ-न-कुछ मांगकर कम-से-कम नुकसान की भरपाई तो कर ली जाए। सो, कुछ सोच-विचारकर उसने

शंकर से एक ऐसा कड़ा मांगा जो किसी के भी सर पे रखते ही उसे भस्म कर दे। राक्षस की मांग सुन शंकर एकबार फिर चौंक गए। सोचने लगे, ये तो कमाल का राक्षस है! इतनी तपश्चर्या के बाद भी इसका राक्षसीपन नहीं गया। वरदान मांगा भी तो मारकाट व हिंसावाला ही। होगा, अब किया क्या जा सकता था? सो, चुपचाप वरदानस्वरूप एक कड़ा राक्षस के हाथ में थमा दिया।

इधर राक्षस भी राक्षस था। उसने कड़ा हाथ में थामते हुए शंकर से सीधा सवाल किया- यह कड़ा अपना काम करेगा, इसकी क्या गारंटी? शंकर तो ऐसा अभद्र सवाल सुनते ही फिर चौंक गए। हालांकि तुरंत उसकी नादानी पर उन्हें हँसी भी आ गई। फिर हँसते हुए ही बोले- अरे मैं भगवान हूँ और कह रहा हूँ, उससे बड़ी गारंटी क्या हो सकती है?

राक्षस बोला- वह तो ठीक, पर आप जाना नहीं! जरा कोई इधर आए तो पहले इस कड़े को उसपर आजमा के देख लूं ताकि कोई भूलचूक रह गई हो तो हाथोंहाथ रिपेअर हो जाए। शंकर के पास ऑप्शन ही क्या था, वहीं रुक गए। खैर, उधर जब काफी देर हो गई और कोई वहां से नहीं गुजरा तो राक्षस के सब्र का बांध टूट पड़ा। वह तुरंत हाथ में रखा कड़ा शंकर के सर की ओर बढ़ाते हुए बोला- मैं अब और इंतजार नहीं कर सकता। कोई नहीं आ रहा तो आपके ही सर पे रखकर इस कड़े का ट्रायल ले लेता हूँ। आप भस्म हो गए तो बात पक्की, वरना रिपेअर कर देना। ...इतना सुनते ही शंकर तो सर के बल भाग खड़े हुए।

सार: यही मनुष्य का कमाल है। शंकर भी उसके भीतर है और राक्षस भी मनुष्य के भीतर है। जब-जब उसपर राक्षसी स्वरूप हावी होता है तब वह कुछ-का-कुछ कह देता है और कुछ-का-कुछ कर लेता है। सोचो, मनुष्य का यह राक्षसी स्वरूप जब भगवान के लिए भी संकट खड़े कर देता है, तो हमारी-आपकी बिसात क्या? अत: मनुष्यों को एक-दूसरे से अपेक्षा करनी ही नहीं चाहिए, वह तो करते ही टूटेगी। साथ ही मनुष्यों को एक-दूसरे के साथ प्रयोग भी बड़ा संभलकर, सोच-समझकर तथा वह भी जरूरत पूरते ही करने चाहिए। यह एक ऐतिहासिक अटल सत्य है कि संसार में केवल वे ही सुखी रहे हैं, जिन्होंने दूसरे मनुष्यों से व्यवहार सीधे व ''टू द पॉइंट'' रखे हैं और अपने व्यवहारों में अपेक्षाओं को हावी नहीं होने दिया है।

54 कल्पवृक्ष और बेहोश मनुष्य का मिलन

हिंदू पुराणों में कल्पवृक्ष के नाम से एक ऐसे वृक्ष की कल्पना की गई है जिसके तले बैठा मनुष्य जो इच्छा करे, वह तत्क्षण पूरी हो जाती है। अब जीवन में इससे बड़ा तो आप कुछ नहीं पा सकते हैं। परंतु मैं यहां यह समझाना चाह रहा हूँ कि वह मिल जाए तो भी क्या...?

...एक दिन ऐसा हुआ कि एक थका-हारा मुसाफिर जंगल में फंस गया। जंगल इतना घना और सुनसान था कि चार दिन बीत जाने के बावजूद उसे बाहर निकलने का कोई मार्ग नहीं मिल रहा था। उसकी हालत बड़ी दयनीय हो गई थी। एक तो वह लगातार चल-चलकर काफी थक गया था, और ऊपर से तीन-चार रोज से उसने कुछ खाया भी नहीं था। खाने की क्या बात करें, उसे इन चार दिनों में पानी तक नसीब नहीं हुआ था। बस गहन निराशा की मनोदशा में उसने एक घने पेड़ के नीचे आसरा लिया। भूख, प्यास व थकान ने मिलकर उसकी हालत ऐसी कर दी थी कि अब मरा-तब मरा। इसी हालत में वह सोने की कोशिश करने लगा, पर चार दिन के भूखे-प्यासे को इतनी आसानी से नींद भी कहां आनेवाली थी? अचानक उसने सोचा, और कुछ नहीं तो पानी ही मिल जाए तो भी कितना अच्छा हो जाए? और यहीं समय ने करवट ली, उसने जिस पेड़ के नीचे आसरा लिया था वह "कल्पवृक्ष" था। हालांकि उसे इस बात का अंदाजा बिल्कुल नहीं था, ना ही उसने कभी कल्पवृक्ष के बारे में सुन रखा था। अब उसे मालूम हो या न हो, परंतु इधर कल्पवृक्ष को तो अपने स्वभाव के अनुरूप बरतना ही था। सो बस यहां उसने सोचा, वहां दो खूबसूरत लड़कियां चांदी का गिलास व पानी से भरा एक जग लेकर हाजिर हो गई। प्यासा तो वह था ही, गट-गट करके पूरा पानी पी गया। जब पानी पेट में गया तो खाने की इच्छा जागृत हो उठी। तत्क्षण चार-पांच सेविकाएं पचासों वानगिओं से भरा एक थाल लेकर हाजिर हो गई। वह तो मारे भूख के पूरा थाल चट कर गया। अब एक बार पेट भरा तो बुद्धि भी ठिकाने आ गई। अचानक घबरा गया, यह क्या...? कहीं भूत-प्रेत तो नहीं? बस क्या था, भूत-प्रेत भी हाजिर हो गए। फिर तो मारे डर के वह वहीं मर गया।

सार: दरअसल मनुष्य को सबकुछ उसका मनचाहा ही मिल रहा है, परंतु सही चाह करने के लिए जो जागृतता चाहिए, वह उसमें नहीं है। मनुष्य चूंकि सोया हुआ है, अत: वह सोचता कुछ, समझता कुछ, चाहता कुछ और करता कुछ है। यह जो उसके सोचने, समझने, चाहने व करने में इतने भेद हैं, और चाहने व मिलने का जो फासला है; बस उस कारण वह यह भ्रम पाल रहा होता है कि यहां मनचाहा कुछ नहीं हो रहा है। सो, यदि मनुष्य होश में सोचे, होश में समझे व होश में चाहे व करे तो उसे प्राप्त होनेवाली कोई भी वस्तु कभी दुख नहीं पहुंचा सकती। ...बाकी तो बेहोश व्यक्ति को कल्पवृक्ष भी मिल जाए तो भी अंत में तो वह उसमें से भी अपने लिए मौत ही चुनेगा।

55 जादूगर और राजा

एक दिन एक जादूगर राजा को खुश कर बड़ा ईनाम पाने की लालच में उसके दरबार में जा पहुंचा। राजा ने भी खुश होते हुए उसे अपनी प्रतिभा दिखाने का मौका दिया। अब इस जादूगर ने सोचा कि यहां-वहां की जादूगरी दिखाने का क्या फायदा, शुरुआत राजा पर ही कोई जादू कर क्यों न करी जाए? बस देखते-ही-देखते उसने राजा का मुकुट गायब कर दिया, परंतु दुर्भाग्य से राजा ने इसे अपनी तौहीन के तौरपर लिया। और इसका परिणाम यह हुआ कि राजा ने उस जादूगर को ना सिर्फ कैद कर लिया, बल्कि सात रोज बाद उसे मृत्युदंड की सजा देने का भी ऐलान कर दिया। ...बुरा फंसा जादूगर। उसे जादू दिखाना ही भारी पड़ गया।

खैर, उधर यह खबर जैसे ही उसकी पत्नी के पास पहुंची, वह रोती-बिलखती दौड़ी चली आई। आश्चर्य यह कि जादूगर के चेहरे पर कोई शिकन नहीं थी। पत्नी को यह देख और भी झटका लगा। उसने रोते हुए ही इसका कारण समझना चाहा। जादूगर ने कहा-अभी मृत्युदंड में पूरे छः दिन बाकी हैं, इसमें बहुत कुछ हो सकता है। उस बाबत सोचकर आज का दिन व्यर्थ क्यों गंवाना? पत्नी की समझ में कुछ नहीं आया। उसे लगा कि शायद मौत सामने देख उसका पति पगला गया है।

खैर, मुलाकात का समय समाप्त हुआ और उसकी पत्नी रोती हुई वापस घर लौट गई। फिर तो अगले पांच रोज यही सिलसिला चलता रहा। पत्नी रोती-बिलखती मिलने आती और जादूगर का शांत चेहरा देख वापस चली जाती। और यह करते-करते मृत्युदंड का दिन भी आ गया। जादूगर के चेहरे पर अब भी कोई खास शिकन नहीं थी। उधर ठीक मृत्युदंडवाले दिन राजा घोड़े पे सवार होकर जादूगर से मिलने आया। राजा के घोड़े को देख जादूगर को एक चाल सूझी। वह तुरंत उदासी ओढ़े रोना चालू हो गया। यह देख राजा बड़ा तन गया। उसने जादूगर से कहा भी कि मेरा मुकुट तो बड़े शान से गायब किया था, आज मौत सामने देखकर शान क्यों हवा हो गई?

जादूगर बोला- नहीं महाराज, ऐसी बात नहीं है। मैं मौत से नहीं डर रहा, बल्कि उसके समय को लेकर दुखी हूँ। दरअसल पिछले दो वर्षों से मैं अपने घोड़े को उड़ना सिखाने में लगा हुआ था। और अब ज्यादा-से-ज्यादा एक वर्ष में मैं उसे उड़ना सिखा भी देता... लेकिन अफसोस कि अब मेरे पास वह एक वर्ष का समय ही नहीं, बस इसी बात से दुखी हूँ।

जादूगर के मुंह से उड़नेवाले घोड़े की बात सुनते ही राजा को लोभ पकड़ा। यदि उड़नेवाला घोड़ा मेरे पास आ जाए, तो फिर तो मैं युद्ध में कभी हारूं ही नहीं। सो उसने पासा फेंकते हुए कहा- यदि मैं तुम्हें एक वर्ष दे दूं तो?

राजा को अपनी बिछाई बिसात में फंसता देख मन-ही-मन जादूगर बड़ा खुश हुआ, परंतु चालाक पूरा था। सो बोला बड़े शांत भाव से ही- तो वह उड़नेवाला घोड़ा मैं आपको समर्पित कर दूंगा।

लोभी राजा बोला- तो ठीक है, तुम आज से आजाद हो; ...पर याद रखना, सिर्फ एक वर्ष के लिए। यदि एक वर्ष में तुम मुझे वह घोड़ा नहीं दे पाए तो तुम्हें मृत्युदंड दे दिया जाएगा।

...बस जादूगर को आजाद कर दिया गया। खुश-खुश जादूगर घर पहुंचा। घर पहुंचते ही वह चौंक गया। घर में मातम छाया हुआ था। आसपास के लोग भी एकत्रित हो चुके थे। हर कोई यह मानकर चल रहा था कि उसको मृत्युदंड दे दिया गया होगा। सब जादूगर की पत्नी को सांत्वना देने और उसे सम्भालने को ही एकत्रित हुए थे। लेकिन इधर जादूगर को जीवित वापस आया देख सब

आश्चर्यचकित हो गए। और जब उसने बताया कि राजा ने उसे छोड़ दिया है तो मातम तत्क्षण खुशी में बदल गया। और फिर कुछ देर में सब अपने-अपने घरों को लौट गए।

इधर एकान्त मिलते ही पत्नी ने पूछा कि यह चमत्कार कैसे हुआ? जादूगर ने तनते हुए घोड़ेवाली बात विस्तार से बता दी। यह सुनते ही पत्नी फिर उदास हो गई। ...रो भी पड़ी, वह जानती थी कि उसका पति एक झूठी कहानी सुनाकर छूट आया है। और जब एक वर्ष बाद पोल खुलेगी तो मृत्युदंड फिर मिलेगा ही। उसने जादूगर से कहा भी कि यह तो पूरा एक वर्ष अब इसी चिंता में गुजरेगा। ...जादूगर ने उसके सर पर हाथ फेरते हुए कहा- पगली! एक वर्ष का समय बहुत लंबा होता है। उस दरम्यान हजारों नई घटनाएं घट सकती हैं। सो अभी तो जो एक वर्ष हाथ में है, उसे मस्ती से गुजारें। ...और ऐसा ही हुआ। छः माह बाद राजा ही मर गया और उसके अगले तीन माह बाद उसका घोड़ा भी चल बसा। अब काहे का मृत्युदंड?

सार: दरअसल यहां घटनेवाली हर घटना लाखों पिछली घटनाओं का जोड़ है। और जब लाखों घटनाओं का जोड़ है, तो उन लाखों घटनाओं पर निर्भर भी है। अब ऐसे में जो घटना घटी ही नहीं, उसकी चिंता करने से ज्यादा मूर्खतापूर्ण और क्या हो सकता है? आप भी गौर करेंगे तो तत्क्षण समझ जाएंगे कि आपकी अधिकांश चिंताएं काल्पनिक हैं, वास्तविक या वर्तमान नहीं... आप अधिकांशतया वास्तविक चिंताओं के बजाए सोच-सोचकर पैदा की हुई चिंताओं में ही अपने जीवन का महत्वपूर्ण समय गंवा देते हैं।

56 भोले बच्चे की नादान प्रेयर

एकबार एक धार्मिक संस्था ने प्रेयर-कॉम्पीटीशन रखी। इस कॉम्पीटीशन की खास बात यह थी कि श्रेष्ठ प्रेयर चुनने हेतु स्वयं भगवान वहां उपस्थित थे। कई धर्मों के धर्मगुरु उस कॉम्पीटीशन में हिस्सा ले रहे थे। विजेता के लिए इनाम की राशि भी काफी बड़ी थी। ऐसे में जाहिरी तौरपर कॉम्पीटीशन देखने के लिए भीड़ भी हजारों की तादाद में एकत्रित होनी ही थी।

खैर, इधर कॉम्पीटीशन शुरू होते ही अलग-अलग धर्मों के एक-से-एक दिग्गजों ने अपने-अपने प्रेयर, जो कि प्रशंसा और विशेषणयुक्त शब्दों से ओतप्रोत थे, पढ़ना शुरू किया। उधर मजेदार बात यह कि इन दिग्गजों की भीड़ में एक बालक भी था, जो इस कॉम्पीटीशन में हिस्सा ले रहा था।

जब उसकी बारी आई तो वह सीधे दोनों हाथ जोड़ता हुआ भगवान से बोला- हे परमेश्वर! मैं पूरे अल्फाबेट पढ़ देता हूँ, भला मैं नादान आप जैसे महान के लिए उन्हें शब्दों में पिरोना क्या जानूं? सो आप ही मेरी तरफ से योग्य प्रेयर जमा लीजिए। बस इतना कहते ही उसने A से लेकर Z तक पूरे अल्फाबेट पढ़ दिए। भगवान तो प्रेयर सुनते ही खुश हो गए और उसे हाथोंहाथ विजेता भी घोषित कर दिया।

सार: बस यही बात समझने की है। ईश्वर अंतर्यामी है। हमारे लिए क्या योग्य है वह भी, और हमारे हित में क्या है वह भी; वो हमसे बेहतर जानता है। सो उससे कुछ मांगा नहीं जा सकता है। उसे तो जो कुछ भी मिल जाए उस हेतु सिर्फ धन्यवाद दिया जा सकता है। उसपर सिर्फ भरोसा किया जा सकता है। सो वर्तमान में आपके पास जो कुछ भी है, उसमें उसकी कृपादृष्टि शामिल ही है। अत: उससे कुछ मांगना या शिकायत करना, दोनों अज्ञान है।

57 बुद्ध के तेज का रहस्य

एक दिन की बात है, बुद्ध अपना प्रवचन दे रहे थे। शिष्य, भिक्षु व कुछ आसपास के गांववाले बड़े प्रेम से उनके उपदेश का आनंद उठा रहे थे। तभी दूर से एक व्यक्ति बुद्ध को गालियां देता हुआ दौड़ा चला आया। सभी स्तब्ध रह गए, परंतु बुद्ध ने उसपर कोई विशेष ध्यान नहीं दिया। ...वे अपना बोलते रहे। अब वह आदमी तो वैसे ही बड़े क्रोध में था, ऊपर से बुद्ध द्वारा की गई अनदेखी ने उसे और भी बुरी तरह बेकाबू कर दिया। ऐसे में जब उसे कुछ समझ नहीं आया तो उसने बुद्ध के निकट जाकर उनपर थूक दिया। यह देख कई शिष्य क्रोधवश उठ खड़े हुए। बुद्ध ने हँसते हुए सबको इशारे से बैठने के लिए कहा और अपना प्रवचन फिर चालू कर दिया। यानी उनकी मस्ती व तल्लीनता में कोई फर्क नहीं

आया था। उधर वह आदमी भी अपना क्रोध व्यक्त कर ही चुका था, सो चुपचाप लौट गया। और उसके साथ ही यह बात आयी-गयी हो गई।

...लेकिन दूसरे दिन कमाल ही हो गया। कल ही की तरह बुद्ध आज फिर प्रवचन दे रहे थे। सब लोग बड़े प्रेम से बुद्ध की वाणी सुनने में मस्त थे। तभी एक अनोखी घटना घट गई। कल जिसने बुद्ध पर थूका था, वह आज ना सिर्फ दूर से ही रोता हुआ चला आ रहा था, बल्कि साथ में मुझे क्षमा कर दो महाराज...क्षमा कर दो प्रभु! चिल्ला भी रहा था। और कोई माजरा समझ पाए उससे पहले वह रोते व चिल्लाते हुए सीधे बुद्ध के चरणों में ही आ गिरा। बुद्ध ने आज भी उस पर कोई विशेष ध्यान नहीं दिया। उनका ध्यान पूरी तरह प्रवचन पर ही लगा रहा। यह देख वह व्यक्ति और जोर से गिड़गिड़ाने लगा। परंतु बुद्ध पर उसका कोई असर नहीं हो रहा था। उनका, उसकी अवहेलना कर प्रवचन देना अब भी जारी ही था। ...अंत में जब उसने अपने आंसुओं का बुद्ध पर कोई असर होते नहीं देखा, तो थककर उसने बुद्ध के चरणों पर सर पटक-पटककर माफी मांगना शुरू कर दिया। वह बुद्ध से रोते हुए बोला भी कि मैं अपनी कल की हरकत पर बड़ा शर्मिंदा हूँ, कृपया मुझे माफ कीजिए। जब तक आप माफ नहीं करेंगे, मैं आपके चरण नहीं छोड़ूंगा।

अब तो बुद्ध के पास चारा ही नहीं बचा था। उन्हें प्रतिक्रिया देनी ही थी। बस उन्होंने उसे चरणों से उठाते हुए कहा- जब मैंने कल तुम्हारे थूकने का बुरा नहीं माना था, तो ऐसे में आज मैं तुम्हें माफी दूं भी तो किस बात के लिए? कल जब तुमने थूककर अपना क्रोध व्यक्त किया था, तब मैं तत्क्षण समझ गया था कि तुम मुझसे इस कदर खफा हो कि नाराजगी व्यक्त करने को तुम्हारे पास शब्द ही नहीं, सो थूककर तुमने अपनी नाराजगी व्यक्त कर दी। ...बात समाप्त हुई। और आज जिस तरह तुम रो-रोकर क्षमा मांग रहे हो...मैं समझ गया हूँ कि तुम अपने कल के व्यवहार पर पछता रहे हो। लेकिन ये दोनों समस्याएं तुम्हारी थीं; मुझे इससे क्या? ...इसे कहते हैं भीतरी व्यक्तित्व। अब ऐसे व्यक्ति को कैसे कोई विचलित कर सकता है? और आपको भी बुद्ध से अपनी सम्पूर्ण कमान अपने हाथ में रखने की कला सीखनी ही है। जब तक आप ऐसे मजबूत भीतरी व्यक्तित्व की नींव नहीं रखते, तबतक आपके दुःख-दर्द दूर नहीं होनेवाले।

सार: बुद्ध के तेज के बारे में तो हम सदियों से सुनते आ रहे हैं, परंतु उनके तेज का रहस्य क्या है इस पर शायद आपने कभी गौर नहीं किया होगा। मनुष्य का बाह्य तेज उसके आंतरिक व्यक्तित्व का रिफ्लेक्शन होता है। जो व्यक्ति दूसरे व्यक्ति, बात या उनके प्रभाव से जितना कम विचलित होता है, उतना ही उसके चेहरे पर तेज होता है। और बुद्ध जैसे, जो कभी किसी बात से विचलित ही नहीं होते उनके आंतरिक तेज का कहना ही क्या? उन्हें तो देखते ही ''बुद्धम् शरणम् गच्छामि'' हो ही जाएगा।

58 मालिक कौन?

एक सूफी फकीर की यह बात है। उसकी यह आदत थी कि कोई भी रास्ते में मिलता तो उससे सवाल पूछता, और जवाब में गड़बड़ लगती तो तुरंत उसे अपने अनोखे तरीके से सत्य समझाता। एक दिन की बात है, वह ऐसे ही अपनी मस्ती में चला जा रहा था कि उसने एक धोबी को अपने गधे की रस्सी पकड़कर ले जाते देखा। वह तुरंत दौड़कर उसके पास गया और उससे पूछा- भाई मेरी थोड़ी मदद करोगे?

उसने कहा- अवश्य!

फकीर ने कहा- दरअसल मैं थोड़ा भ्रम में पड़ गया हूँ। मुझे तुम और गधे एक ही रस्सी से बंधे नजर आ रहे हो, ऐसे में समझ नहीं आ रहा कि मालिक कौन है? तुम गधे के या गधा तुम्हारा?

धोबी ने बड़े आश्चर्य से फकीर को देखा। उसे लगा कि कहीं फकीर के भेस में कोई पागल तो नहीं घूम रहा है? होगा, उसे तो उत्तर देना ही था, सो उसने दिया। वह बोला- अरे, इतना भी नहीं समझ में आता? मैं मालिक हूँ! दिखता नहीं कि गधे के गले में रस्सी है और मैं उस रस्सी का सिरा पकड़े चल रहा हूँ।

फकीर ने यह सुनते ही ध्यान से एकबार फिर धोबी को और गधे को देखा। फिर उसे क्या सूझी कि उसने बीच में से रस्सी ही काट दी। रस्सी खुलते ही गधा भाग खड़ा हुआ और उसके भागते ही पीछे-पीछे धोबी भी भाग खड़ा

हुआ। तब धोबी को भागता देख फकीर जोर से चिल्लाया - देखा, तुम गलत थे। मालिक तुम नहीं गधा है और इसीलिए तो तुम उसके पीछे-पीछे दौड़े जा रहे हो।

सार: हमारा जीवन व हमारे विचार भी कुछ ऐसे ही हैं। आप समझते हैं कि यह गाड़ी, घर, रुपये या गहनों के मालिक आप हैं। लेकिन थोड़ा गौर से स्वयं को देखोगे तो समझ आ जाएगा कि वे ही सब आपके मालिक बने बैठे हैं। आप गाड़ी या घर के पीछे भाग रहे हैं, वे आपके पीछे नहीं भाग रहे हैं। लेकिन ध्यान रख लेना कि जिस रोज आपको वास्तव में इनके मालिक बनने की कला आ जाएगी, यह सब आपके पीछे-पीछे भागेंगे भी और सब भरपूर मजा भी देंगे।

59 चार दोस्तों की कहानी

यह कहानी चार दोस्तों की है जो भारत के मुंबई शहर में रहते थे और एक ही फर्म में कार्य किया करते थे। उनकी दोस्ती इतनी घनी थी कि ऑफिस से छूटते ही चारों एक बियर बार में नियमित रूप से साथ में जाया करते थे। हमेशा व्हिस्की के तीन-तीन पैग पीकर ही अपने-अपने घर पहुंचा करते थे। यही नहीं, कोई गलतफहमी न हो इसलिए चारों अपने-अपने हिस्से का बिल भी नियमित दिया करते थे। कुल-मिलाकर चारों जब तक रात को मस्ती भरे चन्द घंटे साथ में न बिता लें, घर नहीं जाते थे।

लेकिन एक दिन समय ने करवट ली। एक दोस्त के किसी दूर के रिश्तेदार की अमेरिका में मृत्यु हो गई। उनके आगे-पीछे कोई नहीं था। सो; उन्होंने अपनी विल में ना सिर्फ अपनी संपत्ति, बल्कि व्यवसाय की तमाम जिम्मेदारी भी उस दोस्त को सौंप दी। निश्चित ही उसकी तो लॉटरी निकल आई थी। जब उसने अपने दोस्तों को यह खबर सुनाई तो निश्चित रूप से वहां खुशी के साथ-साथ थोड़ा गम का माहौल भी हो गया। स्वाभाविक रूप से खुशी दोस्त को श्रेष्ठ जीवन मिलने की थी और उदासी बिछड़ने की थी। वैसे बिछड़ने के नाम से वह दोस्त स्वयं भी कुछ उदास था ही। हालांकि उसने सबको आश्वस्त करते हुए समझाया कि जाना जीवन की मजबूरी है, पर दिल में तो आप सब बसे ही रहेंगे। और फिर मैं स्वयं भी कोई

लंबे समय तक आप लोगों से मिले बगैर थोड़े ही रह सकता हूँ, अत: साल में एकाध बार तो मैं भी मिलने आ ही जाया करूंगा।

खैर! दोस्त अमेरिका चला गया, पर चारों का संपर्क बराबर बना रहा। देखते-ही-देखते एक वर्ष बीत गया और अमेरिका गए दोस्त ने अपने दोस्तों को सात रोज बाद स्वयं के भारत आने की खुशखबरी सुनाई। खबर ही कुछ ऐसी थी कि सुनते ही इस हसीन मुलाकात का सपना सबके मानस पर बुरी तरह छा गया था। आखिर वह भारत आ पहुंचा, और पहुंचते ही अपने दोस्तों से बात कर उसने पहले की ही तरह संध्या मिलने का कार्यक्रम भी बना लिया। सिर्फ एक परिवर्तन था, अबकी उसने दोस्तों को फाइवस्टार बियर बार में बुलाया था। कहने की जरूरत नहीं कि तीनों दोस्त यह सुनकर बड़े खुश हुए। दिनभर अपने दोस्त की तारीफ करते रहे कि इतना बड़ा आदमी हो जाने के बावजूद वह बिल्कुल नहीं बदला।

खैर, संध्या चारों नियत समय पर तय किए बियर बार में एकत्रित हुए। कहने की जरूरत नहीं कि मिलते ही सब बड़ी गर्मजोशी से आपस में गले मिले। तुरंत चार पैग का ऑर्डर भी कर दिया गया। बाकी तीन दोस्तों ने तो बड़े उत्साहपूर्वक यह कहते हुए चियर्स किया कि आज का पहला पैग हमारे उस दोस्त के नाम जो इतना बड़ा हो जाने के बावजूद बिल्कुल भी नहीं बदला। फिर तो दूसरा व तीसरा पैग भी इसी बात पर चियर्स करते हुए पिया गया। अब तीन पैग ही पिया करते थे, सो पार्टी समाप्ति पे आ गई। ...तभी अमेरिका से आए दोस्त को क्या सूझी कि उसने सबके चौथे पैग का ऑडर दिया व साथ में बिल भी मंगवाया। उसका उत्साह देखते हुए बाकी दोस्त भी रंग में आ गए। उधर अमेरिका से आए दोस्त ने चौथा पैग चियर्स करते हुए अपने जेब में हाथ डालकर अपना चौथे हिस्से का बिल रखते हुए कहा- मैं बिल्कुल नहीं बदला उस बात के लिए एकबार फिर चियर्स।

क्या खाक चियर्स! उसके द्वारा अपने हिस्से का बिल रखते देख बाकियों की तो शराब ही गले में अटक गई। सब बुरी तरह सकते में आ गए। वे तो यह सोचकर मस्त थे कि उनका रईस दोस्त फाइवस्टार के बियर बार में पार्टी दे रहा है। उन बेचारों की अपनी कमाई के बूते पर फाइवस्टार में पीने की हैसियत ही कहां थी? पर अब क्या किया जा सकता था। उधर अमेरिका से आए दोस्त ने

सबको असमंजस में पड़ा देख फिर चियर्स करते हुए पूछा- क्या सोच रहे हो? क्या तुम्हारा दोस्त रत्तीभर बदला है?

तीनों खिसियाते हुए एक साथ बोले- नहीं, मेरे बाप! तुम बिल्कुल नहीं बदले हो।

वह बोला- चलो तो फटाफट बॉटम्स अप करो। बेचारे क्या करते, बॉटम्स अप भी किया व बिल भी चुकाया। बिल चुकाने में पूरे महीनेभर की तनख्वाह चली गई। बेचारों का बचा हुआ महीना बड़ी कड़की में गुजरा। सच कहा जाए तो पूरा महीना इन तीनों ने उस दोस्त को कोसते हुए बिताया।

सार: मनुष्य कुछ ऐसी फितरत का मालिक है कि जो बदले तो भी कष्टदायक और न बदले तो भी तकलीफ। एक मनुष्य का भगवान से पार पड़ना तो आसान है, परंतु किसी दूसरे मनुष्य से पार पड़ना उसके लिए असंभव है। सो, जीवन में जो दूसरे मनुष्यों से जितनी कम उम्मीदें व अपेक्षाएं रखे जी रहा है, उतना ही वह सुखी है।

60 राजा जनक – एक सच्चे गुरु

बात सदियों पुरानी है। भारत के प्राचीन मिथिला में एक समय जनक नामक एक प्रसिद्ध राजा हुए थे। वे परम ज्ञानी थे। उन्होंने मन के तमाम विकारों पर विजय पा ली थी। फलस्वरूप वे मन की समस्त शक्तियों से ओतप्रोत थे। इस राजा जनक की पहचान बताऊं तो वे भारत में अति चर्चित राम-सीता की जोड़ी में से सीता के पिताजी थे। उनका परम ज्ञान यह कि उन्होंने अपने इन्वोल्वमेंट को नाबूद कर दिया था। उन्हें ''विदेह'' यानी 'नॉन-इन्वोल्व्ड-मैन' कहा जाता था। कोई व्यक्ति या वस्तु उन्हें छूती ही नहीं थी। यहां तक कि उनकी अति लाड़ली बेटी सीता ने अकारण चौदह वर्ष वनवास में गुजारे तथा उस दरम्यान उनका हरण तक हुआ, परंतु विदेह जनक को एक पल के लिए उसकी चिंता नहीं पकड़ी। जिनके कर्म और जिनका जीवन, वे जाने।

अब निश्चित ही जब वे ऐसे विदेह थे, तो उनके ज्ञान की चर्चा भी चारों ओर फैलनी ही थी। उस समय के कई वास्तविक विद्वान ऋषि-मुनि उन्हें अपना

आदर्श मानते थे। अब मजा यह कि चूंकि जनक जब किसी वस्तु या व्यक्ति से इन्वोल्व ही नहीं थे, तो निश्चित ही कोई वस्तु उन्हें पकड़नी या छोड़नी भी नहीं थी। सो स्वाभाविक तौरपर ज्ञान होने के बाद ना तो उन्होंने अपना राजपाट छोड़ा और ना ही उन्होंने अपना रूटीन बदला। बदलाहट का कोई कारण ही न बचा। उनके बाबत एक और खास बात यह कि वे मदिरा व नृत्य के संगम के अत्यधिक शौकीन थे। अक्सर राजमहल में संध्या के बाद नृत्य व सोमरस का संगम हो ही जाया करता था। रहते भी पूरी शान से ही थे। और इस कारण उनके ज्ञान की ही तरह उनके ये शौक भी चारों ओर बड़े मशहूर थे।

यह तो हुई राजा जनक की बात। उधर दूसरी तरफ उन्हीं दिनों एक महान गुरु भी हुआ करते थे। उनके यहां दूर-दूर से जिज्ञासु शिष्य ज्ञान लेने आते थे। बाकी सब तो ठीक, पर उस गुरु की लाख कोशिशों के बावजूद उनका एक अड़ियल शिष्य चाहकर भी अपना इन्वोल्वमेंट कम नहीं कर पा रहा था। वह घर छोड़ गुरु के आश्रम में रहने तो आ गया था, पर हर दूसरे दिन उसे घरवालों की याद आ जाया करती थी। उधर गुरु भी जिद्दी थे, वे उसका घरवालों के प्रति ऐसा लगाव दूर करने को कटिबद्ध थे, लेकिन बात थी कि बनने का नाम नहीं ले रही थी। ...आखिर थककर गुरु ने उसे राजा जनक के यहां ज्ञान लेने जाने का आदेश दिया। गुरु की इस आज्ञा ने शिष्य को हैरान कर दिया। उसने जनक के शौकों के बारे में काफी कुछ सुन रखा था। उसका सोचना था कि जनक को तो खुद ज्ञान की आवश्यकता है, वह मुझे क्या ज्ञान देगा? लेकिन गुरु की अवज्ञा तो की नहीं जा सकती थी, सो दूसरे दिन वह अपने एक जोड़ी कपड़े तथा जनक के नाम गुरु का एक पत्र लेकर निकल पड़ा। अब निकल तो पड़ा था, पर जनक जैसा व्यक्ति उसे ज्ञान देगा; ...यह बात वह पचा नहीं पा रहा था। उसका अहंकार तो उल्टा यह सोच रहा था कि जनक मुझे क्या ज्ञान देगा, मैं ही उसे ठीक कर आऊंगा। उसके मदिरा व नृत्य न छुड़वाए तो मेरा नाम नहीं। और इस तरह मैं ना सिर्फ गुरु का जनक के प्रति जो भ्रम है वह तोड़ने में कामयाब हो जाऊंगा, बल्कि गुरु को अपने ज्ञानी होने का सबूत भी दे दूंगा।

बस अपना यही अहंकार साथ लिए वह जनक के यहां पहुंचा। अब जिस गुरु का वह पत्र लाया था, उनकी जनक के दरबार में बड़ी प्रतिष्ठा थी। सो पत्र

थमाते ही उसे सीधे जनक के सामने पेश कर दिया गया। जनक तो पत्र पढ़ते ही, और कम था तो शिष्य को देखते ही आगे क्या करना है, समझ गए। जनक ने हाथोंहाथ महल के ही एक कमरे में उसके रुकने की व्यवस्था करवाई, और लगे हाथों उसे आराम कर संध्या अपने पास आने को भी कह दिया। ...यानी ज्ञान की बातें तब कर ली जाएगी।

यह तो जनक की बात हुई। दूसरी ओर शिष्य तो जनक की शान देखकर ही तन गया। वह जनक के प्रति गुरु की सोच बदल देने के गुमान से भी भर गया। वह भी क्या करे, दरअसल भारत में अधिकांश संत-मुनि भ्रमवश संन्यास, त्याग व सादगी को ही धर्म मान बैठे हैं। वे स्त्री और जीवन के पूरी तरह विरोधी हो गए हैं। यह शिष्य भी उनमें से ही एक था। सो, धर्म की इस परिभाषा के आधार पर उसका अहंकार से भर जाना लाजिमी ही था।

खैर! संध्या क्या दूर थी? उस शिष्य को जनक के क्रीड़ा-कक्ष में पेश कर दिया गया। निश्चित ही वहां नर्तकियों के नाच-गान का दौर चल रहा था। जनक ने शिष्य को अपनी बगल में ही बिठाया और नाच-गान का आनंद लेने को कहा। ...पर यह तो पाप हुआ, सो बेचारा शिष्य वहां नहीं ठहर पाया। उसने सुबह जनक से मुलाकात करने का समय मांगा। जनक ने उसे सुबह-ही-सुबह अपने कक्ष में आने को कह दिया। उसके इस व्यवहार पर जनक मन-ही-मन हँस भी रहे थे। अरे, वाकई यदि नाच-गान में तुम्हें रस नहीं तो फिर यहां से भागने की क्या आवश्यकता? इसका अर्थ तो यही हुआ कि कहीं-न-कहीं यह नाच-गान तुम्हें प्रभावित कर रहा है।

जनक शिष्य के नाच-गान के प्रति इन्वोल्वमेंट को देखकर चौंक गए थे। क्योंकि उसी के चलते वह यह कक्ष छोड़कर भाग खड़ा हुआ था। कोई बात नहीं, अभी तो रात भी बीत गई और सुबह भी हो गई। शिष्य समय से ही जनक के कक्ष में पहुंच गया। जनक आराम फरमा रहे थे। उन्होंने शिष्य को दो पल चैन से अपने पास बैठने को कहा। लेकिन उधर शिष्य एक दिन में ही पूरी तरह उकता गया था। उसने जनक से निवेदन किया कि देखिए, मेरे गुरु ने मुझे आपके पास ज्ञान प्राप्त करने हेतु भेजा है, सो मेहरबानी कर वह दे दीजिए ताकि मैं लौट जाऊं। मुझ संन्यासी को आपका यह आलीशान महल बिल्कुल रास नहीं आ रहा। जनक

ने उसकी आंखों में झांकते हुए कहा- ठीक है। ज्ञान दे देता हूँ, पर पहले स्नान वगैरह तो कर लें। चलो, महल के पीछे ही एक शानदार सरोवर है, हम वहां स्नान कर आते हैं। ...फिर तुम्हें ज्ञान दे दूंगा।

शिष्य ने सोचा, यह भी ठीक है। सरोवर में स्नान करने में क्या बुराई? जल-कुंड का कहा होता तो शायद सोचना पड़ता। क्योंकि वह वैभव की बात है, परंतु सरोवर तो प्राकृतिक है। यह सोच वह जनक के साथ चल दिया। भला संन्यासी का वैभव से क्या वास्ता? हां, इधर जाने से पूर्व जनक ने सेनापति को बुलाकर उसे कुछ आदेश दिए। खैर, सरोवर था तो महल के पिछवाड़े ही। सो पहुंचने में क्या देर? बस दोनों सरोवर में नहाने का लुत्फ उठाने लगे। हालांकि बातचीत दोनों के बीच अब भी नहीं हो रही थी। लेकिन मौनपूर्वक नहाते हुए भी दोनों की स्थिति में बड़ा फर्क था। जनक जहां अपने नहाने का आनंद ले रहे थे, वहीं शिष्य स्नान खत्म होने की बेचैनी से भरा हुआ था। ...तभी अचानक क्या हुआ कि जनक के महल में आग लग गई। देखते-ही-देखते महल धू-धू कर जल उठा। अब महल आंखों के सामने ही था, सो वह शिष्य यह नजारा देखते ही हड़बड़ा उठा। उसने मस्ती से नहा रहे जनक से कहा- आपका महल जल रहा है और गलती से मैं अपने वस्त्र वहीं छोड़ आया हूँ। उसकी बात तो खत्म हुई, पर जनक ने कोई प्रतिसाद नहीं दिया। वे अपनी डुबकियां लगाते रहे। शिष्य बुरी तरह चौंक गया। वह ना सिर्फ चौंक गया बल्कि जनक की मस्ती देख समझ भी गया कि इस जनक का तो पूरा महल जल रहा है फिर भी महाराज नहाने में ही डूबे हुए हैं, जबकि मेरे तो सिर्फ एक जोड़ी वस्त्र वहां हैं...फिर भी मुझे उसकी चिंता पकड़ ली। और इतना समझ आते ही उसका उद्धार हो गया। उसे जो ज्ञान पाने हेतु उसके गुरु ने यहां भेजा था, वह वो पा चुका था। निश्चित ही सवाल "क्या व कितना है" का नहीं, सवाल वह "वस्तु आपको रुचिकर है या नहीं" उसका भी नहीं, सवाल तो सिर्फ एक ही है कि उस वस्तु में आपका इन्वोल्वमेंट है या नहीं? यदि इन्वोल्वमेंट हुआ तो फिर आप ना तो उस वस्तु का आनंद ले पाएंगे, और ना ही उसके बिछड़ने का दुःख सह पाएंगे। इसी उदाहरण में देख लो, उस शिष्य की हालत भी ऐसी ही थी। वह नहाने का आनंद तो नहीं ही ले पाया था, साथ ही इन्वोल्वमेंट के कारण उसे अपने वस्त्र जलने का दुःख भी सहना पड़ा था।

सार: शिष्य तो इस इन्वोल्वमेंट से छूट गया, क्योंकि उसे राजा जनक जैसे ज्ञानी मिल गए थे। परंतु आपको और हमको तो राजा जनक की यह दास्तान पढ़कर ही इन्वोल्वमेंट नामक मुसीबत से छूटना होगा। दरअसल मनुष्य के पास क्या है या कितना है, मनुष्य क्या कर रहा है या क्या नहीं कर रहा है; इसका, उसके मन या जीवन की ऊंचाई से कुछ लेना-देना नहीं है। क्योंकि मनुष्य के दुखों की जड़ कुछ होना या कुछ करना नहीं है, बल्कि उस होने या करने के पीछे उसका इन्वोल्वमेन्ट कितना है; यह है। यदि आप बिना इन्वोल्व्ड हुए कुछ भोग सकते हैं या कुछ कर सकते हैं...तो कुछ भी भोगो और कुछ भी करो, कभी दुख उत्पन्न नहीं होगा। और आपके जीवन में दुख नहीं तो आप पापी नहीं। ...बाकी तो आप जानते ही हैं कि पूरी दुनिया पुण्य भी कर रही है और दुखी भी है। अब ऐसे लोग अपनी परिभाषा में धार्मिक हो सकते हैं, परंतु कुदरत की परिभाषा में तो वे अधार्मिक ही हैं।

61 अकबर-बीरबल की बहस

एक दिन अकबर और बीरबल में बहस छिड़ गई। बहस का विषय ईमानदारी था। अकबर का कहना था कि अधिकांश लोग प्राय: ईमानदार होते हैं। जबकि बीरबल का कहना था कि ईमानदारी व्यक्ति की मजबूरी होती है। मौका मिलते ही अधिकांश लोग बेईमानी पर उतर आते हैं। विवाद ने काफी जोर पकड़ लिया। अंतत: सवाल यह उठ खड़ा हुआ कि आखिर इस बात का फैसला कैसे हो? स्वाभाविकरूप से इसका रास्ता बीरबल को ही निकालना था, और उसने निकाल भी लिया। उसने अकबर से कहा कि आम जनता के लिए एक शाही फरमान जारी कर दिया जाए। फरमान यह कि शहर के मध्य में जो खाली कुआं है, कल सबको उसमें एक सेर दूध डालना है। बीरबल का प्रस्ताव सुन अकबर का सर चकरा गया। भला इससे क्या होगा...? बीरबल बोला- जहांपनाह फिक्र क्यों करते हैं, आप देखते जाइए, इससे हमारे बीच छिड़े विवाद का ना सिर्फ कल संध्या तक हल निकल आएगा, बल्कि हमारे मध्य अब तक हुई सारी चर्चाओं का दूध-का-दूध तथा पानी-का-पानी भी हो जाएगा।

अब बीरबल ने अनेकों बार अपनी बुद्धिमानी सिद्ध की थी, सो अकबर को बात समझ में न आने के बावजूद बीरबल को एकबार मौका तो देना ही था। बस हाथोंहाथ बीरबल के कहे अनुसार कुएं में एक सेर दूध डालने का शाही फरमान जारी कर दिया गया। दूसरे दिन सुबह से ही कुएं में दूध डालनेवालों की कतार लग गई। करीब शाम तक यह सिलसिला जारी रहा। संध्या ढलते ही बीरबल और अकबर कुआं देखने चल पड़े। अकबर ने जैसे ही कुएं के पास जाकर उसमें झांका तो दंग रह गया। कुआं पूरा पानी से भर गया था, उसमें सेर भर दूध भी नजर नहीं आ रहा था। अकबर को जवाब मिल गया था कि मौका पड़ने पर मनुष्य बेईमानी पर उतर ही आता है। स्वाभाविक तौरपर सबने कुएं में यह सोचकर पानी डाला था कि दूध से भरे कुएं में एक सेर पानी डाल भी दिया तो क्या फर्क पड़ जाएगा?

सार: यदि आप भी अपने को ईमानदार समझते हों, तो मेहरबानीकर मजबूरी में किए कृत्यों को अपनी ईमानदारी मत समझ लेना। इज्जत, कानून, धर्म या समाज के डर से आप सीधे चलते हों तो उसे सीधा चलना नहीं माना जा सकता है। अमेरिका के एक शहर में एकबार बिजली चली गई और करीब दो रोज तक नहीं आई, फिर तो चारों ओर लूटपाट मच गई। सवाल यही कि जो चोर अंधेरे में इस कदर सक्रिय हो गए, वे उजाले में कहां छिपे पड़े थे? सीधी बात है, इज्जत व कानून के डर से सब शांत बैठे हुए थे, बाकी चोर तो सबमें छिपा ही पड़ा था। नहीं, ऐसी ईमानदारी का जीवन में कोई फायदा नहीं। यदि ईमानदारी का यह सबक समझ गए तो आपके जीवन में आनंद, मस्ती व शांति के फव्वारे फूट निकलेंगे।

62 एक चोरी ऐसी भी...

भोले हृदयवाले कबीर एक प्रसिद्ध भारतीय संत थे। वे चादरें बुन-बुनकर अपनी आजीविका चलाया करते थे। एक तो चादर बुनती मुश्किल से, ऊपर से कबीर कभी भी, किसी भी जरूरतमंद को बुनी चादर मुफ्त में दे दिया करते थे। उनकी इस आदत के कारण घर में हमेशा भोजन-पानी की तंगी रहती थी। और यह कम था तो शाम में जब कुछ लोग कबीर के भजन सुनने आते तो

वे बगैर चूके उन्हें भोजन का पूछते भी और मांगे जाने पर परोसते भी। उनकी इस आदत के कारण पत्नी लोई व बेटे कमाल को अक्सर भूखा सोना पड़ता था। उन्होंने अनेकों बार कबीर को टोका भी, समझाया भी कि आप जानते हैं कि घर में हमारे पेट भरने हेतु ही कुछ नहीं होता, ऐसे में आप जमानेभर को भोजन का क्यों पूछते रहते हो? बात कबीर की समझ में आती भी थी, परंतु जैसे ही भक्त लोग एकत्रित होते कि वे सब भूल जाते। ...आखिर एक दिन कमाल क्रोध से भर गया, उस दिन हुआ भी कुछ ऐसा था कि भक्तों को भोजन कराने के बाद घर में कुछ न बचा था। सो, कमाल ने पिता कबीर पर सीधा आक्रमण करते हुए कहा कि आपकी यह आदत नहीं बदली तो लगता है हमें अपना पेट भरने हेतु चोरी करनी पड़ेगी।

उधर कबीर तो यह सुनते ही उछल पड़े, और बड़े उत्साहित होते हुए बोले- वाह बेटा कमाल! तुमने तो वाकई बड़े कमाल का सुझाव दिया है। तुझे यह विचार पहले क्यों नहीं आया?

इधर कमाल तो कबीर की बात सुनते ही बुरी तरह चौंक गया। उसे अपने कानों पर विश्वास ही नहीं हुआ। कबीर और चोरी की वकालत कर रहे हैं? सो उसने बात दोहराते हुए कहा- पिताजी! मैं चोरी करने को कह रहा हूँ, भजन करने को नहीं।

अब कबीर कितनी ही दृढ़तापूर्वक कहे, पर कमाल को विश्वास नहीं हो रहा था। उसको लग रहा था कि कहीं यह मेरी परीक्षा तो नहीं ले रहे। वे यह तो नहीं सोच रहे कि मैं अपना सुझाव देकर पछता रहा हूँ। लेकिन वे नहीं जानते कि मैं पूरी गंभीरतापूर्वक कह रहा हूँ। सो उसने सोचा कि क्यों न लगे हाथों उन्हें अपनी गंभीरता से अवगत करा दूं और साथ ही उनकी गंभीरता भी तौल लूं। अभी दूध-का-दूध और पानी-का-पानी हो जाएगा। सो, कमाल ने अबकी सीधा पूछा- तो आप मेरे साथ चोरी करने जाने को तैयार हैं?

कबीर ने कहा- हां

कमाल ने पूछा- कब?

कबीर बोले- कब क्या, अभी। मैं तो चोरी करने को उतावला हुआ जा रहा हूँ। पहले कभी की नहीं है, निश्चित ही बड़ा रसप्रद अनुभव रहेगा।

उधर कमाल भी पक्का था। हालांकि उसे विश्वास तो अब भी नहीं हो रहा था, परंतु वह आज कबीर को छोड़ने के मूड में भी नहीं था। बस बाप-बेटे रात को बनारस की सुनसान गलियों में निकल पड़े और भटकते-भटकते एक सेठ के अनाज के गोदाम के सामने जाकर दोनों रुक गए। और रुकते ही कमाल ने पिताजी से बड़े रहस्यमय अंदाज में कहा- चलिए पिताजी! एक-एक बोरी यहां से उठा ले जाते हैं।

...कमाल को था कि अब कबीर पलट जाएंगे। लेकिन उल्टा कबीर तो चोरी करने हेतु इतने उत्साहित थे कि वे तो कमाल का वाक्य पूरा होते-होते गोदाम के भीतर ही घुस गए। इतना ही नहीं, फट से एक गेहूं की बोरी उठाकर वे बाहर भी आ गए। यह देख कमाल की हालत अजीब हो गई। एक तो उसे विश्वास नहीं हो रहा था कि कबीर ने वाकई गेहूं की बोरी चुरा ली, दूसरा वह तो यूं ही क्रोधवश कहने को कह गया था; बाकी तो उसका स्वयं का इरादा चोरी करने का कतई नहीं था, लेकिन अब शायद उसके पास कोई उपाय न था। सो चुपचाप वह भी गोदाम से एक बोरी अनाज ले आया। और अभी दोनों बोरियां उठाए दो कदम ही चले थे कि कबीर ने अपनी बोरी नीचे रखते हुए कमाल से कहा- अरे, एक भूल हो गई। हम सेठ को कहना ही भूल गए कि भगवान मजबूरी में आए थे और दो बोरी ''भगवान'' के यहां से उठाकर ले जा रहे हैं। जा, जाकर तू सेठ को कह आ, बेचारे अकारण सुबह चिंता न करे कि अनाज की दो बोरियां गई कहां...? और ऐसा न हो वे किसी निर्दोष को इस हेतु सजा दे दें।

कमाल तो यह सुनते ही दंग रह गया। ...भला यह कैसी चोरी हुई?

सार: कबीर जिन्हें सबमें भगवान नजर आता है, उनमें चोरी का भाव जागे भी तो कैसे? वे तो यही कहेंगे कि एक भगवान के यहां अनाजरूपी भगवान की कमी है, आपके यहां ज्यादा है, सो एक भगवान दूसरे भगवान के यहां से अनाजरूपी भगवान उठा ले जा रहा है। कृत्य सारे कोरे हैं। उनमें अच्छा-बुरा कुछ होता ही नहीं है। महत्व कृत्य के पीछे के भावों का है, महत्व मनुष्य की मानसिक ऊंचाइयों का है... हम दया, दान व धर्म भी करेंगे तो भी सबकुछ गलत ही होगा तथा कबीर और कृष्ण जैसे लोग चोरी भी करेंगे तो वह भी किसी महान भक्ति से कम नहीं होगी। अत: जीवन यदि मस्ती व आनंद से भरना चाहते हो तो जोर अपने भावों पर दो, कृत्यों पर नहीं। और ठीक उसी तरह दूसरों के भी भाव देखो, कृत्य

नहीं। कृत्य अच्छा-बुरा होता ही नहीं है। अच्छाई-बुराई का फैसला तो कृत्य के पीछे छिपे भाव से होता है।

63 धनपति का दुःख और संन्यासी की चाल

एक धनपति था। उसके पास ना सिर्फ अपार धन था, बल्कि उसका हँसता-खेलता परिवार भी था। वह स्वभाव से मिलनसार भी था और हमेशा गांववासियों के सुख-दुख में उनके साथ खड़ा भी रहता था। इस कारण पूरा गांव उनसे बहुत प्यार करता था। लेकिन अचानक जाने क्या हुआ कि वह उदास रहने लगा। वैसे बात तो कुछ भी न थी, पर छाई उदासी थी कि जाने का नाम नहीं ले रही थी। धीरे-धीरेकर उदासी का आलम यहां तक आ पहुंचा कि वह मूक ही हो गया। अधिकांश समय एकांत में गुमसुम तरीके से दिन बिताने लगा। निश्चित ही उनकी यह हालत देख परिवारवाले ही नहीं, पूरा गांव चिंतित हो उठा था। उनकी पत्नी व पुत्रों ने उनकी इस उदासी का राज भी जानना चाहा, पर स्वयं धनपति को कुछ मालूम हो तो कहे! चिंता का गहरा विषय यह था कि हर बीतते दिन के साथ उनकी उदासी बढ़ती चली जा रही थी।

खैर, उसी दरम्यान गांव के बाहर एक संन्यासी ने डेरा डाला। संन्यासी बड़ा पहुंचा हुआ सायकोलॉजिस्ट था। समस्या कैसी भी हो, वह अपने तरीके से उनका समाधान कर ही देता था। हालांकि उसके तरीके बड़े ही विचित्र व अक्सर समझ में न आए ऐसे होते थे, लेकिन तरीकों से क्या...? मतलब तो समस्या के निपटारे से ही होता है। सो देखते-ही-देखते गांववासियों पर उसकी धाक जम गई। उधर कुछेक ने सोचा कि जब ये संन्यासी इतने लोगों का सटीक इलाज कर चुके हैं तो क्यों न इनसे धनपति की उदासी का भी इलाज करवाकर देख लिया जाए। बस, संन्यासी से मिलने की दरख्वास्त लेकर कुछ गांववासी धनपति के पास जा पहुंचे। अब अंधा क्या चाहे, दो आंखें। धनपति तुरंत संन्यासी से मिलने दौड़ पड़ा। उसने जाते ही संन्यासी के चरणों में सिर झुकाते हुए कहा- आप कुछ भी करें पर मेरी कभी न खत्म होनेवाली उदासी से मुझे निजात दिलवाएं। मेहरबानीकर मेरा मस्ती से भरा स्वभाव फिर लौट आए ऐसा कुछ करें।

संन्यासी ने धनपति की सारी बातें बड़ी शांतिपूर्वक सुनीं। उसकी आंखों में झांककर उसका व्यक्तित्व भी अच्छे से टटोला। फिर दो मिनट के चिंतन के बाद उसे आश्वस्त करते हुए बोले- मैं तुम्हें खुशी से भर तो सकता हूँ, परंतु उस हेतु तुम्हें धन का दान करना होगा। बताओ खुशी पाने हेतु तुम कितना दान कर सकते हो?

धनपति बोला- महाराज आप मुझे मेरी मस्ती लौटा दें तो मैं कुछ भी कर सकता हूँ। दस हजार स्वर्ण मुद्राएं दान करने को तैयार हूँ।

संन्यासी बोला- उससे क्या होगा! खुशी इतने सस्ते में पाना चाहते हो?

धनपति बोला- ठीक है। मैं दस हजार स्वर्ण मुद्राओं के अलावा छोटा थैला भर हीरे-जवाहरात भी दान कर दूंगा।

संन्यासी अबकी बड़ी गंभीरता से बोला- बड़ी कम कीमत लगा रहे हो अपनी खुशी की! परंतु इतने से काम चलेगा नहीं... अगर अपना पूरा खजाना दान करने को राजी हो जाओ, तो ही मैं तुम्हें खुशी से भर देने को राजी हो सकता हूँ।

मरता क्या न करता! धनपति ने सोचा, जीवन में खुशी ही नहीं तो धन का करूंगा क्या? बस वह संन्यासी की बात मान गया और अपना पूरा धन दान करने को तैयार हो गया। उसने संन्यासी से सीधा पूछा- बताइए मुझे अपने पूरे खजाने का दान किन्हें व कहां करना है?

संन्यासी ने हँसते हुए कहा- यह भी कोई पूछने की बात है?...मुझे ही करना है! कल सुबह अपना पूरा खजाना एक बोरी में बांधकर मेरे चरणों में धर दो। बस, फिर तत्काल मैं तुम्हें खुशी से भर दूंगा।

ठीक है, बात तय हो गई। दूसरे दिन प्रात:काल वायदे के मुताबिक धनपति ने अपना सारा धन और तमाम कीमती खजाना एक बोरी में बांधा और लेकर संन्यासी के पास जा पहुंचा। पहुंचते ही उसने बोरी संन्यासी को सौंपते हुए कहा- वादे के मुताबिक मैंने अपना सबकुछ आपको समर्पित कर दिया, अब आप मुझे खुशी से भर दीजिए।

संन्यासी ने बोरी उठाते हुए बड़े रहस्यमय अंदाज में धनपति को देखा, और उससे पहले कि धनपति कुछ समझ पाए वह बोरी कंधे पे उठाकर दौड़ पड़ा। धनपति को तो एक क्षण समझ में ही नहीं आया कि यह उसने क्या किया?

लेकिन जल्द ही होश में आ गया। तुरंत चिल्लाते हुए संन्यासी के पीछे दौड़ पड़ा। उधर संन्यासी तो गांव से दूर जंगल की तरफ दौड़े जा रहा था। बेचारा धनपति बुरा फंसा था। वह इतना तो कभी चला भी न था। एक तो उम्र का तकाजा था, ऊपर से आरामप्रिय जीवन भी था। जरा-सी दौड़ में वह बुरी तरह हांफ गया था। लेकिन सवाल जीवनभर की कमाई का था। सो किसी तरह जान लगाकर संन्यासी के पीछे दौड़ लगाए हुए था। पर कहां संन्यासी की फुर्ती और कहां उम्र के अंतिम पड़ाव पर जी रहा यह धनपति। संन्यासी तो दौड़ते-दौड़ते भीतर घने जंगल में पहुंच गया। हालांकि धनपति उससे काफी पीछे था, परंतु पीछा करना उसने अब भी नहीं छोड़ा था। अपनी पूरी ताकत लगाकर उसका संन्यासी के पीछे दौड़ना अब भी जारी था। उधर संन्यासी को भी यह तो यकीन था ही कि अपनी जीवनभर की कमाई यह धनपति आसानी से छोड़नेवाला तो नहीं ही है। ...लेकिन शायद अब काफी हो चुका था। अचानक संन्यासी ने खजाने से भरी वह बोरी एक जगह रख दी और स्वयं एक विशाल पेड़ के पीछे छिपकर खड़ा हो गया। उधर कुछ देर पश्चात हांफता हुआ धनपति भी वहां आ पहुंचा और जैसे ही उसकी नजर अपनी बोरी पर पड़ी कि उसने तत्क्षण वह बोरी उठा ली। फिर निगाह दौड़ाकर यहां-वहां संन्यासी को खोजने लगा, पर संन्यासी कहीं नजर नहीं आया। खैर, उसे संन्यासी से क्या...? धन तो वापस मिल ही गया था। उसने तो धन की बोरी को सीने से लगा लिया और खुशीपूर्वक भगवान का शुक्रिया अदा किया।

यह देख तुरंत पेड़ के पीछे छिपे संन्यासी ने गर्दन निकालते हुए धनपति से पूछा- खुशी मिली?

धनपति ने कहा- हां!

यह सुन संन्यासी बड़े नाटकीय अंदाज में बोला- अब अपनी बोरी लेकर भाग जा, नहीं तो मैं फिर उसे लेकर भाग खड़ा होऊंगा। और ध्यान रखना कि आज के बाद फिर कभी उदास हुआ तो तेरा यह खजाना गया ही समझो। बोल! अब कभी उदास होगा...?

धनपति बोला- सवाल ही नहीं उठता।

संन्यासी हँसते हुए बोला- तो जा फिर!

...बस उस धनपति को उस दिन के बाद कभी उदासी नहीं पकड़ी।

सारः धनपति को वापस मिली खुशी का रहस्य जान लो। धन उसके पास था; लेकिन फिर भी वह उदास रहने लगा था। परंतु उस संन्यासी ने उसे कुछ समय के लिए धन से दूर क्या किया, उसी धन में उसे खुशी नजर आने लगी। यही हमारा हाल है। जो कुछ भी हमारे पास है, हमारी नजरों में उसकी कीमत नहीं होती। ...फिर चाहे वह वस्तु हो या व्यक्ति। लेकिन वही यदि बिछड़ जाए तो बड़ा कष्ट होता है। उसकी कमी भी खलती है और याद भी आती है, फिर चाहे वह टीवी, बिजली या गाड़ी हो या फिर वह पत्नी, माता-पिता या कोई दोस्त हो। यहां तक कि हमारे शरीर के सारे अंगों के साथ भी हमारा यही व्यवहार है। जब तक कोई अंग बिगड़ न जाए, हमें उसके होने का एहसास ही नहीं होता। सर दुखे, तब "सर है" यह मालूम पड़ता है। टांग टूटे या दुखे तो "टांग" होने का एहसास जागता है। यह बेहोशी है। और यह बेहोशी ही तमाम उदासियों व मनहूसियतों का मूल है। अधिकांश मनुष्यों के लिए जो है वह मिट्टी है और वही खो जाए तो सोना हो जाता है। परंतु समझदार व्यक्ति वो है जो बजाए नया पाने की चाह में दौड़ने के, पहले जो कुछ उसके पास है, उसका भरपूर आनंद लेता है; और उसे ही तवज्जो देता है।

64 गुरु की आज्ञा - शिष्य का पालन

भारत में कई संन्यासी स्त्री को पाप तथा नरक का द्वार मानने के गुमान में जी रहे होते हैं। वे यह तक भूल बैठे हैं कि उसी 'स्त्री' के कारण वे अस्तित्व में आए हैं। और भारत में गुरुकुलों की कभी किसी युग में कोई कमी नहीं रही। कुछ ज्ञानियों के गुरुकुल थे, तो बाकी के अज्ञानियों के। हालांकि इस समय आपको एक ज्ञानी के गुरुकुल का दृष्टांत बता रहा हूँ। उस ज्ञानी गुरु के शिक्षा देने का अपना ही एक तरीका था। वह शिष्यों का इन्वोल्वमेंट कम करने हेतु हर महीने उन्हें किसी एक वस्तु से इन्वोल्व न होने की आज्ञा देता था। उस माह उसने शिष्यों को स्त्रियों में इन्वोल्व न होने की आज्ञा दी हुई थी। इन गुरुकुलों की एक और विशेषता थी, प्रायः शिष्य गुरु की आज्ञा का उल्लंघन कभी नहीं करते थे।

खैर, हुआ यह कि अभी इस आज्ञा को कुछ ही दिन हुए थे कि एक दिन अनायास ही चार-छः शिष्य टहलते-टहलते एक नदी किनारे से गुजर रहे थे। उन दिनों वर्षा का मौसम था और नदी बड़ी तेज बह रही थी। अब कुदरत की करनी ऐसी कि उसी दरम्यान एक महिला किनारे पर फंसी पड़ी थी। उसका घर दूसरे किनारे था, लेकिन पानी का तेज बहाव देखते हुए वह नदी पार करने का साहस नहीं जुटा पा रही थी। उसी समय ये शिष्य भी वहां जा पहुंचे। उन्हें देखते ही उस महिला ने उनसे नदी पार करवाने की दरख्वास्त की। यह सुनते ही एक शिष्य तनकर बोला- यह नहीं हो सकता। गुरु की आज्ञा है कि इस माह हमें स्त्रियों में इन्वोल्व नहीं होना है। उधर सभी ने उसकी हां में हां मिलाई, एक को छोड़कर। यही नहीं, उसने तो तत्क्षण उस स्त्री को कंधे पर बिठाया और नदी पार करवाकर लौट भी आया। उसकी ऐसी हरकत, और हरकत के कारण हुई गुरु की अवज्ञा पर सबने उसको खूब कोसा। बेचारा लौटते वक्त पूरे रास्ते सब के ताने सुनता रहा।

लेकिन बात यहीं समाप्त नहीं हुई। आश्रम पहुंचते ही सभी ने गुरु को उसकी आज की हरकत के बाबत बताया, लेकिन बताते ही कमाल घट गया। सबने सोचा था कि गुरु उस शिष्य को डांटेंगे, परंतु उल्टा गुरु ने उसके द्वारा किए दुस्साहस की प्रशंसा की। साथ ही उसे गले लगाते हुए कहा- चलो एक का तो इन्वोल्वमेंट खत्म हुआ... यह सुनते ही बाकी शिष्य बुरी तरह चौंक गए। यह उल्टी गंगा कैसे बह निकली? उधर सबको इस तरह अचम्भित देख गुरु ने सबकी जिज्ञासा शांत करते हुए कहा- दरअसल यह उस स्त्री को नदी पार करवा पाया, क्योंकि वह वाकई उस समय स्त्रियों के इन्वोल्वमेंट से ऊपर उठ चुका था। यदि वाकई स्त्री रत्तीभर उसे प्रभावित कर रही होती तो वह भी तुमलोगों की तरह उसे इंकार कर लौट आया होता। और दूसरी बात मैं साफ देख रहा हूँ कि वह तो स्त्री को नदी पार कराकर छोड़ भी आया, परंतु तुमलोग तो अभी तक उस स्त्री को कंधे पर उठाये हुए हो।

सार: इन्वोल्वमेन्ट वस्तु या व्यक्ति की तरफ भागना ही नहीं, वस्तु या व्यक्ति से भागना भी इन्वोल्वमेन्ट ही है। और सच कहूं तो यह ज्यादा गहरा इन्वोल्वमेन्ट है। आप भी गौर कर लेना, आप चिंता अपनों व परायों दोनों की

करते हैं; फर्क इतना है कि अपनों के आगे बढ़ने की चिंता करते हैं, जबकि पराए कहीं आगे बढ़ न जाए उसकी चिंता करते हैं। आप भी जानते ही हैं कि खबर आप दोस्त और दुश्मन दोनों की बराबरी पर रखते हैं। अत: यह अच्छे से समझ लें कि वस्तु या व्यक्ति से व्यवहार अच्छा मानकर करें या बुरा, दुख दोनों ही कंडीशन में पैदा होना ही है। सुख तो मध्य में, यानी निर्विचार-निष्पक्ष मनोदशा में ही उत्पन्न हो सकता है।

65 मनुष्यों की एक चूक जिसने विश्व की तकदीर बनते-बनते अटका दी

यह गहरे-से-गहरा सत्य प्रकट कर रही एक ऐसी कहानी है जो यह बयां करती है कि कैसे विश्व की तकदीर बनते-बनते अटक गई। यह आज से करीब 2000 वर्ष पूर्व की बात है। उस समय धरती पर जीसस नाम के एक बहुत ही भोले, प्यारे व ज्ञानी व्यक्ति पैदा हुए थे। वे चारों ओर सत्य फैलाकर लोगों का उद्धार करना चाहते थे। निश्चित ही उस हेतु उन्हें प्रचलित कई तत्कालीन गलत बातों का विरोध भी करना पड़ रहा था। बस कट्टरपंथियों को यह रास नहीं आया और उन्होंने क्राइस्ट को सूली पर लटका दिया।

अब सूली पर तो लटका दिया पर कट्टरपंथियों का यह दांव उल्टा पड़ गया। क्राइस्ट का प्रेमपूर्ण हृदय, उनकी सच्चाई से भरी बातें और उनकी प्यारी सूरत लोगबाग भुला नहीं सके। और उनकी मृत्यु के बाद धीरे-धीरे उनकी हवा चल पड़ी।

यह देख उस समय के कट्टरपंथी प्रीचर्स चिंतित हो उठे। वे घबरा गए, क्योंकि लोग उनसे विमुख होते जा रहे थे। तत्काल सबने अपना अस्तित्व बचाने हेतु एक सभा बुलवाई। उस सभा में सबने मिलकर अपने पर आए इस संकट पे काफी विचार-विमर्श किया, परंतु क्राइस्ट की चल रही आंधी रोकने का कोई मजबूत उपाय उन्हें नहीं मिल रहा था। यह देख एक बुद्धिमान युवा प्रीस्ट मैदान में कूद पड़ा। उसने सबको संबोधित करते हुए कहा- हमने क्राइस्ट को सूली पर लटकाने का असर देख लिया। अतः अब हमें क्राइस्ट की चल रही आंधी

के खिलाफ कुछ नहीं करना चाहिए। इससे बात और बिगड़ सकती है। ...इससे उनकी हवा और मजबूती पकड़ सकती है। सो, हमारे लिए अच्छा यही है कि हम क्राइस्ट की चल रही आंधी के लीडर हो जाएं और उन्हें भगवान का स्वरूप दे दें।

इस पर एक दूसरा बुजुर्ग व अनुभवी प्रीस्ट बोला- "लेकिन क्राइस्ट की बातें तो हमारे धंधे को चौपट करनेवाली है। यदि हमने उन्हें हवा दी तो हमारा अस्तित्व और भी बुरी तरह खतरे में पड़ जाएगा?"

इसपर वह युवा प्रीस्ट हँसते हुए बोला- दरअसल आप मेरा प्लान ठीक से समझे नहीं। मैं यह कह रहा हूँ कि हम क्राइस्ट को भगवान बनाकर पेश जरूर करेंगे, परंतु उनकी बातों को नहीं अपनाएंगे। उसकी कही बातों की जगह अपने एक नए ही ग्रंथ की रचना कर डालेंगे। और स्वाभाविकरूप से उनमें वे ही बातें लिखी जाएगी जो हमारी दुकानदारी को मजबूती दे। यानी चेहरा क्राइस्ट का और बातें हमारी।

प्रस्ताव दमदार मालूम होने के बावजूद वह अनुभवी प्रीस्ट शंका जाहिर करते हुए बोला- लेकिन क्राइस्ट की बातें तो सबको मालूम है।

अबकी युवा प्रीस्ट थोड़ा आवेश में बोला- तो क्या? वे ये सब बातें चन्द दिनों में ही भूल जाएंगे। यूं भी क्राइस्ट की बातें इतनी साफ हैं कि ये लोग उसे अपना ही नहीं पाएंगे। हम तो उनके नाम पर इतनी मसालेदार बाइबल उन्हें देंगे कि सब उसी के पीछे दौड़ जाएंगे। साथ में क्राइस्ट की मूर्ति के साथ एक-से-एक चर्च भी बनवाएंगे जिसे देखकर लोग क्राइस्ट की बातें ही भूल जाएं। यही क्यों, हम भी प्रीस्ट से पादरी का स्वरूप धारण कर लेंगे ताकि लोग हमें क्राइस्ट का पक्का अनुयायी समझे। इसके बावजूद यदि किसी को क्राइस्ट की दो-चार बातें याद रह भी गई तो वे हमें कितना नुकसान पहुंचा देगी? सो मेरी बात मानो और शुरू हो जाओ, चर्च क्राइस्ट के और बाइबल हमारी। देखना चन्द वर्षों में ही हमारा पूरे विश्व पर राज होगा।

सार: और आज यह हो ही गया है। क्राइस्ट ने हमारे जीवनोद्धार का जो एक मौका पैदा किया था, वह हमने धर्मगुरुओं की चालबाजी व अपनी मूर्खता के कारण गंवा दिया। लेकिन अब भी वक्त है, उनकी बातें ध्यान से समझो। यह चर्च और यह बाइबल सब भूल जाओगे। उनकी सीधी बातों को इन सबसे कई

गुना ऊंचा पाओगे। वाकई उस दुनिया में प्रवेश कर जाओगे जहां क्राइस्ट हमें ले जाना चाहते थे। जहां न दुःख है न असफलता। ...आगे आपकी मरजी - आपकी चॉइस।

66 फकीर और बच्चों का प्यार

तुर्की में एक महान फकीर हुए थे। उन्होंने अपने ही तरीके का एक गुरुकुल खोल रखा था। वे काफी लोकप्रिय भी थे। अनेक शिष्य उनकी शिक्षा का लाभ उठा रहे थे। और उनकी जाती जिंदगी की बात करूं तो वे अपनी पत्नी और दो बच्चों के साथ बड़ा ही खुशहाल जीवन बिता रहे थे। वे अपने बच्चों से इतना प्यार करते थे कि बच्चे देर से आए तो भी वे भोजन करने हेतु उनका इन्तजार करते थे। दूसरी ओर उनको किसी कारणवश घर लौटने में देर हो जाए तो बच्चे भी उनके बगैर भोजन नहीं करते थे।

लेकिन एक दिन अचानक संध्या समय दोनों बच्चों के साथ एक हादसा घट गया। खेलते-खेलते दोनों कुएं में गिर गए। चूंकि कुआं गहरा था, दोनों में से एक को भी बचाया न जा सका। उधर फकीर उस दिन कहीं बाहर गया हुआ था, सो घर देर से लौटा। लंबी यात्रा कर लौटा था, इसलिए कुछ थका हुआ भी था। इधर पत्नी निश्चित ही बच्चों की अकालमृत्यु से काफी दुखी थी, पर वह फकीर की थकान देखते हुए गम छिपा गई थी। वह चाहती थी कि पहले फकीर कुछ खा लें, फिर उन्हें इस भयानक हादसे के बाबत बताया जाए। सो उसने फकीर का खाना परोस दिया। इधर फकीर यह देख आश्चर्यचकित रह गया! बच्चे घर लौटे नहीं थे, अकेले उसने कभी खाया नहीं था; फिर आज पत्नी यह क्या कर रही है? उसने तुरंत पत्नी से कहा- प्रिये! क्या मैंने बच्चों के बगैर कभी खाया है? तो फिर आज उनके आए बगैर मुझ अकेले को खाना परोसने का क्या तुक?

पत्नी क्या कहे! पर कुछ तो कहना ही था, बात तो सम्भालनी ही थी। सो उसने कहा- दरअसल आप काफी थके हुए हैं और बच्चे भी अपने मित्रों के साथ दूसरे गांव गए हुए हैं, आने में देरी होने की पूरी-पूरी संभावना है। हो सकता है वे रास्ते में कुछ खाकर भी आएं। ...बस इसलिए मैंने आज आप अकेले का

भोजन परोस दिया। फकीर ने कहा- मैं थक अवश्य गया हूँ पर इतना भी नहीं कि बच्चों का इन्तजार तक न कर सकूं। और बच्चे खाकर आएं तो भी क्या, इस उम्र में दोबारा फिर पेट भर खा ही सकते हैं। वे चाहे जितना खाकर आएं या चाहे जितनी देरी से आएं, मेरे साथ अवश्य खाएंगे।

अब तो पत्नी के पास कहने को कुछ नहीं बचा था। न चाहते हुए भी उसे बच्चों के साथ घटे हादसे वाली बात फकीर से कहनी ही पड़ी। ऐसी दुख भरी खबर भोजन की थाल पर बैठे अपने पति को सुनानी ही पड़ी। ...पर यह क्या? खबर सुनते ही फकीर ने तुरंत खाना शुरू कर दिया। उसके चेहरे पे बच्चों की मृत्यु का कोई रंज नहीं था। इतना ही नहीं, वह बच्चों के हिस्से का भोजन भी चट कर गया। और उससे भी बड़े आश्चर्य की बात तो यह कि उसने भोजन करते वक्त या करने के बाद भी पत्नी से उस हादसे के बाबत और कुछ नहीं पूछा। यही नहीं, भोजन करने के पश्चात नियमानुसार वह टहलने भी गया और आकर बड़ी शांति से सो भी गया। उधर पत्नी की बच्चे खो देने के कारण वैसे ही नींद उड़ी हुई थी, ऊपर से फकीर के इस व्यवहार ने उसके रातभर के जागने की व्यवस्था अलग से कर दी। लेकिन सुबह उठते ही उसने फकीर को पकड़ा और उनके इस "न समझ में आए ऐसे व्यवहार" का रहस्य जानना चाहा। फकीर ने उसको अपने पास प्रेम से बिठाते हुए कहा- देख प्रिये! जो है उसे प्यार करना, उसके साथ जीना तथा उसका आनंद लेना एक कला है; परंतु जो खो जाए उस बाबत पूछना, उसका मातम मनाना या उसे याद करना एक रोग है। बच्चे अल्लाह ने दिए थे और अल्लाह ने ले लिए, हमारे जीवन में तो वे वैसे ही मेहमान थे। पर एक बात माननी पड़ेगी कि जबतक वे थे, उन्होंने बड़ा आनंद दिया। लेकिन हमारा आनंद कोई खुदा की किसी एकाध बख्शीश का मोहताज तो है नहीं, हमें तो खुदा ने उस कला का मालिक बनाकर भेजा है जहां हमारे पास 'जब जो हो' उसका हम भरपूर आनंद उठा सकते हैं। और आज भी देखो, मुझे आनंद देने हेतु तुम हो, गुरुकुल है, वहां के बच्चे हैं; कहने का तात्पर्य खुदा का दिया इतना कुछ मेरे पास है कि जो है उसका जीते-जी भरपूर आनंद ले लूं, बस मेरे लिए वही काफी है।

अपने पति के मुख से इतनी महान बात सुनकर पत्नी का दुख भी हल्का हो गया।

सार: आप भी इतनी बेहतरीन कहानी और ऐसी महान शिक्षा पाकर अपने गमों से निजात पा लें। जब जो खो जाए, उसे खोते ही स्वीकारने की क्षमता पैदा करें। जो खो ही गया, जो लौटकर आने ही नहीं वाला, उसका गम भी मनाना और अपने को बुद्धिमान भी मानना; दोनों एक साथ कैसे हो सकता है? सीधी बात समझो तो कौन कितना धार्मिक है यह वह कितने मंदिर-मस्जिद-चर्च जाता है, से साबित नहीं होता; बल्कि यह "जो घट जाए उसे कितनी जल्दी वह स्वीकार पाता है" उससे सिद्ध होता है।

67 कमजोर मन के लिए दोस्ती क्या-दुश्मनी क्या?

करीब दो सौ वर्ष पुरानी यह बात है। एक छोटा-सा गांव था जिसमें अकरम व सलमान नामक दो युवकों की दोस्ती काफी मशहूर थी। दोनों की उम्र करीब पन्द्रह-सोलह वर्ष थी। पिछले दस वर्षों से दोनों का पढ़ना, खाना-पीना, घूमना सब साथ-साथ ही होता था। दोनों में एकबार भी कभी कोई अनबन नहीं हुई थी। लेकिन अचानक एक दिन दोनों में बहुत बड़ा झगड़ा हो गया और देखते-ही-देखते बात इतनी बढ़ गई कि दोनों ने एक-दूसरे को लहूलुहान कर दिया। यह तो अच्छा हुआ कि तभी कुछ गांववालों का उधर से गुजरना हो गया और उन्होंने दोनों को छुड़वा दिया। लेकिन बात तो गंभीर स्वरूप ले ही चुकी थी, सो सभी ने पकड़कर उन्हें पंचायत के सामने पेश कर दिया। उधर पूरा मामला सुन तथा उनकी हालत देख पूरी पंचायत हतप्रभ रह गई। वहीं दूसरी ओर इस खबर को पूरे गांव में फैलते भी देर न लगी। बात ही आश्चर्य में डालनेवाली थी- दो अभिन्न मित्रों ने एक-दूसरे को लहूलुहान कर दिया। जिसने सुना, वही पंचायत की ओर दौड़ पड़ा।

उधर हतप्रभ पंचायत ने दोनों से पूछा कि तुम दोनों ने एक-दूसरे का यह हाल क्यों किया? पर दोनों चुप। कहें तो क्या कहें? पंचायत ने अपना यह सवाल दो-तीन बार दोहराया, परंतु दोनों फिर भी चुप। ...आखिर जब सख्ती से पूछा गया तो दोनों एक-दूसरे से बात बताने को कहने लगे। कमाल था, मारपीट करते शरम नहीं आई थी, पर अब बताने में शरम आ रही थी।

इस पर पंचायत ने कड़क आवाज में सलमान से पूरी बात बताने को कहा। बेचारा बड़ा शरमाते हुए बोला- बात यह हुई कि हमदोनों एक पेड़ के नीचे शांति से बैठे हुए थे। ऐसे ही कुछ यहां-वहां की बातें कर रहे थे। तभी बात-बात में मैंने अकरम से कहा कि मैं सोचता हूँ कि आखिर हम कितने दिन मां-बाप के पैसों पे पलेंगे? क्यों न कुछ व्यवसाय कर अपनी स्कूल की फीस व जेबखर्च स्वयं कमाने की कोशिश करें?

पंचायत को कुछ समझ ही नहीं आया क्योंकि यह तो अच्छी बात हुई; फिर इसमें झगड़े की बात कहां से आई? ...पूछने पर सलमान ने बात आगे बढ़ाते हुए कहा- दरअसल मेरा प्रस्ताव सुनते ही अकरम ने भी हां-में-हां मिलाई, उसने तो यहां तक कहा कि तुमने तो मेरे मुंह की बात छीन ली। ...बस इसी तरह बात आगे बढ़ती रही। फिर कुछ सोच-विचार कर मैंने कहा कि मैं सोच रहा हूँ कि दो भैंस ही खरीद लूं। दो-तीन घंटे का काम है- उनका दूध दूहूंगा व बेचूंगा। इस पर अकरम बोला कि मैं भी सोच रहा हूँ कि कोई छोटा-सा खेत खरीद लूं। तीन-चार घंटे की मेहनत में इतना तो उग ही जाएगा कि स्कूल की फीस व जेबखर्च निकल आए। उसकी यह बात सुनते ही मेरे मुंह से निकल गया कि यह तो और भी अच्छी बात हुई। मुझे अपनी भैंसों को चारा चराने कहीं दूर नहीं ले जाना पड़ेगा। मैं उन्हें चराने के लिए तुम्हारे ही खेतों में ले आया करूंगा। लेकिन मेरे इतना कहते ही उसने बड़ी कड़क आवाज में इसका विरोध किया। उसने तो बस इतनी-सी बात पर दोस्ती को ताक पर रख दिया, लगा सीधा धमकाने कि खबरदार जो तुम्हारी भैंसें मेरे खेत में घुसीं। यह सुन मैं भी ताव खा गया और तुरंत उससे भी बुलंद आवाज में कहा- वे चारा चरने तो तुम्हारे ही खेत में आएंगी; देखूंगा कि तू क्या कर लेता है। इतना सुनते ही वह बुरी तरह भन्ना गया और साफ-साफ धमकी दे डाली कि उसके खेत में अगर मेरी भैंसें घुसीं तो वह उनकी टांगें तोड़ देगा। फिर दोस्त के मुंह से ऐसी कुश्ती वाली बात सुन मैं भी बुरी तरह क्रोध से भर गया। मैंने भी चेताते हुए कहा कि मेरी भैंसों को हाथ भी लगाया तो तुम्हारा सर फोड़ दूंगा। बस! इसके साथ ही हम दोनों ने अपना आपा खो दिया और मारपीट पर उतर आए। और फिर मारपीट इस कदर बढ़ गई कि हमने एक-दूसरे को मारते हुए अपना यह हाल कर दिया।

सार: मनुष्यों की दोस्ती या दुश्मनी दूसरे मनुष्यों के स्वभाव व फितरत से कहीं ज्यादा उनके स्वयं के मन की विकृतियों पर निर्भर है। बाहर के तमाम झमेलों, झगड़ों और भागादौड़ी के लिए यहां हर मनुष्य का स्वयं का मन जवाबदार है। जिसके स्वयं के मन में विकृति नहीं, उसे दुश्मन तो छोड़ो, खराब व्यक्ति भी कम ही नजर आते हैं। और उसे दुनिया या दुनियादारी भी कभी खराब नजर नहीं आती है। ...तभी तो कबीर कहते हैं;

बुरा जो देखन मैं चल्या, बुरा न दिख्या कोय।
मन जो आपनो देख्यो, मुझसे बुरा न कोय।।

68 गधे की कब्र

एक धोबी था, उसके पास एक गधा था। वह गधा उसका हर काम बड़ी मुस्तैदी से करता था। बेचारे की विडंबना यह थी कि उसके परिवार में कोई न था। उसका यार-दोस्त कहो या बीवी-बच्चा; सबकुछ यह गधा ही था। लेकिन एक दिन जब वह गधे को लेकर दूर के किसी गांव की यात्रा पर था कि गधा बीमार पड़ गया। और बीमार पड़ा तो ऐसा पड़ा कि उसकी मृत्यु ही हो गई। धोबी का तो मानो सर्वस्व लुट गया हो, उसे बड़ा गहरा सदमा लगा। उसने उस अनजान गांव में अकेले हाथों किसी तरह गधे को दफना दिया। साथ ही वहीं उसकी कब्र भी बनवा ली। वैसे तो वह गधे के प्रति अपने तमाम कर्तव्य निभा चुका था, परंतु क्या मालूम क्यों बावजूद इसके वह उस जगह को नहीं छोड़ पा रहा था। दरअसल धोबी उस गधे के बगैर अपने जीवन की कल्पना ही नहीं कर पा रहा था। गधे को मरे दस दिन हो गए थे पर वह अब भी उसकी कब्र के पास ही डटा हुआ था। गमगीन तो इस कदर हो चुका था कि उसकी आवाज ही दगा दे गई थी। बेचारे की बोलने की क्षमता भी जा चुकी थी। ऊपर से उसे लिखना-पढ़ना भी नहीं आता था। यानी देखते-ही-देखते उसका जीवन अत्यंत दुष्कर हो चुका था।

खैर, इधर धोबी तो कब्र के पास ही आंसू बहाता रहा, और उधर धीरे-धीरेकर इस अनजान गांव में धोबी के रुदन की खबर फैल गई। हर कोई

धोबी की हालत देख एक ही सवाल करता- किसकी मृत्यु हुई है? लेकिन धोबी को कुछ होश ही कहां था? ऊपर से बोलने की क्षमता भी वह खो चुका था। सो कोई कुछ भी पूछे, वह तो बस बार-बार कब्र पे सर रखकर रोया करता था। सौ बातों की एक बात यह कि वह अपने गधे की मृत्यु के गम से बाहर ही नहीं आ पा रहा था। इधर पूरा गांव उसका यह हाल देखकर हैरान था। सभी आपस में चर्चा भी करते थे कि ऐसा तो कौन मरा होगा कि जिसकी मृत्यु के गम से यह उबर ही नहीं पा रहा है। अब सवाल उठता है तो जवाब देने हेतु बुद्धिमान भी टपक ही पड़ते हैं। बस ऐसे ही एक बुद्धिमान ने अंदाजा लगाते हुए गांववासियों से कहा कि जरूर किसी महापुरुष का इन्तकाल हुआ होगा, तभी बेचारा इस कदर गमगीन है। बस बात सबको जंच गई। फिर क्या था, देखते-ही-देखते चंदा उगाहकर वहां एक भव्य मजार बनवा दी गई। बात आसपास के गांवों में भी फैल गई। फिर तो माजरा ऐसा जमा कि एक तरफ बेहोश धोबी रोता रहा और दूसरी तरफ मजार पे आनेवालों की भीड़ बढ़ती गई। यही नहीं, चंद दिनों बाद धोबी को मौलवी के वस्त्र पहनाकर उसे मौलवी की उपाधि भी दे दी गई। ...आखिर धोबी ही तो वह व्यक्ति था जिसने उस महापुरुष के साथ वक्त बिताया था।

खैर! इधर एक तरफ दिनोदिन इस मजार की भव्यता बढ़ती जा रही थी, तो उधर दूसरी तरफ इस भव्य मजार की खबर भी दूरदराज के गांवों से होते-होते पूरे देश में फैलती जा रही थी। अब तो दूर-दूर से लोग वहां दुआ मांगने आने लगे थे। यही नहीं, मजार के चारों ओर भव्य बाजार भी खुल गया था। वाह रे गधा और वाह रे उसका भाग्य! उससे भी बड़ी वाह-वाह उन इन्सानों की जो मृत गधे से भी दुआओं की उम्मीद लिए जीना शुरू हो गए थे।

सार: यह किसी धर्म-विशेष की बात नहीं है। सभी धर्मों में और सभी देशों में हजारों इससे मिलती जुलती घटनाएं घटी ही हैं, और अभी भी घट ही रही हैं। आप सभी जानते हैं कि सभी धर्मों में ऐसे ही हजारों तरीके के आसरे-आश्वासनों की दुकानें धड़ल्ले से चल भी रही हैं। होगा, आपलोग तो समझदार हैं, कौन-सा दुआओं के भरोसे जी रहे हैं? आप तो अपने भावों व कर्मों पर ही भरोसा किए जी रहे हो, आपको क्या फिक्र? कब्रें चाहे जिसकी बनती रहे, और चाहे जो व चाहे जितने वहां जाते रहें; आपको उससे क्या?

69 कृष्ण का रणछोड़ स्वरूप

यह उन दिनों की बात है जब अपने मामा कंस द्वारा आमंत्रित किए जाने पर मथुरा उत्सव में शामिल होने कृष्ण वृन्दावन छोड़ मथुरा गए थे। परंतु किसी कारणवश उन्हें वहां उसी उत्सव में अपने मामा कंस की हत्या कर देनी पड़ी थी। अब हत्या होते तो हो गई थी, परंतु दुर्भाग्य से कंस का श्वसुर राजा जरासंध उन दिनों भारतवर्ष का सबसे शक्तिमान राजा था। और उसकी एक नहीं, दो-दो बेटियां कंस से ब्याही गई थीं। और निश्चित ही उससे अपनी बेटियों के घर उजड़ जाने का दुःख बर्दाश्त नहीं हुआ। बस जरासंध कृष्ण की जान का दुश्मन हो गया। और उसने कृष्ण की जान लेने हेतु मथुरा पर धावा भी बोल दिया।

उधर एकबार तो अपनी चालबाज रणनीतियों से कृष्ण जरासंध का हमला बचा गए, परंतु दूसरी बार जरासंध के शानदार तैयारियों से फिर धावा बोलने की खबर से उनकी घिघ्घी बंध गई। सो, कुछ दिनों की मशक्कत के बाद भी जब कोई उपाय न सूझा तो कृष्ण महाराज अपने भाई बलराम को लेकर मथुरा छोड़कर ही भाग गए। बलराम बड़े नाराज हुए, उन्हें कृष्ण का इस तरह जरासंध के डर से रण छोड़ के भागना रास नहीं आया। वे कृष्ण पर काफी क्रोधित भी हुए; परंतु कृष्ण का एक ही कहना था कि अभी "समय" ही भाग खड़े होने का है। ऐसे में समय की न सुनकर व्यर्थ अपनी जान गंवाने का क्या तुक?

निश्चित ही कृष्ण का यह 'रणछोड़' स्वरूप बड़ा ही मशहूर हुआ। यह सब तो ठीक, पर फिर मजा यह कि चर्चित महाभारत के युद्ध के वक्त कौरवों की विशाल सेना देखकर डरा हुआ अर्जुन जब रण छोड़ना चाहता था...तब कृष्ण ने उसका ना सिर्फ पुरजोर विरोध किया, बल्कि मनुष्यजीवन तथा सृष्टि के तमाम रहस्यों को उजागर कर तथा उसे समझाकर युद्ध करने हेतु राजी भी कर लिया। कृष्ण का यह विरोधाभास हमेशा से अधिकांशों की समझ से परे रहा है। लेकिन सीधा समझें तो सारा खेल समय का है। और वह समय अर्जुन के लिए रण छोड़ के भागने का बिल्कुल नहीं था।

सार: कुछ करना या कुछ न करना, रण छोड़ना या रण न छोड़ना अच्छा या बुरा नहीं है। दरअसल तो कोई भी शारीरिक कर्म अच्छे या बुरे का पैमाना नहीं

है। किया गया कर्म अच्छा या बुरा यह सिर्फ उस क्षण के संजोग और उस समय की परिस्थिति से तय होता है। किसी क्षण, किसी परिस्थिति में किया कोई कर्म महान व ऐतिहासिक हो सकता है तो वहीं दूसरे क्षण, दूसरी परिस्थिति में किया वही कर्म खराब भी हो सकता है। अत: जो समय व परिस्थिति का यानी टाइम और स्पेस का ठीक-ठीक गणित जानता व समझता है, वही हमेशा सत्कर्म कर सकता है। और कृष्ण के रणछोड़ स्वरूप से मैं यही समझाना चाहता हूँ।

70 धोबी और उसका गधा

पुराने जमाने की बात है जब धोबी गधे पर कपड़े लादकर घाट पर जाया करते थे। ऐसे ही एक दिन एक धोबी गधे के साथ घाट पर जा रहा था। स्वाभाविक रूप से कपड़े गधे पर बंधे हुए थे, यानी कपड़ों का वजन गधा ढो रहा था और वह स्वयं उसके साथ-साथ उसकी लगाम पकड़े पैदल जा रहा था। अभी कुछ दूर ही गया था कि एक व्यक्ति ने कटाक्ष मारा- यह आदमी है कि गधा? गधे के होते-सोते पैदल चल रहा है।

बात धोबी की समझ में भी आ गई। वह गधे पे चढ़ गया और कपड़े की पोटली अपनी गोद में रख ली। तभी रास्ते में एक ढाबा पड़ा। वहां बैठे कुछ लोगों ने यह दृश्य देखा तो अचंभित रह गए। उनसे रहा नहीं गया, सो उन्होंने भी एक कमेंट किया- कैसा व्यक्ति है, इसमें मनुष्यता जैसी तो कोई चीज ही नहीं है। खुद तो गधे पर चढ़ा-ही-चढ़ा, सामान भी गधे पे लाद दिया।

बेचारे धोबी को यह बात भी उचित जान पड़ी। वाकई दूसरे की बात सुनकर गधे पे बड़ा जुल्म हो गया था। तुरंत वह तो नीचे उतरा-ही-उतरा, मारे ग्लानि से कपड़ों की पोटली भी अपने ही सर पे उठा ली। अभी वह कुछ आगे बढ़ा ही था कि कुछ और व्यक्ति खड़े मिल गए। ताजा नजारा उनको रास नहीं आया। उनमें से एक तुरंत बोल पड़ा- यह तो गधे से भी गया बीता है। गधे के होते-सोते सामान स्वयं ढो रहा है। ...बेचारा धोबी इस कदर परेशान हो गया कि अगले दिन से गधे को लिए बगैर ही घाट पर जाने लगा। स्वाभाविक रूप से पूरे रास्ते कपड़ों की भी पोटली स्वयं ढोने लगा था।

सार: दूसरों की बातों को जरूरत से ज्यादा तवज्जो देने के कारण हमारा भी यही हाल हो जाता है। जीवन की उपलब्धियां व अपने गुण तो जाने किस ताले में बंद हो जाते हैं, ऊपर से तरह-तरह के हजारों व्यर्थ के बोझ ढोए फिरते रह जाते हैं। जीवन में सवाल हमारी प्रज्ञा व भावना का है, यदि वे ठीक हैं तो ''दूसरे क्या कहते हैं'' का महत्व ही क्या है?

71 मौत होती...?

सोक्रेटिज का नाम तो आपने सुना ही होगा। उनको बात-बे-बात लोगों से चर्चा करने और उन्हें समझाने का बड़ा शौक था। वे ज्ञानी भी थे और बात भी पक्की करते थे। और चूंकि उनकी बातों में सच्चाई होती थी, अतः स्वाभाविक तौरपर वे प्रचलित गलत मान्यताओं के खिलाफ भी जाती थी। बस इससे धीरे-धीरेकर आम प्रजा ही नहीं, शासक भी उनसे भड़क गए। उन्हें ऐसी बातें न करने हेतु काफी समझाया गया, परंतु वे अपनी आदतों से बाज नहीं आए। आखिर कोई चारा न देख उन्हें गिरफ्तार कर अदालत में पेश कर दिया गया। अब सोक्रेटिज जैसे मुंहफट को कटघरे में खड़ा हुआ कौन नहीं देखना चाहता, सो स्वाभाविक तौरपर अदालत में काफी भीड़ एकत्रित हो गई। उधर शासक पक्ष की ओर से उनपर लगे सारे आरोप पढ़े गए। आरोप स्पष्ट थे कि सोक्रेटिज प्रचलित परंपरा के खिलाफ लोगों को भड़काते हैं, और वह भी जबरदस्ती पकड़-पकड़कर। यह सुनते ही जज का पारा चढ़ गया, क्योंकि वह स्वयं प्रचलित परंपरा के कट्टर अनुयायी थे। और ऊपर से सोक्रेटिज की हरकतों से वे काफी-कुछ वाकिफ भी थे। इस कारण उन्हें सोक्रेटिज से कुछ नाराजी पहले से ही थी। अतः आरोप सुनाने की ही देर थी कि वे भड़क गए। और भड़कते ही बड़ी कड़क आवाज में उन्होंने सोक्रेटिज से पूछा- क्या तुम यह आरोप स्वीकारते हो?

सोक्रेटिज ने हँसते हुए कहा- जी हुजूर।

जज ने कहा- ठीक है। अब तक जो हुआ सो हुआ। उसे छोड़ो, परंतु यदि तुम यह आश्वासन दो कि आज के बाद अपनी हरकतों से बाज आ जाओगे, तो अदालत तुमपर कुछ रहम खाने की सोच सकती है।

सोक्रेटिज कहां बदलनेवाले थे। उनका तो मकसद ही अंधकार से लोगों को छुटकारा दिलवाना था। सो उन्होंने बड़ी विनम्रतापूर्वक जज से कहा- हुजूर, मुझे नहीं लगता कि मैं बदल पाऊंगा।

जज ने कहा- सोच लो, यदि तुमने आश्वासन नहीं दिया तो मैं तुम्हें जहर चाटने का हुक्म दे दूंगा।

सोक्रेटिज ने कहा- इसमें सोचना क्या है? मैं नहीं बदलनेवाला यह तय है। वहीं आप भी अपने विवेक से निर्णय लेने को स्वतंत्र ही हैं।

...बस क्रोधित जज ने उन्हें जहर चाटने की सजा सुना दी। सजा सुनाते ही सोक्रेटिज को पकड़कर हवालात में बंद कर दिया गया। उनके कुछ शिष्यों और शुभेच्छुओं को छोड़ दिया जाए तो चारों ओर उत्साह का माहौल हो गया। और इस माहौल को हल्का करने सोक्रेटिज के शिष्य उनसे नियमित मिलने आने लगे। निश्चित ही सब बड़े दुखी और चिंतित थे, परंतु सोक्रेटिज पर सजा का कोई असर नहीं था। उल्टा वे सबको आश्वासन देते हुए कहते- पगलों, क्यों दुखी होते हो? जहर देना उनके हाथ में है, परंतु मरना-नहीं मरना तो मेरे हाथ में है। चिंता मत करो उनके जहर देने के बावजूद मैं मरनेवाला नहीं।

खैर, सोक्रेटिज की इस बात से शिष्य आश्वस्त तो नहीं हो रहे थे; परंतु सोक्रेटिज से इससे ज्यादा बहस करना भी बेकार था। और फिर जहर चाटने की सजा दिए जाने के बावजूद सोक्रेटिज की मस्ती उन्हें अन्यथा भी सोचने पर मजबूर तो कर ही रही थी। बस इसी असमंजस में उन सबका समय कट रहा था। ...और इधर सोक्रेटिज के जहर चाटने का दिन भी आ गया। उनके काफी शिष्य इस अंतिम घड़ी में उनके आसपास एकत्रित हो गए। कई रो भी रहे थे। लेकिन इन सबके विपरीत सोक्रेटिज तो ना सिर्फ उत्साह से भरे थे, बल्कि जहर चाटने हेतु उतावले भी हो रहे थे। उन्हें पूरा विश्वास था कि जहर उन्हें नहीं मार सकता है। इधर जहर घोलनेवाला भी ऐसे वक्त सोक्रेटिज पर छायी मस्ती देखकर दंग रह गया था। यही नहीं, उसे ऐसे मस्त व्यक्ति को जहर चाटने की सजा दिए जाने का दुःख भी पकड़ लिया था। अब वह इसमें ज्यादा तो कुछ नहीं कर सकता था, परंतु जहर बड़े आराम से घोलने लग गया था। इरादा साफ था कि सोक्रेटिज थोड़ा और जी लें। इधर सोक्रेटिज भी कम न थे। वे जहर घोलनेवाले के इरादे और भावना दोनों ताड़

गए थे। वे जहर पीने को उतावले तो इतने थे कि उनसे एक क्षण की देरी बर्दाश्त नहीं हो रही थी। उन्होंने जहर घोलनेवाले से कहा- तू क्यों समय बिगाड़ रहा है? क्यों दुखी हो रहा है? तू तो मुझे जहर चटा नहीं रहा, मुझे जहर तो परंपराओं के पिछल्लू दे रहे हैं। तू तो अपना कर्तव्य निभा रहा है। अतः तू अपना कर्म ईमानदारी से कर और जल्दी जहर घोलकर मुझे चटा दे।

आखिर जहर घुल भी गया और जहर घोलनेवाले ने बड़े दुखी मन से सोक्रेटिज को जहर चटा भी दिया। जहर बड़ा ही स्ट्रांग था, और उसने वाकई तेजी से असर दिखाना शुरू भी कर दिया। जैसे ही जहर उनके पांव पर चढ़ा कि उसने पांव सुन्न कर दिए। पर सोक्रेटिज को इससे कहां फर्क पड़ना था? उन्होंने तो इसपर भी अपने निराले अंदाज में कहा- मेरे पांव सुन्न हो गए हैं परंतु मैं पूरा-का-पूरा जीवित हूँ। उधर जहर अबतक हाथ व पेट में भी फैल चुका था। यह देख सोक्रेटिज बोले कि जहर सत्तर प्रतिशत शरीर खराब कर चुका है, पर मैं पूरा-का-पूरा जीवित हूँ। आखिर जहर उनके दिलो-दिमाग पर चढ़ गया। वे पूरी तरह सुन्न हो गए। और उनके अंतिम शब्द थे- सुनो दुनियावालों! जहर करीब-करीब मेरा सौ प्रतिशत शरीर खत्म कर चुका है...परंतु मैं पूरी तरह वैसा-का-वैसा हूँ। यानी मृत्यु से बड़ा कोई असत्य नहीं है। ...बस इन शब्दों के साथ ही उन्होंने प्राण त्यागे।

सार: मनुष्य की दिक्कत यह है कि वह स्वयं को भी और जीवन को भी शारीरिक समझता है, जबकि वास्तव में मनुष्य स्वयं भी तथा उसका जीवन भी मानसिक है। शारीरिक मृत्यु तो सबको आती है, और वह भी एकबार ही आती है। उसका कोई महत्व नहीं। क्योंकि वास्तव में उस मृत्यु का अनुभव मनुष्य को स्वयं भोगना नहीं होता। ...यह घटना ही क्षणभर की है। सो यह स्पष्ट समझ लो कि मनुष्य का जीवन पूरा-का-पूरा मानसिक है, और मनुष्यों में भेद भी सिर्फ मानसिकता का है। आम तौरपर अधिकांश लोग मानसिक तौरपर हजारों बार मरते हैं, जबकि कुछ सोक्रेटिज जैसे भी होते हैं जो मरकर भी नहीं मरते हैं। सो जीवन में कौन क्या है या किसके पास क्या है, उससे उसकी जिन्दगानी का कोई ताल्लुक नहीं। जिन्दगानी का पैमाना तो इस बात पर निर्भर है कि कौन कितनी जिन्दादिली से जीता है, और कौन दिन में हजार बार मर के जी रहा है।

72 लाओत्से और उनकी ईमानदारी

लाओत्से अपने मित्रों के साथ सुबह नियमित रूप से टहलने जाया करते थे। एक दिन उनके मित्र का मित्र भी उनके साथ रास्ते में जुड़ गया। वह पहली बार लाओत्से से मिल रहा था, सो शिष्टाचारवश उसने तुरंत उन्हें नमस्ते कहा। लेकिन लाओत्से ने कोई उत्तर नहीं दिया। मित्र ने सोचा शायद उन्होंने सुना नहीं होगा, सो उसने दोबारा नमस्ते किया। परंतु लाओत्से ने अब भी कोई प्रत्युत्तर नहीं दिया। उसने एक-दो बार और प्रयास किया, पर लाओत्से की ओर से कोई उत्तर नहीं आया। यह देख लाओत्से के मित्र ने लाओत्से से कहा- मेरा मित्र आपको नमस्ते कह रहा है।

लाओत्से बोले- मैंने सुना।

मित्र समेत सभी चौंक गए। मित्र ने जिज्ञासा करते हुए पूछा कि...फिर आपने कोई उत्तर क्यों नहीं दिया?

लाओत्से हँसते हुए बोले- उत्तर आना चाहिए ना।

सार: बिल्कुल सही। नमस्ते का जवाब देने हेतु भी वह हृदय से आना तो चाहिए न। लेकिन आपको तो बचपन से सिखाया जाता है कि शिष्टाचारी बनो। बस बात-बात पे हेलो, कैसे हो, क्या चल रहा है; पूछते रहते हो। सामने जवाब देनेवाले भी- अच्छा है, मेहरबानी आपकी...जैसे रटे-रटाए जवाब दे देते हैं।

संसार में यदि इतने दुख और इतनी असफलता है तो उसका एकमात्र कारण है कि मनुष्य झूठा है। और झूठ कोई ऐसी चीज नहीं है जो मनुष्य दूसरे से बोलता है या दूसरे को धोखे में डालता है। क्योंकि जब भी वह किसी झूठ का सहारा बाहर लेता है, तब एक झूठ वह अपने भीतर अपने स्वयं से भी बोल ही रहा होता है। ...और सबसे बड़ा झूठ है बेमन से करना या बोलना। इस कहानी से यही सीखने का है कि ज्ञानी, सुखी व सफल लोग झूठा नमस्ते तक नहीं करते हैं, वे तो जब भी व जो भी करते हैं, दिल से करते हैं। और हम ईश्वर की पूजा तक बेमन से, या कुछ पाने की चाह में करते हैं।

73 हेलेन केलर की ऐतिहासिक उपलब्धि की दास्तां

हेलेन केलर का जन्म 27 जून 1880 को हुआ था। वे पैदाइशी सुंदर और चंचल थीं। परंतु मनुष्यजीवन में कब किसे क्या हो जाए, इसका पता कहां होता है? बस डेढ़ वर्ष की उम्र में हेलेन को ऐसा बुखार पकड़ा कि उन्होंने देखने, सुनने व बोलने की क्षमता हमेशा के लिए खो दी। अब यह तो हुई जीवन की अप्रत्याशित मार, परंतु उन मारों पर विजय पाना और उनसे बाहर आना ही इन्सानी स्पीरिट है। जीवन की मारों से हताश या निराश हो जाना, या फिर उन मारों से घबराकर आसरे खोजने लग जाना; वास्तविक इन्सान के लक्षण नहीं।

खैर होगा! हेलेन ने अपनी इन्द्रियां खो चुकने के बावजूद सामान्य जीवन जीना प्रारंभ कर दिया। वह मां का हाथ पकड़कर संसार देखने-समझने में लग गई। इशारों की भाषा सीखने लग गई। और इस तरह धीरे-धीरे अपनी समझ के बल पर उन्होंने सबसे कम्यूनिकेशन बिठाना प्रारंभ कर दिया। जैसे वह मुंह सीधे हिलाए तो ना और ऊपर-नीचे हिलाए तो हां, वगैरह-वगैरह। और फिर तो चार वर्ष की होते-होते वे घर के कामकाज में भी हाथ बंटाने लग गईं। कपड़ों की गड़ी करना उन्हें विशेष तौरपर पसंद आने लगा था। आश्चर्य तो यह कि कपड़ों की भीड़ में वे अपने कपड़े अलग से पहचान लेती थीं।

इसी दरम्यान उनके रसोइए की बेटी मार्था और उनका पालतू कुत्ता उनके मित्र हो गए थे। उनका साथ पाते ही हेलेन को एक नया जीवन मिल गया था। उनके साथ उसका घर के बगीचों व तबेलों में घूमना-फिरना प्रारंभ हो गया था। हेलेन के लिए यह नया अनुभव स्वर्ग के हजारों काल्पनिक अनुभवों से ज्यादा सुखदाई था। यही नहीं, आपस में कम्यूनिकेशन बेहतर हो सके इस उद्देश्य से दोनों ने स्वतः ही कई नए संकेत सीखना प्रारंभ कर दिया था। जैसे हेलेन को आइस्क्रीम खाने की इच्छा हो तो वह कांपने का अभिनय करे। और मार्था तुरंत उसे आइस्क्रीम दे देती। यानी हेलेन के जीवन में ना सिर्फ मस्ती बढ़ती जा रही थी, बल्कि जीवन आसान भी होता जा रहा था।

खैर, यह सब करते-करते हेलेन सात वर्ष की हो गई। उधर उनकी मां को उनकी प्रतिभा देखते हुए पढ़ाने की इच्छा हुई। हेलेन को कहां इंकार था?

वह तो जीवन आगे बढ़ाना चाहती ही थीं, बस बीस वर्षीया ऐन नामक टीचर ने हेलेन को घर पर ही पढ़ाना शुरू कर दिया। ऐन का पहला कार्य यही था कि हेलेन चीजों को उनके नाम से पहचाने। उस हेतु वह हेलेन के एक हाथ में चीज रखती व दूसरे हाथ से वह चीज क्या है, यह लिखती। कभी हाथ में गुड़िया रखती तो कभी कुछ और। परंतु न सुन, न देख, न बोल सकनेवाली लड़की समझे तो क्या समझे? ...लेकिन हेलेन भी हेलेन थी। एक दिन जब वह गिरते पानी से खेल रही थी तो ऐन ने तुरंत उसका हाथ पकड़कर उसपर अपनी उंगली से बार-बार वॉटर लिखना चालू कर दिया। बस हेलेन समझ गई कि यह गिरती ठंडी वस्तु वॉटर है।

...फिर क्या था, गत्तों पर उभरे शब्दों के सहारे उनपर हाथ फेरकर हेलेन की आगे की पढ़ाई प्रारंभ हो गई। और हेलेन की प्रतिभा व लगन का आलम तो यह था कि देखते-ही-देखते वे हजारों शब्द सीख गई। फिर तो गत्ते पर उभरे शब्दों के सहारे उन्होंने किताबें पढ़ना भी शुरू कर दिया। और देखते-ही-देखते हाईस्कूल पास करने के बाद युनिवर्सिटी में दाखिला लेकर वह ग्रेजुएट भी हो गईं। और उनकी इस प्रतिभा पर पूरे विश्व ने उन्हें सलाम किया। रातोंरात वे विश्व की सबसे चर्चित युवती हो गईं। लेकिन हेलेन को अभी बहुत आगे जाना था। सो उन्होंने ना सिर्फ टाइपिंग सीखी, बल्कि उस टाइपिंग के सहारे कुल बारह किताबें भी लिख डालीं। यानी न देख, न सुन, न बोल सकनेवाली लड़की ने अपनी भावनाओं और विचारों को शब्दों का अमली जामा पहनाने में सफलता हासिल की। यह किसी चमत्कार से कम न था, परंतु हेलेन को इतने से भी संतोष कहां था। सम्पर्कों का दायरा बढ़ने के बाद जब उन्हें उनके ही जैसे लोगों की दुर्दशा के बारे में पता चला तो उनके मन में ज्ञानेद्रियां खो चुके हजारों-लाखों अन्य लोगों के लिए भी कुछ करने की इच्छा जागृत हुई। इस हेतु उन्होंने बड़ा कष्ट उठाते हुए होंठ हिलाकर शब्दों को अभिव्यक्त करना भी सीखा। ...अब क्या था? कर्मठ हेलेन ने 66 वर्ष की उम्र में अगले ग्यारह वर्षों तक विश्व के 35 देशों की यात्रा की। वे जिस देश में जातीं, वहां के राष्ट्राध्यक्ष ही नहीं, बल्कि वहां के अन्य क्षेत्रों की तमाम हस्तियां भी उन्हें सलाम करने पहुंच जातीं। और यह सब करते-करते 88 वर्ष की उम्र में हेलेन ने दुनिया को अलविदा किया।

सार: भले ही हेलेन ने दुनिया को अलविदा कह दिया, परंतु उससे पूर्व दुनिया को उन्हें जो सिखाना था वह सिखा दिया था। मनुष्य अपनी स्पीरिट के बल पर क्या कुछ नहीं कर सकता, यह उन्होंने सिद्ध कर दिया था। जीवन में अप्रत्याशित मुसीबतें व अड़चनें तो आती ही रहती हैं, और इसी का नाम जीवन है। ...परंतु उससे हारकर बैठ जाना मनुष्य को शोभा नहीं देता। ना ही उनसे निकलने हेतु मंदिर-मस्जिद-चर्च में आसरे खोजना ही उसे शोभा देता है। मनुष्य को शोभा तो अपनी स्पीरिट तथा कर्मठता के बल पर तमाम विपरीत बातों पर विजय पाना ही देता है।

लेकिन हम हैं कि साधारण-से-साधारण बातों में भी सर पकड़कर बैठ जाते हैं। छोटे नफे-नुकसान, मामूली-सी बीमारी या अपनों से हुई मामूली-सी खटपट से हमारा जीवन अर्थहीन हो जाता है। मंदिर-मस्जिदों में सहायता मांगने पहुंच जाते हैं। मौलवी-पादरियों के तलवे चाटने लग जाते हैं। धागे से लेकर ताबीज, जो व्यक्ति जो कुछ भी कह दे; पहनने लग जाते हैं। लेकिन हेलेन ने ऐसा कुछ नहीं किया। ना तो वे हताश या निराश हुईं और ना ही उन्होंने भगवान से कोई शिकायत की। ना ही उन्होंने अपने भाग्य को कोसा और ना ही पादरियों से आश्वासन मांगा। वे तो बस भगवान द्वारा मनुष्य को बख्शी गई अक्षय स्पीरिट के सहारे आगे बढ़ती चली गईं।

मैं ऐसी महान हेलेन केलर को स्पीरिट की देवी के रूप में स्वीकारता हूँ। और यह तय करता हूँ कि आगे जीवन में जब भी कोई संकट आएगा, मैं उसे हेलेन के संकट से तौल लूंगा। चाहे जो संघर्ष आ जाए या चाहे जैसा नुकसान हो जाए, निश्चित ही वह हेलेन के तीनों इन्द्रियां खो देने जितना बड़ा तो नहीं ही होगा। बस मैं तुरंत उसे मामूली संकट मानकर अपनी स्पीरिट के बल पर उस पे विजय पाने में लग जाऊंगा। और आप...? शायद आप भी यही करेंगे, और यही करना चाहिए। वरना स्पीरिट की इस देवी की अथक मेहनत और उनकी यह कहानी व्यर्थ चली जाएगी।

74 दयानंद के बचपन की कहानी

दयानंद सरस्वती का शुमार भारत के महान संतों में होता है। उनके पिता शंकर के भक्त थे। जब वे बालक थे तब उनके पिता एक दिन उन्हें अपने साथ गणेश के मंदिर ले गए थे। हिंदुओं में गणेश को लड्डू चढ़ाने की पुरानी परंपरा है। और उसी परंपरानुसार लोगबाग मंदिर में लड्डू चढ़ा रहे थे। उसी दरम्यान दयानंद ने देखा कि चूहे गणेशजी को चढ़ाये लड्डू बड़े मजे से खाये जा रहे हैं। यह देख आश्चर्यचकित दयानंद ने अपने पिताजी से एक बड़ा ही सीधा सवाल किया- यह लड्डू किसको चढ़ाये गए हैं?

पिताजी ने कहा- गणेश को।

इस पर दयानंद ने कहा- तब तो चूहे उनका हक छीन रहे हैं। अब तो वे निश्चित ही क्रोधित हो कर चूहे को ठीक कर देंगे।

पिताजी ने कहा- नहीं, ऐसा कुछ नहीं होनेवाला।

दयानंद ने पूछा- क्यों? क्या उनमें शक्ति नहीं? ...पिताजी की तो एक चुप, सौ चुप। दयानंद समझ गए कि बाकी पत्थरों की तरह यह भी सिवाय एक पत्थर के और कुछ नहीं। उसके बाद उन्होंने खुद तो कभी मूर्तिपूजा नहीं ही की, परंतु उससे भी आगे चलकर जीवनभर उसका विरोध भी किया। इसी विरोध के आधार पर आर्यसमाज की स्थापना भी की, जहां मूर्तिपूजा कभी नहीं होती और यह आर्यसमाज भारत के कोने-कोने में फैला हुआ है।

सार: कौन कितना बुद्धिमान है, यह उसकी डिग्रियों, उसकी स्टाइल या उसके किताबी ज्ञान से तय नहीं होता, बल्कि उसमें स्वयं को बदलने की कितनी क्षमता है; उससे तय होता है। जीवन अंतिम सांस तक सीखने व बदलने का नाम है। और सीधी बात है, जो जितनी जल्दी अपने को अच्छे के लिए बदल पाता है, उतना ही उसका जीवन फलता और फूलता है। ...इसे ही ग्रास्पिंग कहते हैं, और ग्रास्पिंग सब ज्ञानों का राजा है।

75 दुनिया में उपाय किस चीज का नहीं?

एकबार एक व्यक्ति को पैसों की जरूरत आन पड़ी। उसने अपने एक अजीज दोस्त को अपनी जरूरत बताते हुए उससे तीन माह के लिए डेढ़ लाख रुपए उधार मांगे। उसके दोस्त के पास पैसों की कोई कमी नहीं थी। दोस्त से मित्रता भी गाढ़ी थी। व्यवहार में भी वह अच्छा ही व्यक्ति था। सो दोस्त ने बिना आनाकानी के उसे तीन माह के लिए डेढ़ लाख रुपए उधार दे दिए।

लेकिन उधर कुछ ऐसा हुआ कि तीन माह तो बीत गए, पर यह दोस्त वापस लौटाने हेतु पैसों का इन्तजाम नहीं कर पाया। उसने उससे महीने भर की मोहलत और मांगी। परंतु महीना बीतते क्या देर लगनी थी? वह भी बीत गया, लेकिन उससे रुपयों का इन्तजाम अब भी नहीं हो पाया था। उधर दोस्त और मोहलत देने को तैयार नहीं था। ...यह तो ठीक पर उसने तकाजा शुरू कर दिया। यहां तक कि चार लोगों के सामने भी वह उससे उधार कब लौटाएगा, पूछने लगा। निश्चित ही इससे यह दोस्त परेशान हो उठा। उससे यह बेइज्जती बर्दाश्त नहीं हो रही थी। लेकिन कर क्या सकता था? उधर दिन बीतते जा रहे थे और हर बीतते दिन के साथ दोस्त का तकाजा भी मजबूत होता जा रहा था। इधर यह चाहकर भी पैसों का इन्तजाम नहीं कर पा रहा था। इस कारण चारों ओर उसकी बेइज्जती भी काफी हो चुकी थी।

...आखिर एक दिन वह थक गया। उसने सोचा, इसका कुछ-न-कुछ इलाज तो खोजना ही पड़ेगा। वरना ऐसे तो पूरे शहर में बेइज्जती हो जाएगी। यहां सोचने की देर थी, उसके दिमाग में एक आइडिया आ भी गया। फिर क्या था, वह संध्या ही उस दोस्त के यहां जा पहुंचा। उससे पैसे समय से न पहुंचा पाने हेतु क्षमा मांगी। साथ ही उसकी उदारता हेतु उसने उसे धन्यवाद भी दिया। और फिर लगे हाथों दोस्त से बड़ी गंभीरतापूर्वक बोला- देख! यह तो तू जानता ही है कि मैं व्यवहार से गलत आदमी नहीं। यह तो हालात के कारण ऐसे दिन देखने पड़ रहे हैं। तुझे पैसे वापस नहीं लौटा पा रहा हूँ, परंतु अब इन्तजाम हो चुका है। अगले महीने मेरे पांच लाख रुपये कहीं से खुले हो रहे हैं। बस इतना किया है तो एक मेहरबानी और कर- मुझे एक माह हेतु पचास हजार रुपये और उधार दे दे। अगले माह पूरे दो लाख एकसाथ लौटा दूंगा।

अब इस दोस्त के पास पैसों की कोई कमी तो थी नहीं। ऊपर से उसने बात भी कुछ इस तरीके से की थी कि इन्कार करना भी मुश्किल था। बस उसने एक-दो दिन में पचास हजार और उधार देने का वादा कर दिया। यह दोस्त तो खुशी-खुशी लौट गया, परंतु दूसरा दोस्त फंस गया। वह किसी कीमत पर और पचास हजार रुपये फंसाना नहीं चाहता था। सो उसने कहने के बावजूद उसे और पचास हजार की मदद न करना तय कर लिया। यह तो ठीक पर उधर उस दोस्त ने कमाल ही कर दिया। अब तो उसे अपना यह दोस्त जहां दिखे वहां इससे पहले कि वह डेढ़ लाख का तकाजा करे, यह उससे पूछ बैठे- यार वो पचास हजार कब दे रहा है? ...यह तो ठीक वह यह भी न देखे कि वह किसके साथ है? बेचारा यह ऐसे में क्या कहे? ...जल्द ही देता हूँ, कहके टाल दे।

बस ऐसा चार-छः बार हो गया। वह दोस्त तो बुरी तरह घबरा गया। उसे समझ आना ही बंद हो गया कि यह क्या हो गया? यह तो उल्टा चोर कोतवाल को आंख दिखाने लग गया। आखिर जब उसे कुछ न सूझा तो वह एक दिन सुबह-सुबह ही उस दोस्त के यहां जा पहुंचा। और जाते ही उसने उससे कहा कि देख, मैं इस तरह तेरे द्वारा पचास हजार मांगे जाने से परेशान हूँ। यह बोला- लेकिन मैं गलत कहां मांग रहा हूँ? तुमने ही तो देने का वादा किया था।

इसपर दोस्त बोला- वह तो मैंने ऐसे ही कह दिया था। मेरा तुम्हें और उधार देने का कोई इरादा नहीं। खैर, हम एक समाधान कर लेते हैं। तुम मेरे डेढ़ लाख जब इन्तजाम कर लो, लौटा देना। मैं तुमसे उसका तकाजा नहीं करूंगा, लेकिन मेहरबानीकर तुम भी आज के बाद किसी के सामने पचास हजार मत मांगना। ...लो यही तो वह चाहता था। उसका काम हो चुका था।

सार: यही जीवन का खेल है। आपके इरादे ठीक हों, नीयत साफ हो तो अपने को बचाने हेतु छोटे-मोटे ऐसे उपाय खोजते भी सीख ही जाना चाहिए। लेकिन ध्यान रहे, वाकई नीयत साफ हो, तो। वरना बदनीयती हेतु ऐसी कला का उपयोग उल्टा नुकसानदेह ही होगा। और फिर गलत तो हर हाल में गलत होता ही है।

समय की सत्ता

यह प्राचीन कहानी है। हिंदू परंपरा में भगवान शंकर काफी लोकप्रिय हैं। उनका भोलपन, क्रोध और मस्ती सब भक्तों को सदियों से आकर्षित करती आ रही है। शंकर अपनी पत्नी पार्वती के साथ हिमालय की बर्फीली पहाड़ियों में रहते थे। यहां महत्वपूर्ण यह कि उस जमाने में भी अधिकांश भगवान शानदार महलों में अनेक दास-दासियों के साथ भरपूर जीवन जीते हुए, उस समय की हर कहानियों में दर्शाए गए हैं। बस यह कहानी इसी भेद पर आधारित है।

एक दिन संत नारद ने इसी बात को लेकर पार्वती को भड़काते हुए कहा कि आप शंकर से एक शानदार महल की मांग क्यों नहीं करतीं? इन बर्फीली गुफाओं में जीवन बिताने का क्या औचित्य? आखिर जब सारे भगवान शानदार महलों में दास-दासियों के साथ ऐश्वर्ययुक्त जीवन बिता रहे हैं, तो फिर ऐसे में आप अकेलों को यह कष्टपूर्ण जीवन क्यों जीना? बात पार्वती के भी समझ में आ गई। उन्होंने तत्क्षण शंकर से महल बनवाने की गुजारिश की।

शंकर ने कहा- मुझे तो कोई ऐतराज नहीं, पर दरअसल किसे कहां व किस हाल में रहना यह समय तय करता है। और समयानुसार हम जहां हैं, वहां ठीक हैं। समय के खिलाफ जाकर अहंकारवश कुछ भी करना उचित नहीं।

पार्वती ने कहा- आप भगवान हैं। पूरी दुनिया आपको पूजती है और आपका लोहा मानती है। भला समय आपसे बड़ा थोड़े ही है।

शंकर ने कहा- नहीं प्रिये! यह तुम्हारी गलतफहमी है। भगवान तो मन की एक ऊंचाई है, बाकी अंत में तो वह भी होता एक मनुष्य ही है। और मनुष्य हो या चांद-तारे...या अन्य कोई भी, अंत में तो सबकुछ समय के ही अधीन है।

पार्वती ने कहा- मैं यह सब नहीं जानती। मुझे महल चाहिए, सो चाहिए। मैं तो सिर्फ इतना जानती हूँ कि यदि आप चाहें तो समय उसमें व्यवधान नहीं डाल सकता है।

अब शंकर क्या कहते? पार्वती की जिद के सामने झुक गए और महल निर्माण का कार्य शुरू करवा दिया। पार्वती बड़ी खुश थी। देखते-ही-देखते महल

करीब-करीब बनकर तैयार हो गया। लेकिन इसके पहले कि शंकर-पार्वती उसमें शिफ्ट कर पाएं, अंतिम कलर-प्रोसेस के वक्त महल गिर पड़ा। शंकर तो ऐसा ही कुछ होगा जानते ही थे, परंतु पार्वती यह देख गहरे सदमे में आ गई।

खैर, पार्वती ने महल ढहने का कारण समय को नहीं माना। उन्हें बिना मुहूर्त देखे महल का निर्माण प्रारंभ कर देना ज्यादा अखर रहा था। अब मुहूर्त भी है तो समय का ही एक स्वरूप। ...पर शंकर क्या समझाए? अरे जब समय महल बनाने का है ही नहीं, तो उसका कोई शुभ मुहूर्त कैसे हो सकता है? परंतु सब जानते-बूझते भी शंकर खामोश ही रहे। उधर पार्वती के निर्देश पर एकबार फिर शुभ मुहूर्त देखकर महल का कार्य प्रारंभ करवा दिया गया। अबकी महल बनकर तैयार हो गया। पार्वती बड़ा खुश थी किंतु अबकी वह कोई चान्स लेना नहीं चाहती थी। सो, उसने एक ब्राह्मण पंडित से महल में जाने से पूर्व गृहप्रवेश की विधि भी पूरी करवाई। चलो यह भी निपटी, फिर बारी आई पंडित को दक्षिणा देने की। और यहीं आकर फिर दाव हो गया। उस पंडित को महल ऐसा तो भाया कि उसने दक्षिणा में महल ही मांग लिया। पार्वती तो पूरी तरह निराश हो गई। लड्डू मुंह तक आकर गिर पड़ा। बना-बनाया महल दक्षिणा में देना पड़ गया।

हालांकि शंकर, कुछ-न-कुछ होगा यह पहले से जानते थे। लेकिन बावजूद इसके, उनसे पार्वती की उदासी नहीं देखी जा रही थी। सो, उन्होंने उसे सामान्य करने के प्रयासरूप समझाने की कोशिश की। उन्होंने कहा कि मैंने पहले ही कहा था कि सबकुछ समय के अधीन है। उसके खिलाफ जाकर कभी किसी को कुछ नहीं मिलता है। सो अब महल के सपने देखना छोड़ हम दोबारा अपना मस्ती भरा जीवन जीना शुरू करें, लेकिन पार्वती महल का सपना छोड़ने को तैयार नहीं थी। उन्होंने शंकर से एक ही बात कही कि यदि यह सब समय के कारण हो रहा है तो आप समय को कहिए कि वह अपनी चाल बदल दे। ...आपका कहा भला कौन टाल सकता है?

शंकर ने फिर समझाने का प्रयास करते हुए कहा- समय अपनी चाल अपने कारणों से अपने गणित के अनुसार ही तय करता है। उसने आजतक अपनी चाल किसी के कहने पर या किसी के लिए कभी नहीं बदली है। सो यह उम्मीद रखना व्यर्थ है।

परंतु पार्वती कुछ सुनने को तैयार नहीं थी। ठीक है, शंकर एकबार फिर पार्वती की जिद के सामने झुक गए। तय यह किया गया कि एकबार महल बन जाए, फिर उसमें रहने जाने से पूर्व शंकर समय के पास चले जाएंगे। उससे विनती करेंगे कि वह अपनी चाल बदल दे, ताकि वो और पार्वती महल में रह सके। बस इसके साथ ही एकबार फिर महल बनाने का कार्य धूम-धड़ाके से प्रारंभ हो गया। देखते-ही-देखते महल निर्माण का कार्य समाप्त भी हो गया। अब महल में रहने जाने से पूर्व शंकर द्वारा समय को समझाने जाने का वक्त आ गया था। सो, जाने से पूर्व शंकर ने पार्वती से एक बात कही- प्रिये! देखो मैं तुम्हारे कहने पर समय के पास जा तो रहा हूँ, परंतु एक बात ध्यान रखना कि यदि समय ने मेरी बात नहीं मानी तो अबकी हम स्वयं महल को आग लगा देंगे। ...क्योंकि मैं नहीं चाहता कि अबकी तुम्हारा सपना किसी और के हाथों या किसी अन्य कारण से चकनाचूर होए। सो, यदि समय नहीं माना तो मैं वहीं तांडव करूंगा। मेरा तांडव नृत्य देख तुम समझ जाना कि समय नहीं मान रहा है, बस महल को भस्म कर देना।

पार्वती को यह बात समझ में आ गई। अगले दिन सुबह ही शंकर समय के पास जा पहुंचे। उन्होंने पार्वती की इच्छा से समय को अवगत करवाया और अपनी चाल बदलने हेतु कहा, ताकि पार्वती का महल में रहने का सपना पूरा हो सके। शंकर के आश्चर्य के बीच समय ने कहा- मैं आपकी बात कैसे टाल सकता हूँ? बस मेरी एक शर्त है- आप मुझे अपना प्रसिद्ध तांडव नृत्य दिखाइए और फिर मैं अपनी चाल बदल दूंगा। शंकर क्या करते? उन्होंने तांडव नृत्य शुरू किया और वहां पार्वती ने समझा कि समय नहीं माना, बस बड़े उदास मन से उन्होंने बना-बनाया महल अपने ही हाथों भस्म कर दिया। यानी कारण चाहे जो हो, समय के मानने पर भी अंत में तो वही हुआ जो समय की चाल से होनेवाला था।

सार: समय की चाल पहचानने से बड़ा ज्ञान मनुष्यजीवन में और कोई नहीं। यदि मनुष्य समय की चाल समझने लग जाए तो सुख-सफलता से उसका जीवन भर जाए। मनुष्य को यह समझ आना ही चाहिए कि आगे बढ़ने, पीछे हटने, रुकने, गतिशील होने, मेहनत करने व आराम करने से लेकर हर चीज का एक वक्त होता है, और सही समय पर सही कार्य करनेवाला कहां-से-कहां पहुंच जाता है।

मनुष्य की समय के खिलाफ की गई इच्छा या मेहनत का कभी कोई परिणाम नहीं आता है। जो भी ऐतिहासिक व महान लोग हुए हैं, सब समय के साथ चलकर हुए हैं। सो, जीवन में कुछ बनना चाहते हो तो समय का ज्ञान बढ़ाओ।

77 युधिष्ठिर की बात और भीम का नगाड़ा बजाना

यह किस्सा भारत के प्राचीन व पुराने ग्रंथ महाभारत का है। ...यह उन दिनों की बात है जब पांडवों के नाम से प्रसिद्ध पांच भाई वनवास भोग रहे थे। निश्चित ही वे लोग जब राजमहल छोड़ वनों में भटक रहे थे, तब जिंदगी बड़ी कष्टदायक थी। उसी दरम्यान एक दिन ऐसा हुआ कि एक संन्यासी उनके यहां भिक्षा मांगने आया। उस समय उनके सबसे बड़े भ्राता युधिष्ठिर द्वार पर ही खड़े हुए थे। अब भारतीय परंपरा के अनुसार कोई भिक्षा मांगने आए तो उसे खाली हाथ लौटाना नहीं चाहिए। ऊपर से यह तो युधिष्ठिर थे, जिन्हें धर्मराज भी कहा जाता था। लेकिन दुर्भाग्य से हालात ऐसे थे कि उस समय संन्यासी को देने के लिए घर में कुछ न था। और जब नहीं था, तो नहीं ही था। अब उसमें परंपरा भी क्या करेगी और धर्मराज होना भी क्या करेगा? परंतु युधिष्ठिर इस बात से काफी दुखी हो गए। संन्यासी को खाली हाथ लौटाना उन्हें चुभ रहा था। सो कोई उपाय न देख उन्होंने दोनों हाथ जोड़ते हुए संन्यासी से कहा- मैं क्षमा मांगता हूँ कि इस समय हमारे पास आपको देने हेतु कुछ भी नहीं है, परंतु आप कल अवश्य पधारना। वादा करता हूँ कि कल मैं आपको भोजन करवाकर ही विदा करूंगा। युधिष्ठिर के इतना कहते ही संन्यासी चले गए।

यहां तक तो ठीक, परंतु उधर बाकी भाइयों और द्रौपदी के साथ बातचीत में मशगूल भीम के कानों में यह बात पड़ गई। बात सुनते ही जाने क्या हुआ कि वह भीतर से एक नगाड़ा लेकर बाहर आ गया। और बाहर आते ही जोर-जोर से नगाड़ा बजाने लगा। स्वाभाविकरूप से नगाड़े की आवाज सुन बाकी लोग भी बाहर आ गए। इधर सबको बाहर आया देखकर भीम और मस्ती में दुगुने जोश से नगाड़ा बजाने लगा। संयोगवश उसी समय उनके अजीज मित्र कृष्ण पांडवों की खोज-खबर लेने वहां आ पंहुचे। सबने उनकी आगे बढ़कर अगवानी की, लेकिन

भीम अपने नगाड़ा बजाने में ही मस्त था। कृष्ण को माजरा समझ में नहीं आया। पूछने पर युधिष्ठिर व अर्जुन ने कहा कि लगता है पेटू भीम मारे भूख के पागल हो गया है, लेकिन कृष्ण के मन में भीम की आंतरिक समझ हेतु हमेशा से सम्मान था। सो उन्होंने कोई राय बनाने की बजाए माजरे की हकीकत समझने हेतु सीधे भीम से पूछना ही उचित समझा।

उधर भीम को तो मानो ऐसे ही किसी मौके की तलाश थी। उसने तुरंत बड़ा चहकते हुए कहा- कृष्ण, आज तो कमाल हो गया! मेरे बड़े भाई युधिष्ठिर ने काल पर विजय पा ली। इन्होंने अभी-अभी एक संन्यासी से कल भिक्षा मांगने आने का ना सिर्फ निवेदन किया, बल्कि उसे भरपेट भोजन कराने का आश्वासन भी दिया। सोचो, उन्हें "आनेवाले कल" का कितना ज्ञान हो गया। उन्हें यकीन है कि कल वे और संन्यासी दोनों जीवित रहेंगे। इतना ही नहीं, कल संन्यासी की यहां आकर भोजन करने की ना सिर्फ इच्छा होगी बल्कि युधिष्ठिर की उन्हें भोजन कराने की इच्छा भी होगी। साथ ही उन्हें यह विश्वास भी है कि संन्यासी को भोजन कराने हेतु उस समय घर में भोजन भी उपलब्ध होगा ही। बोलो कृष्ण! जो घटना हजारों अन्य घटनाओं पर निर्भर है, भाई उस बाबत भी पूरी तरह तय हैं। अब जिसका भाई इतना बड़ा ज्ञानी हो जाए वह खुशी से झूम न उठे तो क्या करे? भीम की ऐसी बात सुनते ही जहां कृष्ण की हँसी छूट गई, वहीं युधिष्ठिर के होश उड़ गए।

सार: मनुष्यजीवन सिर्फ वर्तमान है। भविष्य सदैव से अप्रत्याशित है। भविष्य में घटने वाली छोटी-से-छोटी घटना हजारों कारणों पर निर्भर है। ऐसे में भविष्य की सोचना ना सिर्फ बेमानी है बल्कि यही उसकी तमाम चिंताओं का प्रमुख कारण भी है। मनुष्य वर्तमान में जीना सीख जाए व भविष्य के बाबत कम-से-कम सोचे तो ही वह मस्ती से जी सकता है। और चिंतामुक्त होकर मस्ती से जीवन गुजारना ही मनुष्यजीवन का एकमात्र उद्देश्य है। सोचो यह कि युधिष्ठिर द्वारा भविष्य का एक छोटा-सा वायदा किए जाने पर भीम ने इतने नगाड़े बजाए तो हमारी और आपकी भविष्य की इतनी लंबी उड़ानों तथा धर्मगुरुओं व शास्त्रों की स्वर्ग-नर्क की बातें सुनकर भीम कितने नगाड़े बजाता? यही कारण है कि जो धर्म की वास्तविक सायकोलॉजी जानते हैं वे महाभारत युग में कृष्ण के बाद भीम को ही चन्द ज्ञानियों में गिनते हैं।

78 रामकृष्ण परमहंस और अड़ियल संन्यासी

उन दिनों रामकृष्ण का आश्रम एक नदी किनारे बसा हुआ था। एक दिन सुबह-सुबह वे हमेशा की तरह आश्रम के बाहर बैठे-बैठे अपने शिष्यों से चर्चा कर रहे थे। तभी एक अकड़ू संन्यासी वहां आ पहुंचा। वह भी उसी गांव का रहनेवाला था, और कारण चाहे जो हो, वह सदैव रामकृष्ण के विरोध में ही रहता था। यह सब तो ठीक, परंतु महत्वपूर्ण बात यह कि वह पिछले कई वर्षों से पानी पर चलने की कला सीखने में लगा हुआ था। और आज उसने उसमें सफलता भी पा ली थी। बस इसी खुशी में वह रामकृष्ण को नीचा दिखाने आ पहुंचा था। और कहने की जरूरत नहीं कि वह आगे क्या करना, यह पूरी तरह तय करके ही आया हुआ था। बस उसने आते ही बड़ी अकड़ भरी आवाज में रामकृष्ण को संबोधित करते हुए पूछा- आप इतने बड़े ज्ञानी बनते हैं, पानी पर चलना जानते भी हैं कि नहीं?

रामकुष्ण ने बड़ी सीधी भाषा में कहा- नहीं मेरे भाई। मैं पानी पर चलना नहीं जानता हूँ। परंतु जीवन में उसके बगैर मेरा काम अटक भी नहीं रहा है। हां, जमीन पर चलना मैं अच्छे से जानता हूँ और वह मुझे रोजमर्रा के उपयोग में भी आता है।

इस पर संन्यासी थोड़ा और तनते हुए बोला- अपनी कमजोरी को अच्छे शब्दों में छिपाने की कोशिश मत करो। मेरी बात सुनो, मैं पानी पर चलने की कला जानता हूँ।

इस पर वहां उपस्थित सारे शिष्य बुरी तरह चौंक गए। लेकिन रामकृष्ण बड़ी अजीब निगाहों से उसे देखने लगे। यही नहीं, उन्होंने बड़ी जिज्ञासा जताते हुए सीधे कहा- यदि वाकई पानी पर चलना जानते हो तो दिखाओ। हम भी तुम्हारी इस कला का आनंद लेना चाहेंगे।

बस यह सुनते ही वह अकड़ू संन्यासी सबको नदी किनारे ले गया। वहां जाकर वह वाकई चलकर नदी के एक किनारे से दूसरे किनारे तक गया भी, और लौटकर वापस भी आया। सब-के-सब आश्चर्य से भर गए, लेकिन सबके विपरीत रामकृष्ण बड़े मुस्कुराते हुए उसकी आंखों में झांकने लगे। संन्यासी को बात समझ

में नहीं आई। न तारीफ न कुछ, ...खड़े-खड़े मुस्कुरा रहे हैं। उसने बेचैनीपूर्वक रामकृष्ण के इस हास्य का मतलब समझने की कोशिश भी की, परंतु रामकृष्ण ने उसे तो कोई उत्तर नहीं दिया...लेकिन हां, तत्काल उन्होंने किनारे पर जाते हुए एक नाविक से पूछा- भाई मुझे सामनेवाले किनारे तक घुमाके लाओगे?

अब नाविक का तो यह व्यवसाय ही था, वह तुरंत नाव पर बिठाकर रामकृष्ण को चक्कर लगवाकर ले आया। उधर संन्यासी समेत सारे शिष्यगण रामकृष्ण की इस हरकत से चौंक उठे थे। परंतु इधर रामकृष्ण तो बड़ी शान से नाव से उतरे और उस नाविक से इस घुमाने का दाम पूछा। नाविक ने दो पैसे मांगे, रामकृष्ण ने दे दिए। ...फिर पलटकर उस संन्यासी के कंधे पर हाथ रखते हुए बोले- मित्र! यह बताओ कि यह कला सीखने में तुम्हें कितने वर्ष लगे?

वह बोला- बीस वर्ष।

यह सुनते ही रामकृष्ण जोर से हँस दिए। और हँसते-हँसते ही बोले- बीस वर्षों के अथक प्रयास के बाद कला सीखी भी तो दो पैसे वाली!

सार: मनुष्यजीवन का पूरा खेल समय व ऊर्जा का है। हर मनुष्य को यह ध्यान रखना ही चाहिए कि उसको जीना 80 वर्ष है, उसी में से 25 सोने में, बाकी शिक्षा, जवाबदारियों व रुटीन क्रियाओं में वैसे ही बीत रहे हैं। अब ऐसे में वह यदि अपने बचे समय व ऊर्जा को बेकार की बातों में व्यय करता रहेगा तो स्वयं को सुख व सफलता दिलाने हेतु कार्य कब करेगा? यह अच्छे से जहन में उतार लें कि यहां हर चीज आपको अपने बहुमूल्य समय व ऊर्जा देकर ही प्राप्त हो रही है। सो, कोई भी चीज पाने का प्रयास करने से पूर्व उस हेतु खर्च हो रहे अपने समय व ऊर्जा का ठीक-ठीक कैल्क्यूलेशन लगा लें, सौदा फायदे का जान पड़ता हो तो ही उसमें कूदें। यह सुख और सफलता पाने का एक अद्भुत कीमिया है।

79 वाह रे मन - तेरा जवाब नहीं

एकबार एक युवक ने संध्या सात बजे अपने पापा से कहा- कल सुबह पांच बजे मुझे उठा दीजिएगा, मैं मॉर्निंग वॉक पर जाऊंगा। लेकिन इतना कहते ही उसके दूसरे मन ने दस्तक दी- क्यों कह दिया पांच बजे उठाने को?

मालूम नहीं कल कॉलेज में प्रैक्टिकल है? इतनी जल्दी उठोगे तो प्रैक्टिकल में सो नहीं जाओगे? ...तभी तीसरा मन आ गया- क्या बात करते हो, उठना ही चाहिए। सुबह सबकुछ एकबार रिवाइझ कर लोगे तो प्रैक्टिकल और अच्छा जाएगा।

चलो यहां तक तो ठीक, पर जब रात नौ बजे उसने खाना खा लिया तो उसे सुस्ती चढ़ गई। सुस्ती चढ़ते ही चौथे मन ने द्वार खटखटाया- नहीं उठना अपने को सुबह-ही-सुबह। बस उसने पापा को उठाने से मना कर दिया। परंतु फर्मनेस खो चुके मनुष्य की मूर्खता का अंत यहां कहां? सो रात टी.वी. वगैरह देखकर जब ग्यारह बजे वह सोने गया तब तक उसके खाने की सुस्ती काफी हद तक कम हो चुकी थी। बस पांचवें मन ने पुकारा- सुबह उठना ही है। सुबह-सुबह परीक्षा की तैयारी नहीं करी तो कहीं रिजल्ट न गड़बड़ा जाए। बस तुरंत पापा से फिर उठाने की दरख्वास्त कर दी।

चलो यह भी ठीक, पर सुबह में जैसे ही पापा ने पांच बजे उठाया कि उसका छठा मन गुस्सा कर बैठा- यह कोई वक्त है उठाने का? क्या अभी उठकर प्रैक्टिकल में दिनभर सोता रहूं?

पापा भी परेशान हो गए। खुद ही उठाने को कहता है और उठाने पर गुस्सा भी करता है। होगा, अभी तो वह युवक घोड़े बेचकर फिर सो गया। चलो कोई बात नहीं। लेकिन फिर मजा तो यह कि सुबह उठकर तथा नहा-धोकर जब वह युवक नाश्ता करने बैठा तो उसे अपने न उठने पर बड़ा पछतावा हुआ। उसने अपने पापा से कहा भी कि नींद में भले ही मैं लाख मना करूं, पर आपको तो मुझे झकझोर कर उठा ही देना चाहिए था। आपको तो पता है मेरा प्रैक्टिकल एक्झाम है, और सुबह एकबार उस हेतु तैयार होना कितना जरूरी है। ...अब पापा क्या कहें? ...उन्होंने अपना माथा ठोक लिया।

सार: मनुष्य का मन एक तेजी से बदलनेवाला इन्स्ट्रूमेन्ट है। वह कभी किसी बाबत स्थिर नहीं, क्योंकि मनुष्य के एक नहीं अनेक मन हैं। और जबतक मनुष्य अपने मनों की गहराइयों को नहीं जान लेता, तबतक उसे अपने बाबत कुछ भी पहले से तय नहीं करना चाहिए। तबतक उसके लिए मन के फ्लो के साथ बहना ज्यादा हितकर है।

80 मेरे अंतिम शब्द - बुद्ध

आप मानो-न-मानो, मैं बुद्ध बोल रहा हूँ। मुझे अच्छी तरह याद है, मेरी तबीयत बुरी तरह बिगड़ गई थी, मुझे समझ आ ही गया था कि वो मेरी अंतिम सांसें चल रही हैं। उस समय पच्चीस वर्षों से मेरे साथ रह रहा मेरा शिष्य आनंद भी मेरे साथ था। निश्चित ही मेरी यह हालत देख वह बहुत दुखी हो गया था। इधर उसका यह हाल देख मैं आश्चर्यचकित था कि यदि उसे सिर्फ मेरी संभावित मृत्यु से इस कदर दुःख पकड़ रहा है तो फिर उसने जीवनभर मुझसे सीखा क्या? मेरे साथ पच्चीस वर्ष रहनेवाले शिष्य तक का यदि दुःख से छुटकारा नहीं हुआ है, तो फिर बाकियों ने मुझसे क्या ग्रहण किया होगा?

और मजा यह कि अभी मैं इस आश्चर्य से बाहर आया भी नहीं था कि आनंद ने मुझे दूसरे आश्चर्य में डाल दिया। उसने मुझसे पूछा- मुझे ऐसा सत्य दीजिए कि मेरा हमेशा के लिए उद्धार हो जाए। अब मैंने क्या जीवनभर असत्य कहा था जो अंतिम वक्त कोई महान सत्य अपने प्रिय शिष्य को देकर जाता? और फिर मैं किसी को सत्य देनेवाला कौन? मैं तो सिर्फ राह दिखा सकता हूँ; बाकी तो सही मार्ग पर चलकर 'सत्य' मनुष्य को स्वयं पाना होता है। किसी मनुष्य के पास किसी को कुछ देने की या किसी से कुछ छीनने की क्षमता ही कहां होती है? सो, मैंने उससे कहा- भाई आनंद "अप्प दीपो भव" यानी "अपने दीप स्वयं बनो"।

अब जब मैं साक्षात था तब भी मेरे अंतिम शब्द यही थे, और आज पच्चीस सौ वर्ष बाद भी मैं आपसे यही कह रहा हूँ कि "अप्प दीपो भव" यानी अपने दीये स्वयं बनो। और सच कहूं तो यह मेरे मुख से निकले तमाम शब्दों और व्यवहारों का सार है। मैं दावे से कहता हूँ कि यदि आप इसे गांठ बांध लेंगे तो आपका तत्क्षण उद्धार हो जाएगा। मुझे राह दिखानी थी, सो दिखाकर चला गया। अब उस राह पर चलकर अपना सत्य आपको पाना है। इसमें मैं कुछ और नहीं कर सकता। सोचो यह कि जब मैं साक्षात था तब कुछ नहीं कर सकता था, तो अब मेरी मूर्तियां या मेरे जैसे वस्त्र पहनना क्या कर लेगा? सो, इन सब नौटंकियों से छूटो और स्वयं को भ्रम में डालने से बचो। सीधे-सीधे मेरे बताए मार्ग पर चलकर अपने जीवन का सत्य खोजने में लग जाओ। विश्वास जानो कि अपने द्वारा अपना

उद्धार करने के अलावा तुम्हारे पास अन्य कोई मार्ग नहीं। आपको अपना 'दीप' बनकर अपने को रोशन स्वयं ही करना पड़ेगा।

81 छोटे बच्चे का अनोखा भजन

छोटे बच्चे स्वभाव से ही निर्दोष होते हैं। यदि उन्हें बाथरूम जाना है तो वे यह नहीं देखते कि कोई बैठा है या क्या कहेगा। वे तो बस लगते ही मां से कह देते हैं- मां, मुझे पी करने जाना है। अब बात तो साधारण व सामान्य होती है, परंतु इसमें भी अक्सर बच्चों के माता-पिता को लगता है कि इससे मेहमानों के सामने बेइज्जती हो रही है। बस ऐसी ही सोच की एक मां ने इसका रास्ता भी निकाल लिया। उसने अपने ढाई वर्षीय बच्चे को समझा दिया कि तुम्हें जब भी ऐसी कोई इच्छा हो, कह देना कि मां मुझे भजन गाना है। मैं समझ जाऊंगी और तुम्हें बाथरूम ले जाऊंगी, क्योंकि मेहमानों के सामने यह ''पी'' या ''सू-सू'' कहना अच्छा नहीं लगता।

ठीक है, बच्चों को क्या लेना-देना? नाम कुछ भी कहो, उसे तो काम से मतलब। उधर कुछ दिन तो यह व्यवस्था चलती रही, लेकिन एक दिन ऐसा हुआ कि बच्चे के माता-पिता दोनों को बच्चे को छोड़कर दो-तीन दिन के लिए किसी दूसरे शहर जाना पड़ा। अब माता-पिता नहीं थे तो बच्चे को दादाजी के साथ सोने का मौका आया। यह तो ठीक, पर उधर आधी रात को बच्चे को सू-सू लगी। अब बच्चा क्या करे? उसने तो दादाजी को नींद से उठाते हुए कहा- दादाजी मुझे भजन गाना है।

दादाजी एक तो नींद से उठाए जाने से वैसे ही परेशान हो उठे थे, ऊपर से आधी रात को भजन गाने की बेतुकी फरमाइश। उन्होंने तुरंत बच्चे को डांटते हुए कहा- चुपचाप सो जा, इतनी रात गए भजन नहीं गाते।

यह सुन बच्चा चौंकते हुए बोला- भला भजन का भी कोई वक्त होता है, वह तो आए तब गाना ही पड़ता है।

दादाजी क्रोधित होते हुए बोले- कह दिया न, नहीं गाना है...मतलब नहीं गाना है।

बच्चा बेचारा करे क्या! सो गिड़गिड़ाते हुए दादाजी से बोला- दादाजी यह तो हो ही नहीं सकता, गाना तो मुझे पड़ेगा ही। ...वरना बड़ी गड़बड़ हो जाएगी। दादाजी भी परेशान। इस बच्चे का करें क्या? उन्हें उसके माता-पिता पर गुस्सा भी आया। लेकिन अभी तो बच्चे की जिद के सामने उन्हें नतमस्तक होना ही पड़ा। सो उन्होंने बच्चे से कहा- ठीक है, चुपचाप धीरे से मेरे कान में भजन गा दे, ताकि मेरी तो ठीक पर कम-से-कम दूसरों की नींद न बिगड़े।

बच्चा तो वैसे ही रोक नहीं पा रहा था। उसने तुरंत गरमागरम भजन दादाजी के कान में गा दिया।

सार: आप भी जीवनभर यही करते हैं। गलत जगह गलत तरीके से भजन गाते रहते हैं। आप शब्दों को ही सबकुछ समझते हैं। आप समझते ही नहीं कि शब्दों का प्रयोग दृश्यमान वस्तुओं को नाम देने तक तो ठीक है, परंतु अदृश्य यानी सायकोलॉजी में शब्दों को सही-सही परिभाषित करना जरूरी होता है। आपके सुख-दुख हों या मित्र, धर्म, भगवान, समृद्धि हो या व्यवसाय, पाप-पुण्य हो या अच्छा-बुरा; ये सारे कोरे शब्द हैं। और जब तक इनकी आप अपनी कोई परिभाषा न बना लें, तब तक इनके साथ आप हवा में ही प्रयोग करते रह जाते हैं। ...यानी बाथरूम जाने को भजन करना समझते रहते हैं। यह खतरनाक है, तथा आप चौबीसों घंटे बड़े-बड़े शब्दों के साथ यह खतरनाक खेल खेलते ही रहते हैं। ...फिर जीवन में सकारात्मक परिणाम आ कैसे सकते हैं? यही कारण है कि आपको मित्र, परिवार, धर्म, भगवान, व्यवसाय सब दगा दे रहे हैं, क्योंकि आप दूसरों द्वारा सेट की गई परिभाषानुसार उनके साथ प्रयोग कर रहे हैं। लेकिन जिस रोज आप जीवन में प्रयोग आनेवाले सभी सायकोलॉजिकल शब्दों की अपनी परिभाषा बना लेंगे, उस दिन आपका हर प्रयोग आपके जीवन को सुख और समृद्धि की ओर ले जाएगा। ...वरना तबतक सू-सू के नाम पर यहां-वहां भजन गाते फिरोगे।

82 संतोषी कैसा सुखी!

किसी छोटे-से शहर में एक व्यापारी रहता था। उसका बरसों पुराना जमा-जमाया व्यवसाय था और हर तरीके से खाते-पीते सुखी था। उसका व्यवसाय भी ऐसा सेट था कि कुल जमा छः घंटे उसे अपने व्यवसाय को देने पड़ रहे थे। अतः उसके पास समय-ही-समय था। इस कारण ना सिर्फ उसका खाना-पीना व व्यायाम नियमित था, बल्कि उसे उसके गाना सुनने और पढ़ने जैसे व्यक्तिगत शौकों को पूरा करने हेतु भी काफी समय मिल जाया करता था। साथ ही, परिवार व मित्रों के साथ भी वह पूरी मस्ती से जी ही लेता था।

दूसरी ओर उसका एक साला था जो सॉफ्टवेयर इंजीनियर था। और जो बड़ा ही महत्वाकांक्षी और उपद्रवी था। आगे बढ़ने के चक्कर में वह अब तक चार-पांच तो नौकरियां बदल चुका था। वह हमेशा कोई बड़ा तुक्का मारने की फिराक में घूमता रहता था। एक दिन ऐसे ही दोनों जीजा-साले बैठे हुए थे। उस दिन मौका जान जीजा ने बात-बात में अपने साले साहब से पूछा कि भाई कई बार सोचता हूँ पर समझ नहीं आता कि आखिर तुम जीवन में करना क्या चाहते हो?

साला थोड़ा तनता हुआ बोला- बस एकबार किसी तरह अपने व्यवसाय का रास्ता खोल लूं, थोड़ी मेहनत कर उसे जमा लूं, और कुछ अच्छी-खासी कमाई हो जाए फिर सब सेट। इसमें समझने जैसा और है क्या?

जीजा थोड़ा हैरान होता हुआ बोला- लेकिन सबकुछ तुम्हारे ही अनुसार ठीक-ठाक चलता रहा तो भी यह सब होते-होते तुम साठ साल के तो हो ही जाओगे। चलो वह भी छोड़ो, पर फिर आगे क्या?

साला बोला- ''आगे क्या, फिर सुकून और शांति का जीवन बिताऊंगा।

इस पर जीजा थोड़ा हँसता हुआ बोला- ''वह तो तुम कहीं टिककर नौकरी करो तो आज से ही बिता सकते हो। फिर उस हेतु और तीस वर्ष इन्तजार करने की तथा इतनी जोखिम उठाने की क्या आवश्यकता है?

इसका जबाब न उनके साले के पास था और ना शायद आपके पास ही होगा। अब समझदार हो तो यह इशारा ही काफी है। वरना तो यूं भी बेकार की महत्वाकांक्षाओं से ज्यादा समझदार कौन?

सार: ''संतोष'' परम धन है ही इसलिए कि संतोषी जो आज उपलब्ध है उसे खोकर अनिश्चित को पाने के चक्कर में नहीं पड़ता है। यदि पूरा जीवन पाने-खोने की दौड़भाग या गम-खुशी में ही बिता दोगे तो मन के हल्केपन को कैसे अनुभव करोगे? और जहां तक सवाल है सफलता का, तो वह तो वैसे भी अकारण ही बात-बात पे ऊपर-नीचे होनेवाले को कभी मिल ही नहीं सकती है। सीधा-सीधा यह सायकोलॉजिकल सत्य समझ लो कि सिर्फ संतोषी मनोवृत्तिवाला व्यक्ति ही सुख व सफलता के झंडे गाड़ सकता है। यह तो चूंकि लोग अपनी ही वास्तविक सायकोलॉजी से अनजान हैं इसलिए ''संतोष की शिक्षा'' लोगों को आगे बढ़ने में अवरोधस्वरूप जान पड़ती है, जबकि सच्चाई यह है कि यह सायकोलॉजिकल अज्ञान ही मनुष्य की तमाम प्रकार की असफलताओं के लिए प्रमुख रूप से जवाबदार है। संतोष सफलता का शत्रु नहीं, बल्कि परम मित्र है। अत: आप संतोष का आश्रय ग्रहण करें। एक तो इससे मन की शांति तात्कालिक प्राप्त हो जाएगी, और दूसरा लगातार संतोष में रहने से सफलता का मार्ग भी प्रशस्त होगा। क्योंकि यह भी ध्यान रख ही लेना कि ठहरे व्यक्ति को ही मौके दिखते भी हैं, और मौके भुनाने की ऊर्जा भी सिर्फ उसी में होती है। असंतोषी तो वैसे ही भाग-भागकर व थपेड़े खा-खाकर थका, डरा व शक्तिहीन हो चुका होता है।

83 शराबी पति और साइकेट्रिस्ट

एक व्यक्ति था, वह नियमित शराब पिया करता था। और यही उसका एकमात्र शौक था। वैसे वह पीता अपने दायरे में ही था और शराब पीने के बाद कभी बहका हो, ऐसा भी कोई उदाहरण नहीं था। परंतु फिर भी उसकी पत्नी को उसका यह शराब पीना रास नहीं आ रहा था। वह कुछ भी कर उसकी यह लत छुड़वाना चाहती थी। उसने कई बार समझाने के प्रयास भी किए, शराब से होनेवाली बीमारियां भी बतायी; परंतु वह अपने पति की शराब नहीं छुड़वा पाई।

एक दिन किसी ने उसे अपने पति को साइकेट्रिस्ट के पास ले जाने की सलाह दी। बात उसे भी जंच गई। लेकिन पति को साइकेट्रिस्ट के पास ले जाना अपने-आप में एक टेढ़ी खीर था। सीधे-सीधे कहने पर तो उनके चलने का सवाल

ही नहीं उठता था। लेकिन पत्नी भी कम चतुर न थी। उसने साइकेट्रिस्ट से सारी सेटिंग कर ली। पत्नी ने उस साइकेट्रिस्ट को अपने पति की आदत और उनको उसके पास लाने के मकसद, दोनों पहले ही समझा दिए। उसने उसे यह भी समझा दिया कि वह स्वयं को दिखाने का बहाना कर अपने पति को यहां लाएगी। आगे बात कैसे छेड़ना और उनकी शराब कैसे छुड़वाना यह तुम जानो।

ठीक है, साइकेट्रिस्ट ने यह चैलेंज कबूल किया। योजनानुसार पत्नी अपने पति को उसके यहां ले गई। कुछ देर तो पत्नी की बीमारी बाबत चर्चा का नाटक चलता रहा। फिर अचानक उस साइकेट्रिस्ट ने शराब की चर्चा छेड़ दी। और चर्चा छेड़ी भी तो ऐसी कि बड़े-से-बड़े शराबी को भी शराब छोड़ने की इच्छा जागृत हो जाए, परंतु यह आदमी बड़ा पक्का था। उसकी इच्छा कुछ कमजोर अवश्य हुई थी, परंतु छोड़ने की तो कोई बात ही नहीं थी। उधर साइकेट्रिस्ट भी कोई कम पक्का नहीं था। उसने चर्चा बढ़ाते हुए आखिर कुछ भी कर उसे शराब छोड़ने पर राजी कर ही लिया। उधर पत्नी भी लगे हाथों अपने पति से शराब छोड़ने का पक्का वचन लेना न भूली। बेचारा चारों तरफ से घिरकर प्रभाव में आ ही चुका था, सो उसने भी वचन दे ही डाला।

बस वहां से पत्नी घर चली गई और वह आदमी सीधा अपनी दुकान पहुंच गया। यहां तक तो सब ठीक चला, पर रात को घर लौटते वक्त वह दुविधा में फंस गया। रोज का नियम था, रास्ते में ही पड़नेवाले एक रेस्टोरेंट में दो पैग लगाकर ही वह घर जाता था। अब वचन तो सुबह प्रभाव में आकर दे दिया था, परंतु बुद्धि का दिया वचन मन को थोड़े ही प्रभावित कर सकता है? बस उसको दुकान से निकलते ही शराब की तलब पकड़ ली, पर सुबह दिया वचन आड़े आ रहा था। बड़ा दुखी भी हुआ कि मैं कहां साइकेट्रिस्ट और पत्नी के चक्कर में आ गया? ...हालांकि उसने मन को थोड़ा कड़ा किया। अभी सुबह ही तो वचन दिया है, कहीं ऐसे ही थोड़े तोड़ा जाता है? आखिर संकल्प-शक्ति नाम की भी तो कोई चीज होती है? बस यह सब सोचकर अपना मन मजबूत करते हुए वह चुपचाप घर की तरफ बढ़ा चला जा रहा था। यहां तक तो ठीक, लेकिन जैसे ही वह रेस्टोरेंट आया कि मन ने फिर कमजोरी पकड़ ली। लेकिन नहीं, मतलब नहीं... बस किसी तरह मन और बुद्धि के बीच हिचकोले खाने के बावजूद उसने बगैर रेस्टोरेंट की

तरफ देखे घर का रास्ता पकड़े ही रखा। ...लेकिन दस-बीस कदम चलते ही फिर रुका। और फिर जाने क्या सोचकर अपनी पीठ थपथपाते हुए बोला- वाह! तू रेस्टोरेंट के सामने से निकला भी, लेकिन वचन की खातिर बगैर शराब पिये उसके सामने से गुजर गया। चल तेरी इस कटिबद्धता की खुशी में तुझे दो पैग पिलाता हूँ। और आखिर उस दिन भी वह दो पैग पीकर ही घर गया।

सार: मनुष्य जैसा है, वैसा शायद परफेक्ट न भी हो, तो भी वह बाह्य प्रभावों या दबावों से स्वयं में स्थायी बदलाव कभी नहीं ला सकता है। यदि शारीरिक तौरपर वह बदलाव का अभिनय कर भी ले तो भी दबाव या प्रभाव से ओढ़ा गया बदलाव मन तक तो नहीं ही पहुंच सकता है। और क्योंकि जब तक मन न बदले, सब बेकार है। सो, अगर आप मन से बदलाव चाहते हों, और यह बदलाव स्थायी व पक्के तौरपर चाहते हों; तो जबतक मन पूरी तरह परिवर्तित न हो जाए, शारीरिक तौरपर आधे-अधूरे में स्वयं को बदलने की कोशिश कभी मत करें।

84 जैन मुनि और मछली

यह तो आप सभी जानते होंगे कि जैनों की सारी बातें व सारा धर्म अहिंसा के इर्द-गिर्द ही घूमता है। सो कहने की जरूरत नहीं कि जैन मुनियों के प्रवचन भी इसी एक शब्द के आसपास घूमते हैं। यह एक ऐसे ही जैन मुनि की कहानी है जो एकबार अहिंसा पर प्रवचन दे रहे थे। संयोगवश उसी दरम्यान एक अनोखी घटना घट गई। हुआ यह कि उसदिन वहां प्रवचन सुनने एक मुस्लिम युवक भी आया हुआ था। इधर जैसे ही मुनि ने जानवरों के किए जानेवाले वध पर मार्मिक बातें कही कि वह युवा चालू प्रवचन में ही चिल्ला उठा- मेरा नाम साजिद खान है और मैंने आज पहली बार मुनिजी को सुना, मैं वाकई उनसे बड़ा प्रभावित हुआ हूँ। खासकर उनकी जानवरों पे कही गई हिंसावाली बात ने मेरे दिल को झकझोर कर रख दिया है। सच कहूं तो यह मेरा भी अनुभव है कि जानवर बड़े उपयोगी होते हैं, एकबार एक मछली ने मेरी जान तक बचाई थी।

यह सुनते ही सभा में समा बंध गया। भक्तों पे तो मुनि का रूआब जम गया। एक मुसलमान हमारे मुनि से प्रभावित... और मुनि की तो पूछो ही मत! वह

तो अहंकार के सातवें आसमान पे पहुंच गया था। बस प्रवचन समाप्त होते ही उसने उस मुस्लिम युवक को बुलवाया व प्रलोभन वगैरह देकर अपना शिष्य बना लिया। उसका एक ही काम था, मुनि जहां प्रवचन दे रहा हो वो वहां खड़े होकर पहले तो अपना परिचय दे, तथा उसके पश्चात वह सबसे मछली के द्वारा उसकी जान बचाने वाली बात दोहराए। ...मामला सही में जम गया। मुनि की सभा में उस मुस्लिम युवक के कारण काफी भीड़ एकत्रित होने लगी। यही नहीं, रातोंरात उनकी गिनती बड़े जैन मुनियों में होने लगी। देखते-ही-देखते इस तरह सभा करते हुए एक वर्ष बीत गया। उधर एक दिन संध्या समय मुनि को विचार आया कि बाकी सब तो ठीक पर आजतक मैंने उस मुस्लिम युवक से यह तो पूछा ही नहीं कि उस मछली ने उसकी जान कैसे बचाई थी? बस उसने ताबड़तोड़ उस युवक को बुलवाया और उससे मछली द्वारा जान बचानेवाली बात विस्तार से बताने को कहा।

युवक तो यह सुनते ही उत्साह में आ गया और लगा अपनी वह यादगार दास्तान सुनाने। वह बोला- हुआ यह मुनि महाराज कि एकबार मैं अपने दोस्तों के साथ जंगल में सैर करने गया हुआ था। लेकिन बदकिस्मती से मैं सबसे बिछड़ गया, रास्ता भी पूरी तरह भटक गया। करीब दो दिन जंगलों में भूखा-प्यासा घूमता रहा, पर न तो खोए मित्र मिले और न ही जंगल से बाहर निकलने का कोई मार्ग मिला। खैर, तीसरे दिन सुबह अचानक मेरी निगाह एक छोटी-सी तलैया पर पड़ी। उसमें कुछ मछलियां भी तैर रही थीं। मैं भूखा-प्यासा तो था ही, बस एक बड़ी मछली पकड़ ली और उसे सेंक कर खा गया। इस तरह उस कठिन समय में मछली ने मेरी जान बचाई।

मुनि का तो यह सुनते ही चेहरा उतर गया, लेकिन था वह बड़ा पक्का। उसने तत्क्षण गंभीर मुखमुद्रा बनाते हुए उस युवक से कहा- देखो तुम सभा में जो करते व कहते आ रहे हो वह करते रहना, पर मछली ने तुम्हारी जान कैसे बचाई यह कभी किसी से न कहना, वरना उसी दिन तुम यह काम खो बैठोगे।

युवक भी मुनि जितना ही समझदार व प्रैक्टिकल था। मुनि उसे इतनी ऊंची तनख्वाह सिर्फ दो वाक्य बोलने की ही तो दे रहा था, ऐसा हसीन कार्य उसके छोड़ने का सवाल ही नहीं उठता था। बस दोनों की जुगलबंदी वर्षों तक चलती रही और उसके फलस्वरूप मुनि का कद व वट दोनों ही बढ़ता ही चला गया।

सारः अधिकांश धार्मिक संत, फिर वे किसी भी धर्म के क्यों न हों, उनके और उनके भक्तों के बीच यही रिश्ता है। दोनों ऊंची बातों का सहारा लेकर अंत में तो अपनी व अपने धर्म की ऊंचाई सिद्ध करने में ही रुचि रखते हैं। ऊंचे सिद्धातों की आंतरिक गहराइयों से किसी को कुछ लेना-देना नहीं होता है। सच पूछा जाए तो पाखंड के बल पर अहंकार की तृप्ति ही अधिकांश धर्मगुरुओं और उनके सांप्रदायिक भक्तों का उद्देश्य रह गया है। मन की गहरी ऊंचाइयों में किसी को कोई रस नहीं। इनसे तो अच्छे वे हैं जो ऊंचे सिद्धांतों की बात करने की बजाए अपने मन की वास्तविकता में जीते हैं।

85 पिता की बच्चे को अजब शिक्षा

एक दिन एक व्यक्ति ऑफिस से जब अपने घर आए तो देखा कि उनका चार-पांच वर्षीय बालक वहीं ड्राइंग रूम में खिलौनों से खेल रहा है। ठीक है, वे भी फ्रेश होकर कपड़े चेंज करने के बाद ड्राइंग रूम में आ गए। निश्चित ही खेलते बच्चे के साथ कौन नहीं समय गुजारना चाहेगा? परंतु अभी पांच-दस मिनट ही बच्चे के साथ खेले होंगे कि अचानक उन्हें क्या सूझी कि बच्चे को उठाकर सात फीट ऊंची अलमारी के टॉप पर बिठा दिया। बच्चा तो पूरी तरह हतप्रभ रह गया। बेचारा बार-बार पिताजी से नीचे उतारने की दरख्वास्त करने लगा। अब चार-पांच वर्ष के बालक के लिए तो सात फीट ऊपर से नीचे देखना, अच्छी-खासी खाई होने का ही एहसास था। वह डर भी बुरी तरह गया था, पर पिताजी उसकी एक नहीं सुन रहे थे। नीचे उतारना तो दूर, उल्टा उन्होंने एक उल्टी रट लगा रखी थी। वे बार-बार एक ही चीज कहे जा रहे थे कि तू कूद- मैं पकड़ लूंगा। अब बच्चा कोई बेवकूफ तो था नहीं? वह कूद कैसे जाए? कहीं पिताजी चूक गए तो हड्डी-पसली बुरी तरह टूट नहीं जाएगी! सो वह चाहता था कि पिताजी सीधे-सीधे उसे पकड़कर नीचे उतार दें, परंतु उस हेतु पिताजी राजी नहीं थे। उन्होंने तो बच्चे को इमोशनल करते हुए यह भी कहा कि बेटा, तू क्या सोचता है, मेरे से कोई चूक की संभावना होती तो क्या मैं तुझे कूदने के लिए कहता? अरे, तुझे इतनी खरोंच आ जाती है तो मैं पूरा-का-पूरा दहल जाता हूँ। क्या तुझे अपने

बाप पर भरोसा नहीं? और अगर भरोसा नहीं, तो रातभर वहीं पड़े रहना। ...न मैं उतारूंगा न किसी को उतारने दूंगा।

...अब तो बच्चे के पास कोई ऑप्शन ही नहीं बचा था। पिताजी को इमोशनल करने की कोशिश भी कर चुका था, और धमकी भी दे चुका था। अब इससे ज्यादा वह कुछ कर नहीं सकता था। अलमारी पर रात गुजार नहीं सकता था, और उधर पिताजी थे जो टस से मस होने का नाम नहीं ले रहे थे। अब उसके पास पिताजी के खुले हाथों पर भरोसा करने के अलावा कोई ऑप्शन नहीं बचा था। बस आंख बंदकर बड़ी हिम्मत दिखाते हुए वह कूद गया। अब इधर वह तो कूद गया, पर उधर पिताजी जाने क्या सोचकर दूर हट गए। बेचारा धड़ाम से जमीन पर गिर पड़ा, काफी चोटें भी आई। बस, पिताजी को कोसते हुए जोर-जोर से रोना शुरू कर दिया, परंतु पिताजी कुछ और ही मूड में थे। उन्होंने उसे डांटते हुए कहा चुप, यह रोना-धोना बाद में। कुछ खास नहीं लगी है, पहले मेरी बात सुन... इससे सबक ले कि जीवन में आगे बढ़ना हो तो भरोसा अपने बाप पर भी मत करना।

सार: थोड़ा अपने परिवारों में झांकें। आप पाएंगे कि वाकई ऐसी शिक्षाएं भी बच्चों को दी जा रही हैं। बच्चों को अपने बाप तक पर भरोसा न करना सिखाया जा रहा है, जबकि जीवन पूरा-का-पूरा भरोसे पे चल रहा है। आप पढ़ते हों या इन्श्योरेन्स कराते हों; इसी भरोसे पर कराते हो न कि अगले पचास-सौ वर्ष तक तो सूर्य उगने ही वाला है। हवा से आपको ऑक्सीजन मिलने ही वाली है। कहने का तात्पर्य यह कि प्रकृति हो या आपका जीवन, दोनों भरोसे पर ही चल रहे हैं। ऐसे में यह तो हमें सोचना ही होगा कि कहीं बच्चों को प्रैक्टिकल होने के नाम पर ऐसी अप्राकृतिक शिक्षाएं देकर, क्या हम उनके विकृत व असफल होने की नींव तो नहीं डाल रहे हैं?

86 गैलिलियो का मूर्खों से सामना

आप सभी जानते ही होंगे कि "पृथ्वी 'सूर्य' के चक्कर लगा रही है" यह बात सर्वप्रथम गैलिलियो ने कही थी। लेकिन उन्होंने यह बात क्या कही, उनकी जान पर ही बन आई थी। पता है क्यों? क्योंकि बाइबिल में लिखा

है कि सूर्य 'पृथ्वी' के चक्कर लगा रहा है (ओल्ड टेस्टामेंट, इक्लीझियास्टिक 1-5)। ...जबकि बाइबिल तो गलत हो नहीं सकती। और गैलिलियो का कहना सीधे तौरपर बाइबिल के खिलाफ था, गैलिलियो की बातों से बाइबिल के पचास से ज्यादा गॉस्पेल असत्य साबित हो जाते थे; बस पादरियों को यह बर्दाश्त नहीं हुआ। उन्होंने हंगामा खड़ा कर दिया। बात अदालत तक जा पहुंची। उधर जज भी कट्टर था, बाइबिल का बड़ा फॉलोवर था। इधर पादरी भी अड़े ही हुए थे, उनकी एक ही मांग थी कि गैलिलियो अपने शब्द वापस ले और माफी मांगे। वहां अदालत के भीतर-बाहर भीड़-ही-भीड़ एकत्रित हो गई थी। अधिकांश लोग गैलिलियो के विरुद्ध नारेबाजी कर रहे थे।

खैर, अदालत की कार्रवाई प्रारंभ हुई। जज ने बड़ी कड़क भाषा में गैलिलियो से कहा- तुम अपने शब्द वापस लो तथा सबसे माफी मांगो, वरना मैं तुम्हें मौत की सजा सुना दूंगा। जज की यह बात सुनते ही गैलिलियो ने चारों ओर निगाह दौड़ाई। जज ही नहीं, पादरियों व कट्टरवादियों से भरी अदालत में माहौल वाकई क्रूरता की सारी सीमाएं लांघने को बेताब था। गैलिलियो को समझते देर नहीं लगी कि उसने जज की बात मानते हुए माफी न मांगी तो सचमुच उसे मौत की सजा सुना दी जाएगी। गैलिलियो समझदार था, उसने तुरंत दोनों हाथ जोड़ते हुए कहा- हूजुर! मैं अपने कहे की माफी मांगता हूँ। मैं अपनी वह बात वापस लेता हूँ जिसमें मैंने कहा था कि पृथ्वी सूर्य के चक्कर लगा रही है। मैं मानता हूँ कि बाइबिल में ठीक लिखा है, सूर्य ही पृथ्वी के चक्कर लगा रहा है। ...यह सुनते ही चारों ओर खुशी की लहर दौड़ गई। अदालत का पूरा प्रांगण बाइबिल की जयकार से गूंज उठा। गैलिलियो छोड़ दिया गया। लेकिन गैलिलियो भी गैलिलियो था। उसने बाहर निकलते ही भीड़ से कहा- मैंने अपनी बात अवश्य वापस ली है, लेकिन मेरे बात वापस लेने से सूर्य चक्कर लगाना चालू नहीं कर देगा। सत्य तो यही है कि चक्कर पृथ्वी ही लगा रही है।

सारः इस एक घटना से काफी चीजें समझने की है। पहली बात तो माहौल यानी समय की शरणागति मनुष्य को स्वीकारनी ही चाहिए। जब मूर्खों पे क्रूरता सवार हो तब सत्य या ज्ञान का ढिंढ़ोरा पीटना बेकार है, क्योंकि जान है तो जहान है। गैलिलियो जिद या अहंकारवश जान गवां देता तो आगे के अनेक

प्रयोगों को करने से वह वंचित रह जाता। खैर, दूसरी बात यह कि आज यह वैज्ञानिक सत्य है कि पृथ्वी ही सूर्य के चक्कर लगा रही है। पर आजतक पादरियों ने गैलिलियो के साथ हुए व्यवहार की माफी नहीं मांगी। वे मांगेंगे भी नहीं, धार्मिक कट्टरता की नींव ही अहंकार पे टिकी होती है। होगा, सबसे महत्वपूर्ण तो यह कि भले ही आज बाइबिल में कही बात गलत साबित हो चुकी है, परंतु फिर भी इससे ना तो बाइबिल की सत्यता पर और ना ही उसकी लोकप्रियता या विश्वसनीयता में कोई कमी आई है। बस, मनुष्य का यही तो वह कमाल है जो उसे समझदारों की सूची में शामिल होने ही नहीं देता।

87 बल्ब के आविष्कारक एडीसन की दीवानगी

निश्चित ही यह तो आप जानते ही होंगे कि बल्ब का आविष्कार महान वैज्ञानिक थॉमस अल्वा एडीसन ने किया था। शायद मनुष्य के लिए इससे उपयोगी दूसरी कोई खोज नहीं हो सकती। वरना सोचो, सात बजे बाद अंधेरा होने पर करते क्या? आज तो इस बात की कल्पना करने पर ही पागल हो जाएं। खैर, यह खोज जितनी उपयोगी थी उतनी ही रोचक भी थी। तो चलो आज मैं संक्षेप में जगत को रोशन कर देनेवाले बल्ब के आविष्कार की सम्पूर्ण दास्तान सुनाता हूँ।

एडीसन बल्ब के आविष्कार का सपना लिए अपनी वैज्ञानिकों की टीम के साथ लेबोरेटरी में दाखिल हुए। और जब एडीसन दाखिल हुए तो हो ही गए। घुसते ही वे बल्बमय हो गए। प्रयोगों का सिलसिला चालू हो गया। एक के बाद एक फिलामेंट उपयोग करते रहे पर बल्ब रोशन नहीं हो रहा था। एक-एक कर दिन भी बीतते जा रहे थे। हर बीतते दिन के बाद साथी वैज्ञानिकों के सब्र का बांध भी टूटता जा रहा था। हालांकि उनमें से अधिकांश एडीसन से काफी यंग थे, परंतु एडीसन का उत्साह उनका अपना था। उन्होंने कार्य हाथ में लिया था तो पार तो पाड़ना ही था। परंतु बल्ब था कि रोशन होने का नाम ही नहीं ले रहा था। करीब बीस दिन बीत गए थे। चार हजार से ऊपर फिलामेंट उपयोग किए जा चुके थे। आखिर साथी वैज्ञानिकों के सब्र का बांध टूट पड़ा। उनमें से कुछेक ने एडीसन

से कहा भी कि अब छोड़ देते हैं। लगता नहीं कि बल्ब जल पाएगा। हम हजारों फिलामेंट उपयोग कर चुके हैं। ...हमें मानना ही होगा कि हम नाकाम हो गए हैं।

यह सुनते ही एडीसन हँसते हुए बोले- हम नाकाम नहीं हुए हैं, बल्कि सफलता की ओर तेजी से बढ़ रहे हैं। हमने ऐसे हजारों फिलामेंट खोज लिए जिनसे बल्ब रोशन नहीं हो सकता है। अब बल्ब को रोशन करनेवाले फिलामेंट की बारी आ ही गई है। मेरी बात मानो, हम सफलता के द्वार पर दस्तक दे चुके हैं।

और आखिर दो वर्षों तक लगातार कार्य करने के पश्चात तथा करीब 6000 से ऊपर फिलामेंट नाकाम हो जाने के बाद वह कार्बन फिलामेंट खोज ही लिया गया, जिसने बल्ब को रोशन कर दिया। और उसके साथ ही पृथ्वी के प्रकाश से जगमगाने की नींव डल गई।

सार: लगातार दो वर्षों के करीब वहीं प्रयोगशाला में डटे रहने, वहीं खाने-पीने और सोनेवाले, तथा नाकामियों में भी उत्साह और उम्मीद बनाए रखनेवाले हजार गुणों के मालिक एडीसन को बल्ब खोजने हेतु आज मैं सलाम करता हूँ। और सभी व्यक्तियों से एडीसन के ये सारे महान गुणों को जीवन में उतारने की गुजारिश करता हूँ। क्योंकि जीवन उत्साह, आत्मविश्वास, ध्यान और दूरदृष्टि से बनता है, बातों या डिग्रियों से नहीं। किसी के आशीर्वाद या आश्वासन से नहीं। सो, आज हम भी बच्चों में एडीसन के गुण डेवलप कर घर-घर में एडीसन पैदा करने का संकल्प लें।

88 डाकू और रिटायर्ड फौजी

यात्रियों से भरी एक बस जंगलों से गुजर रही थी। उसमें अपनी लाइसेंसी बन्दूक लिए एक रिटायर्ड फौजी भी सवार था। रास्ते में एक जगह कुछ लोगों ने बस को रोका और आगे डाकुओं के डेरा डाले बैठे होने की सूचना दी। यह सुनते ही ड्राइवर-कंडक्टर समेत बस की बाकी सवारियां सकते में आ गई। सबने मिलकर वहीं रात्रि-विश्राम करने का तय कर लिया। परंतु सबका यह निर्णय उस रिटायर्ड फौजी को रास नहीं आया। उसने इसे अपने अपमान के तौरपर लिया। उसे लगा कि बस में मेरे होते-सोते ये लोग डाकुओं से डर रहे हैं।

बस उसने अपनी बहादुरी के चंद किस्से सुनाते हुए सफर रात्रि को ही तय करने की सलाह दी। साथ में यदि डाकुओं ने बस में लूटपाट की कोशिश की तो उन्हें ठिकाने लगाने का आश्वासन भी दिया। ...लगे हाथों एक-दो हवाई फायर भी कर दिए। यह सब सुन-देखकर कुछ लोगों में हिम्मत लौट आई। यूं भी समय से अपने घर पहुंचना कौन नहीं चाहता? बस रिटायर्ड फौजी के भरोसे यात्रा फिर शुरू हो गई। अब यात्रा तो शुरू हो चुकी थी परंतु बस पे भय का माहौल अब भी बुरी तरह छाया हुआ था। आश्वासन भले ही सबको अवश्य मिला था, किंतु डाकुओं के संभावित हमले की आशंका तो बनी ही हुई थी। उधर रिटायर्ड फौजी बार-बार सबको आश्वस्त करते हुए कहते जा रहा था- मैं बैठा हूँ ना, चिंता क्यों करते हो!

खैर, उधर कुछ देर पश्चात वास्तव में घने जंगल के मध्य डाकुओं ने बस को घेर लिया। सब कोई बुरी तरह घबरा गए। उस पर फौजी ने फिर बड़े आश्वस्त लहजे में कहा- चिंता क्यों करते हो; मैं बैठा हूँ न! अभी तो उन्होंने बस रोकी है, बस में चढ़ने की हिम्मत दिखाने दो, सबको देख लूंगा।

उधर डाकू एक-एक करके बस में चढ़ गए। यह देख दो-तीन पैसेंजरों ने फौजी से कहा भी- महाराज! डाकू बस में चढ़ भी गए।

फौजी फिर सांत्वना देते हुए बोला- तो चिंता क्यों करते हो, मैं बैठा हूँ न। अभी बस में चढ़े हैं, लूटपाट मचाने की कोशिश की तो देख लूंगा।

वहां डाकुओं ने लूटपाट भी शुरू कर दी। अबकी पूरी बस चिल्ला उठी-उन्होंने लूटना शुरू कर दिया।

फौजी ने फिर आश्वासन देते हुए कहा- चिंता मत करो, उन्हें खुश हो लेने दो, सामान लूटने से क्या होता है? ले जाने की हिम्मत दिखाई तो मैं किसी को नहीं छोड़ूंगा।

इधर फौजी आश्वासन-पे-आश्वासन देता चला गया और उधर डाकू बस लूटकर चले भी गए। सारे बदहवास यात्री एकसाथ उस फौजी पर झपट पड़े और बोले- वे लोग लूट का सामान लेकर शान से चले भी गए और आप आश्वासन ही देते रह गए।

अबकी फौजी भी कुछ उदास होता हुआ बोला- वाकई हद कर दी इन डाकुओं ने भी। एक रिटायर्ड फौजी का मान तक नहीं रखा। चलो, कोई

बात नहीं! घर तो समय से पहुंचेंगे। ...यह सुन सबने अपना-अपना माथा पीट लिया।

सार: पूरे विश्व में चारों ओर धर्म के ठेकेदार भी यही कह रहे हैं। भगवान से सीधा संपर्क होने की बात कहकर बात-बेबात आसरे व आश्वासन बांटते रहते हैं। हम उनकी लुभावनी बातों में आ भी जाते हैं। ...पर जब न जीवन की समस्याएं सुलझती हैं और ना मन के विकार कम होते हैं; तो फिर हम उनके पास जाकर कहते हैं कि महाराज हमने वह सब किया जो आपने कहा, पर बात नहीं बनी। हमने आपके आश्वासन दिए जाने पर अपने धन और समय दोनों बिगाड़े परंतु फिर भी रोज-रोज लुटे चले जा रहे हैं, कारण क्या है? ...तब वे कहते हैं- हां, यह तो मैं भी देख रहा हूँ। ...वाकई हमारे होते-सोते भी ऐसा सब हो रहा है, हद हो गई। मैं कहता हूँ कि यह हद तबतक होती रहेगी जबतक आप अपना जीवन बनाने की जवाबदारी स्वयं नहीं उठा लेते। जबतक भगवान से आप स्वयं सीधे संपर्क में नहीं आ जाते, आपसे जीवन में गड़बड़ें होती ही रहेंगी। इतना सीधा व साफ-साफ क्यों नहीं समझते कि जो लोग आपकी दान-दक्षिणा के आसरे जी रहे हैं, उनके आसरे व आश्वासनों के सहारे आप कैसे जी सकते हैं? सच कहूं तो हर मनुष्य के जीवन की राह इस एक समझ पर टिकी हुई है।

89 भगवान का जादू - ढूंढ़ो कहां-मिले कहां?

किसी अनजाने शहर में एक परदेशी का पूरा सामान चोरी हो जाता है और अपने गांव लौट जाने के पैसे भी उसके पास नहीं बचते। अब अनजान शहर में करे क्या? तीन रोज भूखे-प्यासे भटकते हुए बीत जाते हैं। मरियल-सी हालत हो जाती है उसकी। आखिर में सोचता है कि भले लोगों को अपनी दास्तान सुनाऊं, शायद कोई भाड़े के और खाने-पीने के पैसे दे दे। अब भले लोग तो मंदिर-मस्जिद या चर्चों में ही मिल सकते हैं। बस ऐसा सोच वह एक मंदिर के बाहर खड़ा हो गया। हर आने-जाने वाले को वह अपनी दास्तान सुनाने लगा। ...पर कोई सुने तब न। संध्या भी ढल गई पर एक को भी उसपर तरस नहीं आया।

...आखिर वह घोर निराशा की हालत में निकट की गलियों में घूमने लगा। तभी एक मदिरालय से निकले दो व्यक्तियों की उसपर नजर पड़ी। उसकी हालत उसके कष्टों का बयान कर ही रही थी। सो मदिरालय से निकले शराबियों से उसकी हालत देखी नहीं गई। ...वे भावुक हो उठे। और पूछने पर तो परदेशी ने रोते हुए पूरा गुबार ही निकाल दिया। वे दोनों तत्क्षण उसे अपने साथ मदिरालय ले गए। उसे सबसे पहले भोजन करवाया। उधर इस दरम्यान पूरे मदिरालय में उसकी दयनीय हालत के चर्चे फैल ही चुके थे। फिर क्या था, देखते-ही-देखते उसकी सहायता हेतु पांच सौ रुपये का कलेक्शन भी एकत्रित हो गया। ...यह देख वह परदेशी गदगद होता हुआ बोला- वाह रे भगवान तेरी लीला! तू रहता कहां है, और पता कहां का देता है।

90 शायरी के बादशाह गालिब की दीवानगी की एक दास्तां

अब गालिब का जीवन ही शायरी था। लेकिन शायरी के साथ-साथ वे जीने के भी शौकीन थे। शराब और जुआ उनके दो प्रमुख शौक थे। और रईसी का तो पूछो मत, वह तो उनके जहन में ही बसी हुई थी। लेकिन भला शायरियों और मुशायरों से मिलता कितना था? परंतु इन सबकी परवाह करे तो वे गालिब कैसे? सो शायरी का शौक व रईसी की आदत के चलते धीरे-धीरेकर वे कर्ज में डूबते चले गए। हालात इस कदर बिगड़ गए कि कर्जदारों ने उनका जीना ही मुश्किल कर दिया। शौक व रईसी के तो लाले पड़ ही गए, साथ में मानसिक तनाव अलग झेलना पड़ गया।

तभी खबर आई कि उनकी कलकत्ता में कोई पुश्तैनी जायदाद है, और उसे बेचकर वे तमाम झंझटों से मुक्त हो सकते हैं। अब अंधा क्या मांगे- दो आंखें। सो बस दिल्ली से कलकत्ता जाने निकल पड़े, परंतु थे तो वे दीवाने ही। सो पूरे रास्ते मुशायरा करते-करते वर्ष भर बाद ही कलकत्ता पहुंचे। ...यह होती है दीवानगी। पाई-पाई को तरस रहे हैं, मांगने वालों ने जीना दुश्वार कर रखा है, प्रॉपर्टी अनायास मिल गई है, उसे बेच तमाम झंझटों से मुक्ति मिल सकती है,

बचा हुआ जीवन भी मजे से कट सकता है, परंतु इन सबकी कीमत शायरी की दीवानगी थोड़े ही हो सकती है?

सार: बस ऐसी दीवानगी हो जो जरूरत देखे न झंझट, तो ही ऐसी अमर क्रिएटिविटी हो सकती है। और विश्व में जो भी महान हुए हैं, वे वही हैं जिनके भीतर से महान क्रिएटिविटी बही है। कृष्ण की गीता हो, एडीसन के आविष्कार हों, मोजार्ट की धुनें हों या पिकासो की पेन्टिंग्स, सब ऐसी ही दीवानगी का कमाल है। और जीवन में किसी भी एक बात की दीवानगी नहीं तो जीवन व्यर्थ गंवा दिया।

91 संत बने हँसी के पात्र

भारत में राम नामक एक महान संत हुए। एकबार शिष्यों की फरमाइश पे वे अमेरिका गए। अब उनकी वेशभूषा ही कुछ ऐसी थी कि भारत में भी कई लोग उन्हें आश्चर्य से देखते थे, फिर ऐसे में अमेरिका का तो कहना ही क्या? बस, एअरपोर्ट के बाहर निकलते ही जहां एक ओर शिष्य उनके स्वागत में लगे हुए थे, वहीं कुछ स्थानीय निवासियों ने उन्हें देख उनकी हँसी उड़ाना शुरू कर दिया। यह तो ठीक पर धीरे-धीरे हँसी उड़ाने वाली भीड़ में इजाफा भी होने लगा। संत राम के शिष्यों को बड़ा बुरा लगा। उनमें से एक ने उनसे कहा भी- आपकी महान उपलब्धियों से अनजान ये लोग बेवजह वेशभूषा के कारण आपकी हँसी उड़ा रहे हैं, पर हमें यह बिल्कुल अच्छा नहीं लग रहा है।

यह सुनते ही संत राम बोले- अच्छा तो शायद संत राम को भी नहीं लग रहा हो, परंतु सच कहूं तो मुझे तो बड़ा मजा आ रहा है। देखो संत राम के हाल! अपने को बड़ा ज्ञानी समझता है और विदेश में क्या कपड़े पहनना, इस तक का होश नहीं है।

शिष्य तो संत राम की बात सुनते ही चौंक गए। उन्हें समझ में ही नहीं आया कि यह ''संत राम'' कौन है और उनका यह ''मैं'' कौन है। एक-दो शिष्यों को तो लगा कि कहीं संत राम इस हँसी उड़ाए जाने से अपना मानसिक संतुलन तो नहीं खो बैठे हैं?

सार: अब जो अपना मानसिक संतुलन खोए वे संत कैसे? खैर, संत राम के शिष्य समझे या नहीं, पर आपके लिए 'संत राम' और 'मैं' का भेद समझना जरूरी है। आपके भीतर भी आपके ये दोनों व्यक्तित्व यानी एक "नामवाला" और एक उससे गहरा "बेनाम" व्यक्तित्व हमेशा मौजूद ही रहता है। आपका नामवाला व्यक्तित्व अपने अहंकार तथा कर्तापन के मोह में आकर संसार में अनेक कर्म करता रहता है और जिसके परिणामस्वरूप वह दूसरों के अहंकार, इच्छा तथा समझ के अनुसार उनकी अनेक प्रतिक्रियाएं भी झेलता रहता है। अब आपके नामवाले व्यक्तित्व का यह खेल तो अंतिम सांस तक चलता रहता है, पर वह आप नहीं हैं। आप वास्तव में अहंकार के इस खेल को सिर्फ देखनेवाले हैं। यूं समझें कि आप फिल्म नहीं उसके परदे हैं जिस पर तरह-तरह की फिल्में व तरह-तरह के अच्छे-बुरे सीन आते-जाते रहते हैं परन्तु उनमें से किसी का भी उस परदे पर कोई प्रभाव नहीं पड़ता है। बस आप भी अपनी चलनेवाली फिल्म के परदे का एहसास कर लीजिए, फिर मान आए या अपमान, सफलता आए या असफलता, सुख आए या दुख...आपको क्या? आप तो देखनेवाले हैं कि आपके नामवाले अस्तित्व पे यह क्यों आया और वह कैसे इसका सामना कर रहा है। जिस रोज आप अपनी असफलता पर हँसते हुए कह पाएंगे कि देखो बड़ा होशियार बन रहा था, बेवकूफी करी और फंस गया; बड़ा मजा आया। ...यानी जिस रोज आप अपने अहंकार का खेल मजे लेते हुए देखने में सक्षम हो जाएंगे, समझ लेना उस दिन आपने धर्म की अंतिम ऊंचाई पा ली। फिर आपको किसी मंदिर-मस्जिद-चर्च की आवश्यकता नहीं, किन्हीं शास्त्रों की गुलामी नहीं।

92 कैसी अद्‌भुत शरणागति!

पैगम्बर मोहम्मद का नाम तो आपने सुना ही होगा, कुरान जैसे अद्‌भुत ग्रंथ को इस संसार में लाने के निमित्त वे ही बने थे। अब जिनके मुख से कुरान निकली हो उन्हें समय की पूरी जानकारी तो रहनी ही थी। कहते हैं कि एक दिन मोहम्मद कुछ सिपाहियों के साथ घोड़े पर सवार होकर जंगल से निकल रहे थे। अचानक उनके कुछ शत्रु उनके पीछे पड़ गए। सिपाही तो घबरा गए, पर

मोहम्मद के चेहरे पर कोई शिकन नहीं थी। सिपाही हैरान रह गए, मौत पीछा करती आ रही है और मोहम्मद के चेहरे पर कोई हाव-भाव नहीं।

तभी उनको दाईं ओर एक गुफा नजर आई। सबने चुपचाप उसमें आसरा ले लिया। सिपाही अब भी बुरी तरह घबराए हुए थे। लेकिन मोहम्मद चुपचाप एक कोने में बैठे अपने सिपाहियों के इस हाल पर मुस्कुरा रहे थे। आखिर एक सिपाही से नहीं रहा गया, उसने मोहम्मद से पूछ ही लिया- अब क्या होगा?

मोहम्मद ने मुस्कुराते हुए कहा- यह तो समय जाने। हां, इतना तय है कि कुछ बुरा नहीं होगा। यदि हमारा कार्य पूरा हो चुका होगा तो शत्रुओं के सिपाही हमें खोजते हुए यहां भी आ पहुंचेंगे, और हमारा कार्य बाकी होगा तो वे इस जन्म में हमें कभी नहीं खोज पाएंगे। और हमारा कार्य पूरा हुआ है कि नहीं यह तय समय को करना है, हमें नहीं।

सार: महान लोग जिन्हें हम पैगम्बर, संत व भगवान कहते हैं उनकी सबसे बड़ी विशेषता ही ''उनकी समय के प्रति संपूर्ण शरणागति है''। समय की शरणागति यानी उस महान कम्प्यूटर के प्रति शरणागति जो सर्व हिताय-सर्व सुखाय के उद्देश्य से सबको लेकर चल रहा है। बस उस महान समय की चाह उनकी चाह है। और जहां तक अपनी जाती चाहों का सवाल है, तो उसपर तो उन्होंने पूरी तरह विजय पा ली होती है।

93 जब क्राइस्ट फेसबुक पर आ गए!

एक दिन अचानक क्या हुआ कि क्राइस्ट फेसबुक पर आ गए। उन्होंने सोचा, सब कहते हैं कि दुनिया आपके चाहनेवालों से भरी पड़ी है तो क्यों न सबसे संपर्क स्थापित कर उनके हालचाल जान लिए जाएं। जब टेक्नोलॉजी ने इतना विकास कर ही लिया है कि यहीं बैठे-बैठे उनसे संपर्क स्थापित किया जा सकता है तो क्यों न इसका फायदा उठाया जाए? बस क्राइस्ट फेसबुक पर आ गए। अब यह कोई छोटी-मोटी बात तो थी नहीं, खबर आग की तरह चारों ओर फैल गई। रातोंरात 50 करोड़ के करीब फॉलोवर आ गए। और उधर क्राइस्ट ने अपने पहले संदेश में सबके हालचाल क्या पूछे कि करोड़ों मैसेजेज की भरमार भी हो

गई। सबका एक ही सवाल था कि हम चर्च जाते हैं, बाइबल पढ़ते हैं, क्रिसमस से लेकर गुडफ्राइडे तक मनाते हैं, परंतु फिर भी ना तो हमारे जीवन से दुःख-दर्द कम हो रहे हैं, और ना ही हमें कोई अपेक्षित सफलता ही मिल रही है। ऊपर से उल्टा रोज-रोज क्रोध तथा फ्रस्ट्रेशन भी बढ़ता ही जा रहा है।

क्राइस्ट तो ये सब मैसेजेज पढ़ते ही चौंक गए। उन्होंने तुरंत सबसे पूछा कि आपको यह सब करने को कह कौन रहा है? क्राइस्ट के इस सवाल पर फिर करोड़ों मैसेजेज आ टपके। सारे मैसेजों का सार एक ही था कि पादरी उन्हें यह सब करने को कह रहे हैं।

अब क्राइस्ट से ज्यादा समझदार कौन? वे पूरा खेल समझ गए। उन्होंने तुरंत तीसरा मैसेज पोस्ट करते हुए सबसे सीधा सवाल पूछा- भला मैंने अपने जीवन में कब किससे चर्च बनाने, चर्च जाने, मुझे पूजने, गुडफ्राइडे या क्रिसमस मनाने को कहा था? मेरा पूरा जीवन पढ़ लो, मैंने यह सब कहा ही नहीं था, क्योंकि मैं जानता हूँ कि यह सब करने से कुछ नहीं होनेवाला, इन्हीं सब प्रकार की बातों के खिलाफ तो मेरा संघर्ष था। लेकिन शायद तुमलोगों को फिर ट्रैप में ले लिया गया है। सीनागोग गए और चर्च आ गए, कोहेन गए और पादरी आ गए तथा जुइश गए और क्रिश्चियन आ गए। अब बाकी सब तो समझा परंतु यह क्रिश्चियन कहां से आ गए? जब मैंने सबको चाहा था, जब मैंने कहा भी था कि "जो चाहे-सो आवे" तो फिर तुमलोगों ने मेरे चाहनेवालों की अलग से पहचान कैसे बना ली? भला यह कैसे हो सकता है कि मेरे जैसा प्रेमी व्यक्ति सिर्फ क्रिश्चियनों को चाहे या उनका भला करे? मेरा इससे बड़ा अपमान ही नहीं हो सकता। यही तो पादरियों की चाल है कि तुम्हें विभाजित करें और अपनी दुकानें चलाते रहें।

बात तो सबकी समझ में आ गई, पर अब छुटकारा कैसे? सो सबने क्राइस्ट से ही निवेदन किया कि आप एकबार फिर धरती पर पधारें और जैसे पहले सबको जुइश, सीनागोग व कोहेन से छुड़वाया था, अबकी आकर हमको चर्च, पादरी व क्रिश्चियनिटी से छुड़वा दो, ताकि हम सब इन्सान बन सकें।

लोगों की ऐसी दरख्वास्त सुनते ही क्राइस्ट काफी दुखी हुए। उन्होंने स्पष्ट कह दिया कि क्या मुझे यही एक काम रह गया है कि तुमलोग बार-बार ट्रैप में

फंसते रहो और मैं तुम्हें छुड़वाने आता रहूं। मैंने सत्य फिर से समझा दिया है, तुमलोग वैज्ञानिक युग में जी ही रहे हो; बस खुद ही निकल जाओ इस 'ट्रैप' से।

इस पर सबने अंतिम निवेदन किया कि चलो इस ट्रैप से तो हम निकल ही जाएंगे परंतु आगे क्या? हमें सुख और सफलता कैसे मिलेगी? इसका कोई सीधा मार्ग बताएं।

इसके उत्तर में क्राइस्ट ने फिर एक लंबी-चौड़ी पोस्ट चढ़ा दी। उन्होंने उसमें खुलासा करते हुए कहा कि सुख और सफलता पाने का सूत्र मैं हजारों बार दोहरा चुका हूँ, लेकिन लगता है कि चर्च और पादरियों के चक्कर में तुमलोगों ने मेरे उस सूत्र को नजरअंदाज कर दिया है। फिर याद करो, फिर मेरी कही बातें पढ़ो, आपको याद आ जाएगा। मैं हमेशा कहता था कि जो आप बांटेंगे वही हजार गुना होकर आपके पास फिर लौट आएगा। मैंने कहा ही था कि जो बांटेगा वह भर दिया जाएगा और जो बचाने की कोशिश करेगा उससे छीन लिया जाएगा। बस यही सब तो सफलता के सार-सूत्र हैं। यह तुमलोगों के लिए या क्रिश्चियनों के लिए या फिर सिर्फ मेरे चाहने वालों के लिए सफलता के सूत्र हैं, ऐसा नहीं है; बल्कि जब तक धरती पर मनुष्य है तबतक यही सफलता के सूत्र रहनेवाले हैं। इसमें न मेरी जरूरत है न चर्च और पादरियों की, और ना ही क्रिश्चियनिटी की। लेकिन तुम थोड़ा अपने जीवन पे गौर कर लो। तुमलोग इससे उल्टा करते हो। पाना प्रेम चाहते हो, बांटते नफरत हो। अब नियम तो तुम्हारी चाह से बदलनेवाला नहीं। सो नफरत बांटते हो इसलिए हजार गुनी होकर दूसरों की नफरत तुम पर लौट आती है। चाहते सुख हो और बांटते दूसरों को दुःख हो। चाहते सफलता हो परंतु दूसरों की सफलता के मार्ग में रोड़ा अटकाते हो। चाहते हो सब तुम पर विश्वास करे, पर तुम किसी पर विश्वास नहीं करते।

और ऐसा एक-दो नहीं, तुम्हारे तमाम मामलों में ऐसा ही है। थोड़ा मनुष्यजाति का इतिहास उठाकर देख लो। बुद्ध ने ज्ञान बांटा उन्हें प्रकृति से कई गुना ज्ञान मिला। कृष्ण ने प्रेम बांटा- बदले में उन्हें हजारों गोपियों का प्रेम मिला। सो यह तय जानो कि जो बांटोगे वही पाओगे। सो पहले जीवन में यह तय कर लो कि तुम क्या-क्या पाना चाहते हो, बस वह सब बांटना शुरू कर दो। ...और जो नहीं चाहते हो वह बिल्कुल मत बांटो। इतना सीधा तो गणित है... सो यदि

आपका जीवन आपके हिसाब से नहीं चल रहा है, तो तय जान लो कि आप चाह कुछ और रहे हैं तथा बांट कुछ और रहे हैं।

और अब मैं अपना यह फेसबुक एकाउन्ट डिलीट कर रहा हूँ। मैंने तुमलोगों का हाल भी देख लिया और उस हाल का कारण भी जान लिया। और उसका उपाय भी बता दिया। आगे आप जानें व आपका निर्णय, क्योंकि मनुष्य अपने जीवन पुरता हर समय स्वतंत्र था, है और रहेगा।

94 एक हृदय ऐसा भी...

यह भारत के महान संत कबीर के जीवन की एक बात है। कबीर बड़े ही प्यारे इन्सान थे। वे हर मायनों में भगवानों के भगवान थे। अब वे कोई बड़े व्यवसायी तो थे नहीं, चादरें बुना करते थे। हफ्तों की मेहनत के बाद एकाध चादर बुनाती और वह भी अक्सर मुफ्त में ही किसी-न-किसी को देने में आ जाती। कबीर की पत्नी व बेटा कमाल उनकी इस आदत से बड़े दुखी रहा करते थे। वे कबीर को समझाते भी थे कि ऐसे तो हमें भूखों मरने की नौबत आ जाएगी। बात कबीर की भी समझ में आती थी, लेकिन जब चादर बन के तैयार होती तो उनके कोमल हृदय से चूक हो ही जाया करती थी। अक्सर ऐसा होता था कि चादर खरीदनेवाला उनसे दाम का पूछता और कबीर कहते कि कैसा दाम? अरे भाई, धागा भगवान का, मेहनत भगवान की और इसे ओढ़ेगा व पहनेगा भी भगवान। तो तुम बताओ दोस्त! भगवान, भगवान का भगवान से कैसे दाम ले? बस चादर मुफ्त में चली जाती। सोचो, घर में फाके हैं, बच्चा व पत्नी परेशान हैं, खुद भी समझ रहे हैं कि चादारों के दाम नहीं उगाए तो जीना मुश्किल हो जाएगा। परंतु जब हृदय ही इतना कोमल पाया हो तो वे बेचारे भी क्या करें? उन्हें चारों ओर भगवान के अलावा कुछ नजर ही नहीं आ रहा, तो उनका क्या कसूर?

सार: कबीर की यह जो दृष्टि है, और उनका यह जो भाव है; बस वही भगवान है। ...यूं भी मनुष्य के शुद्ध भावों से बड़ा भगवान प्रकृति में और कोई है भी नहीं। सो, भगवान हेतु चारों ओर यहां-वहां भटकने की बजाए अपने भावों पर ध्यान दो, उन्हें शुद्ध करो; जल्दी भी पहुंचोगे व सीधा और सच्चा भी पहुंचोगे।

95 विवाह पर सोक्रेटिज की राय

सोक्रटिज को कौन नहीं जानता? उनके कहने का अंदाज और उनकी बातें, दोनों ही निराली थीं। एक दिन ऐसे ही सोक्रेटिज बाजार में टहलने निकले हुए थे कि उनका एक मित्र उनसे टकरा गया। वह बड़े गंभीर विचारों में खोया नजर आ रहा था। पूछने पर उसने सोक्रेटिज से कहा- शादी का प्रस्ताव आया है... बड़ी दुविधा में हूँ- शादी करूं या न करूं?

सोक्रेटिज ने हँसते हुए कहा- इसमें दुविधा है ही कहां? अवश्य करो। यदि पत्नी झगड़ालू और बदमिजाज निकली तो सोक्रेटिज बन जाओगे, और यदि अच्छी आई तो जीवन चैन से कट जाएगा। समझ गए न... क्यों खुले सांढ़ की तरह घूम रहे हो? इतना बड़ा मौका कहीं छोड़ा जाता है?

सार: जीवन का खेल ही ऐसा है कि यहां घाटा संभव ही नहीं। पासा ठीक पड़े तो उसका आनंद लो, उल्टा पड़े तो पासे की व्यर्थता का अनुभव कर लो। फिर दोबारा उसकी चाह कभी मत करो...और आगे बढ़ो। बस ऐसा बढ़ता राही जीवन में असफल हो ही नहीं सकता।

96 बुद्ध की शिक्षा – मनुष्यों की समझ

बुद्ध हमेशा से मांसाहार व अकारण की हिंसा के खिलाफ रहते थे। लेकिन साथ ही वे किसी भी प्रकार के अस्वीकार को भी प्रोत्साहन नहीं देते थे। क्योंकि यह मनुष्य का अस्वीकार ही है जिसने उसे दुख के इतने भंवरों में फंसा रखा है। सो, बुद्ध ने अपने शिष्यों को यह सख्त हिदायत दे रखी थी कि उन्हें भिक्षा में जो और जितना कुछ मिले, उसका कभी अस्वीकार नहीं करना है। उसे हँसते हुए स्वीकार के उसी से पेट भरना है।

अब एक दिन ऐसा हुआ कि बुद्ध का एक शिष्य बड़ी दुविधा में फंस गया। हुआ यह कि उसके भिक्षापात्र में आसमान पे उड़ती एक चील के मुंह से फिसला मांस का टुकड़ा आ गिरा। अब बुद्ध यूं तो अकारण के मांसाहार के विरोध में थे, सो वह तो ग्रहण किया नहीं जा सकता था; लेकिन बुद्ध अस्वीकार

भी पसंद नहीं करते थे। कुल-मिलाकर मामले ने वाकई पेचीदगी पकड़ ली थी। जब शिष्य को कुछ समझ नहीं आया तो उसने सोचा कि चलो चलकर बुद्ध से ही पूछ लिया जाए, वे जो कहेंगे कर लिया जाएगा। बस वह दौड़ता हुआ अपना भिक्षापात्र लेकर बुद्ध के पास पहुंचा, और उन्हें पूरी दास्तान सुनाई। सुनकर बुद्ध भी स्तब्ध रह गए, घटना वाकई अनोखी घट गई थी। उधर बचे हुए शिष्यों में भी बुद्ध के निर्णय को लेकर उत्सुकता जाग उठी थी। आपस में चर्चाएं भी प्रारंभ हो गई थी कि बुद्ध मांस ग्रहण करने का निर्णय देते हैं या ठुकराने का। ...उधर बुद्ध भी गहरे चिंतन में डूब गए थे। वे जानते थे कि मांस ग्रहण करने का कहूंगा तो सब मांस खाने पर आ जाएंगे, और उसके अस्वीकार का कहूंगा तो सब नापसंद भिक्षा ठुकराने पर आ जाएंगे। यानी चाहे जो कहूं, मनुष्यों को गली तो मिल ही जाएगी।

अंत में उन्होंने सोचा कि चील से मांस का टुकड़ा कहां रोज-रोज छूटना है, और फिर चील बुनियादी तौरपर तो किसी जानवर को मारती नहीं। वह तो यूं भी मरे-मराए जानवर का मांस ही ले उड़ती है। सो मरे-मराए जानवर का मांस ग्रहण किया जा सकता है - यह कहूं तो लोगों को ज्यादा मौका मिलने के आसार नहीं बचेंगे। परंतु यदि मांस का अस्वीकार करने को कह दिया तो सब-के-सब अस्वीकार की राह पर चल पड़ेंगे, और यह ज्यादा खतरनाक होगा। क्योंकि यह उसके चारों ओर जो कुछ भी है, उन सबका अस्वीकार ही तो है जो मनुष्य को इस कदर दुखी किए हुए है। सो बस, "मरे-मराए जानवर का मांस ग्रहण करने में कोई बुराई नहीं" कहकर उन्होंने अपना फैसला सुना दिया। अब बुद्ध ने तो अपनी ओर से पूरी कोशिश की परंतु मनुष्य तो मनुष्य ही है, चीन से लेकर जापान, कोरिया व तिब्बत तक में मांस मरे-मराए जानवरों के नाम पर धड़ल्ले से ग्रहण किया जाने लगा। सब-के-सब देश बुद्ध के अनुयायी भी हैं, और पूरी तरह मांसाहारी भी हैं। बस यही मनुष्य का कमाल है।

सार: सवाल यही कि आपको जो करना हो करो, कौन रोकता है? ...परंतु अपनी इच्छा को बुद्ध के नाम पर मत चर खाओ। आप महान लोगों की बातों के पीछे की भावना नहीं समझ सकते तो छोड़ो उन्हें, परंतु उनके शब्दों का अपना अर्थ निकालकर उनकी बातों को अपने स्तर पर मत ले आओ। बुद्ध, मोहम्मद, कृष्ण, क्राइस्ट या कबीर ने जो कुछ कहा है, वह करना जरूरी नहीं।

...न करें तो इतना कुछ नुकसान भी नहीं। परंतु उनकी बातों के अपने मतलब के अनुसार अर्थ निकालने के बड़े घाटे हैं। इससे सीधे-सीधे आपके कभी न सुधरने व समझने की नींव डल जाती है, क्योंकि ऐसे में आप मानकर ही चलते हैं कि आप बुद्ध की कही बातों का अनुसरण कर रहे हैं। और जब ऐसा है तो सुधरने या बदलने की जरूरत कहां? उनकी बात की गहराई में जाने की आवश्यकता ही क्या? बस आज की तारीख में यही हाल सारे धर्मों, उनके ठेकेदारों और उनके अनुयायियों के हो चुके हैं। महापुरुषों की मूल भावना तो लोग कबकी दफना चुके हैं, अब तो सिर्फ उनके शब्दों को अपने अर्थों में ढालकर अपनी मनमानी करते हुए भी धार्मिक व पवित्र होने के गुमान में जी रहे हैं।

97 डाकू से ऋषि तक का सफर

यह भारत की बड़ी चर्चित कहानियों में से एक है। उन दिनों रत्नाकर नामक एक प्रसिद्ध डाकू हुआ करता था। उसके समेत कुल चार व्यक्तियों का उसका परिवार था। एक दिन रत्नाकर से संत नारद टकराए। अब सदा की भांति उसने नारद को भी बीच मार्ग में रोक लिया और स्वेच्छा से सारी कीमती वस्तु सामने रखने को कहा। हथियार से लैस रत्नाकर की आवाज उसके शक्ल जैसी ही प्रचंड थी। परंतु नारद के भयभीत होने का सवाल ही नहीं उठता था। यूं भी जिसे भय पकड़ ले वह संत कैसा? सो नारद ने तो बिना घबराए रत्नाकर से एक सीधा सवाल किया- तुम यह पाप व हिंसा का मार्ग छोड़ क्यों नहीं देते हो?

रत्नाकर बोला- यदि मैं डाके डालना छोड़ दूंगा तो अपने परिवार को कैसे पालूंगा?

नारद बोले- तू जानता नहीं, परंतु यह तू बड़े घाटे का सौदा कर रहा है। डाके डालने व हिंसा करने का पूरा पाप तेरे सर लग रहा है और तेरे परिवार के बाकी तीन सदस्य मुफ्त में मजा ले रहे हैं, अतः तू जिनके लिए यह सब कर रहा है, बेहतर है कि पहले तू उनसे पूछ ले कि वे सब इस पाप के भागीदार बनने हेतु तैयार हैं भी या नहीं?

रत्नाकर बोला- क्यों नहीं होंगे? आखिर यह सब मैं कर और किसके लिए रहा हूँ?

नारद हँसते हुए बोले- तू ऐसा मानकर मत चल। ...जाकर पूछ ले, बात स्पष्ट हो जाएगी।

बात रत्नाकर की भी समझ में आ गई। भला पूछने में क्या बुराई? सो बस दौड़ता हुआ अपने परिवार के पास गया, लेकिन उसके आश्चर्य के बीच पूछने पर परिवार के सभी सदस्यों ने उसके पाप में भागीदार बनने से इन्कार कर दिया। रत्नाकर तो पूरी तरह होश में आ गया। वह दौड़ता हुआ संत नारद के पास आया और आते ही उनके चरणों में लुढ़क पड़ा। यही नहीं, हाथोंहाथ आगे से डाके न डालने का प्रण भी ले लिया। और इस हृदय परिवर्तन के साथ ही उसके जीवन ने एक नई करवट ली। ...देखते-ही-देखते वह रत्नाकर डाकू से वाल्मिकी ऋषि हो गया। इतना ही नहीं, आगे चलकर इसी वाल्मिकी ने भारत के अति चर्चित ग्रंथ "रामायण" की रचना भी की।

सार: जो कोई भी अपने परिवार को सुख-शांति व समृद्धि देने हेतु कोई भी सीमा लांघने को तैयार रहते है, या जो अपने परिवार हेतु अपना जीवन कुर्बान कर रहे हैं, उन सबों को एकबार होशपूर्वक सोचने की जरूरत है कि क्या परिवार का हर सदस्य समृद्धि पाने हेतु अपनाए जा रहे उनके अच्छे-बुरे मार्ग से सहमत है? संकट आने पर वे उनके साथ रहनेवाले हैं? और फिर कुदरत की इस लीला में जहां मनुष्य अकेला आता व अकेला ही जाता है, वहां क्या वाकई कोई किसी के लिए स्थाई तौरपर कुछ कर सकता है? बस अपना बहुमूल्य जीवन दांव पर लगाने से पूर्व मेहरबानीकर इन सब बिंदुओं पर जरूर सोच लेना।

98 भगवान का ठिकाना

ठंड का मौसम था। तापमान शून्य डिग्री के करीब था। एक बेसहारा बूढ़ा शहर की प्रसिद्ध मजार के सामनेवाले फुटपाथ पर लेटा ठंड से बुरी तरह कांप रहा था। उसके ठीक सामने मजार पर चादर चढ़ाने वालों की कतार लगी हुई थी। वह हर चादर में अपना जीवन देख रहा था। परंतु कोई उसे चादर क्यों देगा?

हरेक को चादर चढ़ाकर अपने लिए उज्ज्वल भविष्य जो मांगना था।

तभी एक मजदूर उसी फुटपाथ से गुजर रहा था। उसकी नजर इस बूढ़े पर पड़ी। उसकी हालत देख वह समझ गया कि यदि आज की रात इसने ऐसे ही काटी तो मर भी सकता है। उसने हाथ पकड़कर बूढ़े को उठाया और अपने घर चलने को कहा। बूढ़ा भी हैरान था, क्योंकि वह अकेला ही था जो सड़क से गुजरने के बाद भी मजार पर नहीं जा रहा था। बूढ़े ने आश्चर्य से पूछा भी कि भाई मेरे, तुम्हें अल्लाह से कुछ नहीं मांगना है?

वह बोला- मांगना तो है, पर वह देता है कि नहीं इसका यकीन नहीं। जबकि मेहनत करने पर मजदूरी मिल ही जाती है। खैर, वह सब छोड़ो और घर चलो। अब बूढ़ा तो कोई आसरा चाहता ही था। उधर वह मजदूर बड़ा ही कोमल हृदय था। उसने बूढ़े को ना सिर्फ भोजन कराया, बल्कि रातभर दोनों सिकुड़कर एक ही चादर में सो भी गए। सुबह तक बूढ़े की हालत काफी सम्भल चुकी थी। बस उसने आसमान की तरफ ऐलान करते हुए कहा- वाह रे खुदा! तू पता तो नक्काशीदार कारीगरी से बनी आलीशान मस्जिदों का देता है और रहता रहमदिल गरीबों के दिल में है!

99 हिम्मत की कीमत

यह पुरानी बात है। सिकंदर ने पोरस को युद्ध में परास्त कर दिया था। परंपरानुसार अगले दिन हारे राजा पोरस को सिकंदर का स्वागत करना था। और फिर उन्हें अपना राजपाट सौंपना था। वैसे इस स्वागत समारोह के साथ-साथ शाही भोज भी रखा जाना था। अब स्वागत वगैरह तो ठीक से निपट गया परंतु भोजन के वक्त जहां बाकी सबको भोजन परोसा जा रहा था वहीं सिकंदर की थाली में हीरे-जवाहर परोसे जा रहे थे। यह देख सिकंदर ने आश्चर्य से मेजबान पोरस की तरफ देखा, मानो पूछ रहे हों कि यह क्या?

पोरस ने सिकंदर की जिज्ञासा शांत करते हुए बड़े नाटकीय अंदाज में कहा- हुजूर! आप इतनी दूर से यहां हीरे-जवाहर हेतु ही तो आए हैं। सो मैंने सोचा शायद आप भोजन भी इनका ही करते होंगे।

सिकंदर तो यह सुन एक क्षण को अवाक् ही रह गया। लेकिन अगले ही क्षण उसने पोरस को गले लगाते हुए उसकी हिम्मत की दाद दी और कहा भी कि वाकई पोरस मान गए, तुम हार के भी हारे नहीं।

सार: जीवन में सारी हार-जीत मानसिक है। कई लोग हारने से पूर्व ही हार जाते हैं, और कई लोग हारकर भी नहीं हारते हैं। पोरस युद्ध हार गया था, उसका राजमहल में आखिरी दिन था, फिर भी उसने हिम्मत नहीं हारी थी। वह टूटा नहीं था, बल्कि पूरे साहस के साथ अब भी सिकंदर के सामने बराबरी पर खड़ा था। निश्चित ही इसमें जोखिम बड़ा था, क्रोधित होकर उसे कैद भी किया जा सकता था, मारा भी जा सकता था। परंतु जो मन से नहीं हारते, वे ही अक्सर हारी हुई बाजी तक जीत जाया करते हैं।

100 कुछ तो दिया

बुद्ध एक दिन एक घर के बाहर भिक्षा मांगने पहुंचे। दरवाजा खटखटाते ही एक औरत ने दरवाजा खोला। लेकिन यह क्या! सुबह-सुबह यह भिक्षु कहां से आ गया? सो बस उसने भला-बुरा कहते हुए दरवाजा वापस बंद कर दिया। एक पड़ोसी दूर से यह तमाशा देख रहा था, वह बुद्ध विरोधी भी था, सो उसे स्वाभाविक रूप से कुछ ज्यादा ही मजा आया।

खैर! अगले दिन बुद्ध ने फिर वही दरवाजा खटखटाया। अबकी तो वह औरत बुद्ध को देखते ही क्रोध में आ गई और उसने बुद्ध पर कचरा फेंक मारा। संयोग से आज भी वह पड़ोसी यह तमाशा देख रहा था, स्वाभाविक रूप से बुद्ध का ऐसा अपमान हुआ देख आज वह ज्यादा ही खुश हुआ। इतना ही नहीं, आज उससे रहा भी न गया; बस बुद्ध का हाल देख वह खूब जोर से हँसा भी। होगा, तीसरे दिन फिर बुद्ध उसी दरवाजे पर आ खड़े हुए। लेकिन आज वह आदमी बुद्ध को फिर आया देखकर आश्चर्यचकित हो गया। इससे पहले कि बुद्ध दरवाजा खटखटाते, उसने बुद्ध को रोकते हुए कहा- मैं ब्राह्मण हूँ और आपका हिन्दू शास्त्रों के खिलाफ बोलना मुझे बिल्कुल रास नहीं आता है, अत: मैं आपका घोर विरोधी हूँ। सो आपके हो रहे अपमान से मुझे खुशी ही मिल रही थी, लेकिन आज आपके

फिर इस द्वार पर आने ने मुझे कुछ आश्चर्य में डाल दिया है। मैं आपसे यह पूछना चाहता हूँ कि जब दो दिनों से यह औरत आपका अपमान कर रही है, तब आज फिर भिक्षा मांगने आप यहां क्यों चले आए?

बुद्ध ने हँसते हुए कहा- इसमें आश्चर्य की कोई बात नहीं। तुम आश्चर्यचकित इसलिए हो कि तुम्हें मानवीय मनोविज्ञान का कोई अनुभव नहीं। बाकी किसी का अपमान करना या किसी पर कचरा फेंकना भी ''कुछ देना ही'' है। हर विकर्षण 'आकर्षण' का ही स्वरूप है। यदि कल उसने कचरा दिया है तो एक दिन वह भोजन भी देगी।

खैर, वह आदमी बुद्ध की बात से संतुष्ट तो नहीं था, परंतु फिर भी चुप अवश्य हो गया था। शायद उसने सोचा होगा कि दरवाजा खटखटा लेने दो, देख लिया जाएगा। जब वह जलते अंगारे बुद्ध पे फेंकेगी, तब बुद्ध से विवाद कर लिया जाएगा। इधर बुद्ध ने फिर उस औरत का दरवाजा खटखटाया। संयोग से आज फिर दरवाजा उसी औरत ने खोला, और आज फिर बुद्ध को सामने पाकर वह इतनी तो आग बबूला हुई कि वास्तव में उन्हें मारने हेतु झाड़ू ही ले आई। उसने झाड़ू तान भी ली परंतु इसके बावजूद बुद्ध के शांत चेहरे पर फैली मुस्कुराहट ने उसके पूरे अंतर को झकझोर कर रख दिया। वह चाहकर भी बुद्ध पर वार नहीं कर पाई। यह तो ठीक पर बुद्ध के चेहरे पर फैली स्मित मुस्कान से इतना तो आकर्षित हुई कि झाड़ू फेंक तुरंत अंदर भागी और बुद्ध को देने हेतु रोटी ले आई। बुद्ध धन्यवाद कह रोटी ग्रहण करते हुए जैसे ही मुड़ने को हुए कि वह औरत बुद्ध के चरणों में गिर पड़ी और क्षमा मांगते हुए रो पड़ी। बुद्ध ने उसे तो समझाकर किसी तरह शांत किया, परंतु उधर तमाशा देख रहा पड़ोसी यह सब देखकर बुद्ध पर आफरीन हो गया। वह भी दौड़ता हुआ बुद्ध के चरणों में गिर पड़ा और उनसे स्वयं को दीक्षित करने का निवेदन करने लगा। बुद्ध ने हँसकर उसे गले लगाते हुए कहा- इतनी बड़ी भिक्षा तो मुझे आजतक किसी घर से नहीं मिली। ...आज तो भोजन के साथ-साथ एक भिक्षु भी मिल गया।

सार: मन का यह नियम समझ लेना कि झुकाव मनुष्य की सारी बीमारियों की जड़ है। इस कारण मन के लिए नफरत और प्रेम, संसारी और संन्यासी में कोई फर्क नहीं। क्योंकि मन के तल पर नफरत को प्रेम में और संसारी

को संन्यासी में अदलते-बदलते देर नहीं लगती। मन के तल पर स्थिरता तो वो ही पा सकता है जो तमाम प्रकार के लेन-देन से ऊपर उठ चुका हो।

101 मांगने का अपना ढंग

जैन धर्म के महान संत महावीर अपने शिष्यों से हमेशा कहा करते थे कि किसी के भी घर चाहे भिक्षा मांगने जाओ या भोजन करने, पर कभी मुंह से मांगना नहीं। सामनेवाला जो और जितना दे दे, उसे परमात्मा का प्रसाद मान ग्रहण कर लेना। एक तो मांगना अपनेआप में गलत और ऊपर से तुम मांगो और कोई परिस्थितिवश दे न पाए, तो अकारण उसका दिल दुखे। अब महावीर की बात तो सीधी व साफ थी, इसमें सूई से पतली चूक निकाल लेना भी टेढ़ी खीर थी। परंतु जो किसी की शुद्ध भावना में बंध जाए वे मुनि कैसे? सो अधिकांश जैन मुनि जब भी किसी के यहां भोजन करने जाते हैं तो जबान से कुछ नहीं मांगते। मुंह तो वे खोलते ही नहीं। उस हेतु तो महावीर ने मना ही कर दिया है, सो बस उंगली से इशारा कर देते हैं और परोसनेवाला समझ जाता है कि मुनि को क्या चाहिए। अब आप ही देख लो, क्या महावीर का आशय और क्या इनका तोड़! सवाल यह कि कोई भी उच्च स्तर की सायकोलॉजिकल शिक्षा भाव का विषय है या कृत्य का? ...निश्चित ही भाव का। लेकिन चूंकि भाव जरा मुश्किल और गहरी बात है, इसलिए केवल ये जैन मुनि ही नहीं, बल्कि इन्हीं की तरह अधिकांश पंडित, मौलवी तथा पादरी भी आज पाखंड पर उतारू हैं। और सायकोलॉजिकल सत्य कहूं तो पाखंडी किसी बात को न माननेवाले से ज्यादा विकृत होता है।